社會科學研究方法

諸彥含 主編

崧燁文化

社會科學研究方法
目錄

目錄

第一篇 基礎篇

第一章 社會科學研究方法概論 5
第一節 社會科學研究方法的概念與特徵 6
第二節 社會科學研究方法的類型 12
第三節 社會科學研究的邏輯推理與一般過程 23

第二章 選題與研究設計 39
第一節 選題的標準與意義 40
第二節 研究問題的具體化 50
第三節 研究設計 53

第三章 測量與操作化 81
第一節 概念、變量與指標 83
第二節 測量的定義與層次 91
第三節 概念的操作化 99
第四節 信度與效度 108

第二篇 方法篇

第四章 調查研究法 121
第一節 調查研究法的特點及應用 123
第二節 調查研究的組織與實施 131
第三節 問卷法與訪談法 135
第四節 調查研究法的優點和缺點 158

第五章 實驗研究法 170
第一節 實驗研究法的特點及應用 173
第二節 實驗研究法的原理 177
第三節 實驗設計與步驟 185
第四節 實驗研究法的優點與缺點 201

第六章 定性的實地研究 208
第一節 實地研究的特點及應用 210
第二節 實地研究的過程與步驟 215
第三節 觀察法 222
第四節 實地研究的優點與缺點 229

第七章 非介入性研究 236
第一節 非介入性研究的基本概念 238
第二節 文獻與文獻法 238
第三節 內容分析法 243
第四節 歷史分析法 252
第五節 非介入性研究的優點與缺點 257

第三篇 應用篇

第八章 資料的整理與分析 263
第一節 資料的整理 265
第二節 定性資料的分析 272
第三節 定量資料的分析 286
第四節 相關分析 296
第五節 回歸分析 299

第九章 社會科學研究報告的撰寫 307
第一節 研究報告的概念與類型 308
第二節 研究報告的結構與寫作步驟 314
第三節 撰寫研究報告應注意的問題 335

後記

第一篇 基礎篇

第一章 社會科學研究方法概論

學習目標

- 瞭解社會科學研究方法的相關概念
- 瞭解社會科學研究方法的特徵
- 掌握社會科學研究方法的不同分類標準及具體的類型
- 瞭解社會科學研究的邏輯推理方式
- 掌握社會科學研究的一般過程

知識結構

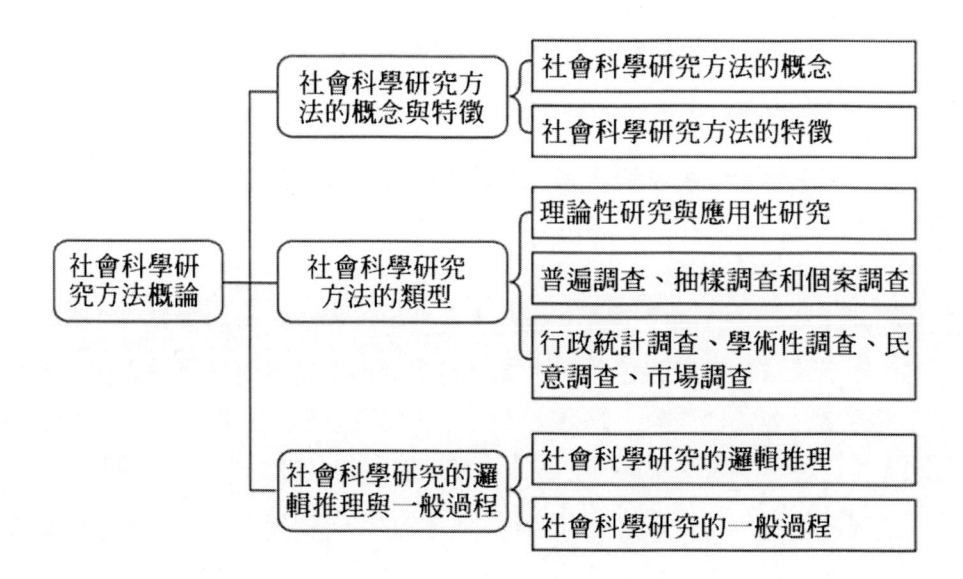

```
                    ┌─ 社會科學研究方 ─┬─ 社會科學研究方法的概念
                    │  法的概念與特徵  └─ 社會科學研究方法的特徵
                    │
                    │                  ┌─ 理論性研究與應用性研究
社會科學研 ─────────┼─ 社會科學研究  ─┼─ 普遍調查、抽樣調查和個案調查
究方法概論          │  方法的類型      └─ 行政統計調查、學術性調查、民
                    │                     意調查、市場調查
                    │
                    └─ 社會科學研究的 ─┬─ 社會科學研究的邏輯推理
                       邏輯推理與一般過程└─ 社會科學研究的一般過程
```

引入

一位學者在一個村子裡持續進行了 60 年的調查，不僅跟蹤村民的生產與生活，而且更將其作為一個樣本，作為農村社會的一種類型來透視社會生

活的發展與變遷，這無論在社會學還是人類學上都是絕無僅有的，我們可以從中得到許多有益的啟示。

啟示之一：在以經濟建設為中心的今天，人文社會科學可以大有作為。

啟示之二：在訊息發達的今天，調查研究仍是認識世界的基本手段。

啟示之三：在價值取向多元化的今天，高度的責任感仍是學者成功的重要前提。

隨著時代的發展，在科學技術不斷進步、經濟高速增長的同時，也出現了一系列新的問題，社會保障、醫療衛生、教育資源、公共服務、社會管理等方面的問題不斷湧現。要解決這些問題，首先必須對社會本身進行深入的瞭解，把握社會發展規律，預測社會發展趨勢，而社會科學研究方法也就成為必須開展的基礎工作。

思考：什麼是社會科學研究方法？其具體對象是什麼？它有何特徵？

第一節 社會科學研究方法的概念與特徵

一、社會科學研究方法的概念

社會研究是一種經驗的研究，透過對社會中人們的思想、態度、行為，及人與人之間的相處模式、聯絡方式等進行探索，來揭示各種社會現象，發現其中的一般規律。美國社會學家貝利認為：「社會研究就是收集那些有助於我們回答社會各方面的問題，從而使我們得以瞭解社會的資料。」費孝通在《社會學概論》中對社會研究所給出的定義為：「運用科學的方法，有步驟地去考察社會各種現象，收集必要的社會資料並進而分析各種因素及其相互關係，以達到掌握社會實情、解決社會問題、推動社會進步的目的。」

風笑天提出：「社會研究是科學的一個部分，它的目標是探索和理解我們生活於其中的社會世界，是在一定的理論和方法論的指導下，運用系統的經驗觀察和邏輯推理方法，透過建立科學理論來解釋具體現象，並力圖說明普遍的因果規律。而從事這種活動所用的方法，就是社會研究方法。」

不同的學者對於社會科學研究方法的具體含義與作用有著不同的認識與理解。從較寬泛的角度來講，社會科學研究方法主要是包含量化研究和質性研究兩大類研究方法，相當於西方的社會研究方法，包含了幾乎全部的用於社會研究的方法，如調查研究法、實驗法、實地研究法與文獻研究法等。另一種看法是完全遵循西方對於社會調查方法的界定，認為社會科學研究方法僅指定量調查研究（主要是問卷調查法，特指一種結構化的、量化的資料收集方法），不包括定性的一系列研究，其也可以稱為現代社會調查方法。此外，也有學者認為，與社會調查不同，社會科學研究是一種感性認識活動，是直接收集資料或獲取數據的過程，只是社會研究的一種途徑。

仇立平認為，社會科學研究方法是有目的地對各種社會現象和人類各種社會行為進行科學研究的方式和手段。周璐將社會科學研究方法定義為：有目的地對各種社會現象和人類各種社會行為進行科學研究的方式和手段。其研究對象包括各種社會要素、社會結構、社會文化、社會意識、社會生活及與之有關聯的政治制度、法律制度、社會經濟等各方面內容。從具體研究方法來看，包括了問卷調查法、訪談法、實驗法、觀察法、文獻法等。

林聚任和劉玉安指出，社會科學研究是人們從一定的社會科學學科角度出發，應用某些方法和技術對社會現象或事物所做的系統分析或解釋，它是一種有目的的智力活動，一種社會活動，是透過對敏感性材料進行思維加工來探索真理的理性認識過程。

社會科學研究方法需要我們從科學的角度出發，構建科學的理論，運用具體的方法來瞭解社會現象、分析社會問題、把握社會發展規律。透過客觀地描述社會的具體情況並合理地解釋其出現的原因，以求解釋社會現象的本質，指出其存在的問題並提出解決的對策，同時預測社會各方面的發展趨勢。社會科學研究是一種科學的認識方法與研究方式，但這並不意味著每一位研究者都可以透過這種研究而得出有價值的結論。

真正的社會科學研究需要研究者反映實際存在的情況，並作出科學的研究結論，杜絕以錯誤的理論、路線、方針、政策等作為論證或辯護。透過社會科學研究方法的學習，有助於研究者掌握相應的方法與技術問題，豐富知

識，防止和克服研究過程中可能出現的種種錯誤，以提高社會科學研究的科學性、合理性，使其更有說服力，更具備一定的理論與實踐價值。

二、社會科學研究方法的特徵

社會科學研究方法要求從科學的角度出發，建構科學的理論。總的來說，社會科學研究方法的特徵包含以下四點。

1.客觀性

社會研究者在研究的過程中對於客觀事實要採取實事求是的態度，不能帶有個人的主觀意見或偏見，更不能隨意歪曲現實或虛構假設，必須從客觀事實出發，詳細地收集資料，透過對客觀數據的分析，對客觀現象的概括，來揭露社會現象的本質特徵與相關聯繫。一切從實際出發，一切遵從客觀事實。沒有客觀事實，或不是現實中存在的現象，就不能對其進行社會研究。

在收集數據和相關資料的過程中要保持客觀、中立的立場，保證獲得的經驗事實是客觀的。研究者要超越民族、黨派、個人的利益，排除外界可能存在的干擾，遵守科學研究的道德法規，客觀地進行調研，使得這一過程儘可能地反映事物的本來面目，並透過修正他人研究過程中產生的偏差，使得結果接近事實的「本原」，從而獲得對社會現實的客觀認知。

與自然科學研究比較容易保持研究的客觀性相比，社會科學研究卻沒那麼容易。這是因為自然科學研究的對象具有穩定性，研究可以遵循固定的程序與步驟，且由於成果無法複製的研究往往會遭到懷疑，所以其結果容易檢驗，具有重複性。但是社會科學研究則不同，首先，社會科學研究的對象主要是人以及與人有關的一切事物。人是有思想情感的，是理性與感性的結合體，其展現出來的行為除了受到理性思維的影響，還在很大程度上受到非理性思維的影響。且人的心理複雜多變，難以捉摸，人與人之間還存在著複雜的人際關係。這些都使得從客觀上研究主觀性很強的「人」具有很大的難度。所以，即便這些與人相關的社會現象可以被發現並且認識，也需要耗費大量的時間，經過長期重複的研究，同時還存在著不準確的風險。

其次，社會本身的異質性很高，不僅不同文化、群體之間存在很大的差異，就連個體之間也存在著或多或少的差異。即使是重複出現的社會現象，導致其產生的原因也可能是不一樣的，因此，要得到具有普適性的結論是很困難的，這需要更多有能力的研究者。再次，目前研究者們所進行的研究大多處於資料收集階段，尚未進入理論概括和演繹階段，未能形成經過反覆論證、具有普遍意義的理論，所以，無法建立標準的、完整的、系統的測量指標和用於檢驗研究成果的科學評價體系。最後，人作為測量研究的主體，本身很容易受其主觀思維的影響。人自身的情感、價值取向、文化背景等，都使得調查研究的客觀性很難保證。

2·科學性

科學性主要是指研究及研究結論的實證性和邏輯性。研究者依據基本的理論，用科學的方法進行相關調查研究。社會科學研究的科學性是理論的科學性和研究方法及技術的科學性的統一。一方面，其以哲學、社會學、管理學、心理學等相關學科的理論為指導依據，提出假設，透過調查研究來檢驗假設的構建，進行論證或推翻，從而進行理論的創新；另一方面，社會科學研究需要運用正確的方法和技術收集資料、分析資料，在此基礎上總結出事物的一般規律。

由客觀事實到結論需要經過正確的邏輯推理，科學的理論或結論還必須經受得起實踐的檢驗，在這整個過程中要十分注意科學的精準，防止可能產生的各種誤差，特別在理論分析階段更要注意抽象思維的運用，透過現象來尋求與把握事物的本質。

理論對社會科學研究的作用主要在兩個階段得以體現：

一是在開始階段，對研究問題的提出、理論的構建與研究構想的提出造成指導作用；

二是在收集完研究所需的有關資料後對其進行整理、分析、解釋階段，證實或證偽原有的理論假設，或者在得出新理論時造成理論支持作用。

值得指出的是，基於不同價值觀下的不同理論對同一社會現象的解釋或概括很有可能是完全相反的，即便其都有自身的合理性，可以從不同的角度對同一現象進行解釋，也必須保證是在科學理論的指導下進行的，這樣才能獲得關於社會現象正確、合理的解釋。

從研究的過程來看，在社會科學研究中，研究者可以從一定的理論出發，演繹出系統的理論假設，經過相關資料的收集、整理和分析，透過歸納的方法得出研究結論，證實或證偽先前提出的理論假設；也可以在大量觀察研究的基礎上，掌握大量的事實，經過抽象思維，提出新的一般性理論，並對社會現象進行解釋和預測。由於目前社會科學的相關理論還存在一些可以提升的地方，所以我們對社會的研究大多還是採用歸納的方法。其演繹也是基本的經驗演繹，還無法達到像自然科學那樣高度抽象的理論演繹階段。

社會科學研究必須透過各種現象尋求事物的本質。僅僅把收集的大量材料彙集，得出粗略的結論，還不是真正的科學研究。科學是從探索事物的本源，發掘運動的規律開始的。認識的本質在於經過思考，逐步瞭解各類事物之間的矛盾，探索其內在規律性，發現不同過程內部之間的聯繫，以透過事物外部的表現形式來探求事物的本質。總之，沒有正確的認識和科學的理論，研究方法與技術再先進，仍然無法得到正確的、規律性的認識。同時，如果沒有科學的研究方法與技術，理論就沒有途徑被發現、證實或證偽，有時研究者獲得的甚至可能不是客觀的事實。

3.實證性

實證性旨在揭示社會科學研究需要回答「是什麼」的問題，研究者透過收集相關訊息來對某種社會行為或現象進行客觀真實的描述，而不是去評論這種現象的合理性或其是否符合基本道德。例如，「2013年全國城鎮居民人均可支配收入為26955元」就屬於客觀描述。規範性研究回答「應該是什麼」的問題，即包含了價值判斷的研究。比如，針對前面的描述，如果以「現在城鎮居民人均可支配收入偏低」這種方式來表達，就是加入了相應的價值判斷的評論。

社會科學研究所要分析探討的不是某種現象「應當怎樣」「應該如何」，而是某種現象的「實際情況如何」「為什麼會出現這樣的情況」。即社會科學研究要避免涉及價值判斷，研究者應該避免根據自己的價值偏好來對相關事物進行取捨，儘量做到在研究中保持一種「價值中立」的態度，因為一旦涉及價值判斷的問題，研究者們由於不同的思維方式和價值觀，將很難達成一致的測量標準。

而如果沒有一套大家都認可的標準，並且可以透過測量得到驗證，任何科學研究都無法令人信服。例如，對「某種產品的消費者滿意度」這一問題，可以用「使用率」「當日銷量」或其他類似的指標來作為衡量標準，用這些指標來描述某一產品的消費者滿意度或與其他產品進行比較，是不會引起人們的異議的。

然而，對於「香煙是否應該在公開市場中進行銷售」這個問題，顯然無論用什麼指標來進行衡量都難以達到社會公認的標準，因此無法得到科學的結論。與之類似的還有「哪種社會制度更合理」「墮胎是否應該被法律禁止」「婚前性行為能否被允許」等問題，同樣也因為它們涉及價值判斷層面的問題而不適合直接被選作研究的主題。

不過，我們可以透過其他的方式將其轉化成為可以研究的題目，比如，「香煙在社會上的銷量調查」「對兩種現行社會制度的比較研究」「墮胎行為的起因與結果調查」「婚前性行為的發生率調查」。雖然在研究中由於各種因素的影響，研究者確實很難保持絕對的價值中立，但是應該儘量避免出現較大程度上的偏離。

4.經驗性

社會科學研究的結果必須從可獲取的資料中得出，並能透過經驗資料的驗證。首先，社會科學研究資料不是研究者憑空捏造出來的，其來源於經驗事實，一切事實來自調查，一切結論來自經驗。社會科學研究參考的資料是透過觀察、訪談、試驗等客觀方法獲得的，是對社會現象的經驗獲取，不可能透過猜想、臆測或思考得出。

因此，研究者們必須大量閱讀文獻並進行相應調查研究，在掌握充分的一手資料、瞭解基本理論的基礎之上，才可能得出可靠的結論。不能純粹依靠抽象歸納的推理來證明某個假設，而是要依靠事實經驗來論證自己的結論。一切研究得到的結論都必須與資料所顯示的結果保持一致。

其次，研究的結論要具備可驗證性和重複性。在社會科學研究中，不能重複得到的結論都是站不住腳的。為了使他人能夠判斷研究的真偽，研究者需要說明資料的來源以及獲取的方法。社會科學研究還應遵循確定的研究步驟與程序，每一步都應具有可操作性，使得其他的研究者可以依據確定的程序進行重複研究，得出相同的結論，以驗證原有結論的真偽。

第二節 社會科學研究方法的類型

從不同的角度，可以將社會科學研究方法分為不同的類型。按研究所採用的方式，可將社會科學研究方法分為調查研究、定性的實地研究、實驗研究和非介入性研究四種基本方式，在本書後面的章節中，將分別對這四種方式進行詳細的闡述；按研究的性質，可將社會科學研究方法分為理論性研究和應用性研究；按調查對象的範圍，可將社會科學研究方法分為普遍調查、抽樣調查和個案調查；按應用領域，可將社會科學研究方法分為行政統計調查、學術性調查、民意調查、市場調查；按研究目的，可將社會科學研究方法分為探索性研究、描述性研究和解釋性研究；從時間性維度，可將社會科學研究方法分為橫向研究和縱向研究。對於按研究目的與時間維度進行的分類，在第二章「研究設計」部分會具體進行闡述。

一、研究的性質：理論性研究與應用性研究

按研究的性質，社會科學研究方法可分為理論性研究和應用性研究，兩者側重點不同，適用範圍也不同。

1.理論性研究

理論性研究主要是透過對社會現象和問題的調查來檢驗或者發展社會理論的研究，是一種建立或檢驗各種理論假設的經驗研究，試圖理解和解釋社會現象之間的相互關係和社會運行的規律，並從理論高度解析現實生活中的

各種問題。理論性研究的基本方法通常是假設演繹法，它從理論出發，透過建立與理論相聯繫的研究假設，然後根據研究假設演繹成一套系統的測量指標，對根據測量指標收集的調查資料進行分析、綜合，最後對研究假設及其理論進行檢驗。有的學者是在占有和分析大量第二手資料的基礎上，建構自己的理論。作為對理論的探索，有時候理論性研究也可以採用歸納的方法，即在對大量現象進行觀察的基礎上，從中歸納出社會現象的基本特徵以及現象之間的相互關係，最後上升為理論。

因此，社會科學研究中的理論性研究並不是所謂的純理論研究，它是一種採用實證方法的理論研究，需要透過獲取經驗資料來驗證某種理論，或者從經驗資料中歸納出理論，是一種「經驗性的理論研究」。而純理論研究則主要是對社會理論進行評述、批判，探討理論範疇和概念體系，以思辨和邏輯推理為基礎，以對抽象概念和理論命題的理性分析為特徵。當然，純理論研究也需要解釋社會現實中的問題，接受社會實踐對理論的檢驗，但是這種解釋及理論檢驗的方法和「經驗性的理論研究」所採用的方法是不同的。

2.應用性研究

應用性研究主要側重於對社會現實問題的研究。一方面，它需要在一定的理論指導下對社會問題進行科學的解釋；另一方面，也是最為重要的，應用性研究必須在經驗研究的基礎上提出解決社會問題的建議和對策，或者為改善社會狀況、解決社會問題提供諮詢。從這個意義上來說，應用性研究往往是和「社會診斷」「政策研究」相聯繫的。隨著現代化的發展，建立系統的、測量社會發展的社會指標體系也屬於應用性研究的範疇。

從社會學應用性研究的發展來看，以解決社會問題或者描述社會狀況為目的的研究占絕大多數。這是因為社會學的建立和發展在很大程度上是和研究社會轉型帶來的社會陣痛有關的，無論是中世紀向資本主義的社會轉型，以及資本主義制度建立以後的改良和完善，還是由社會主義計劃經濟向社會主義市場經濟的轉型，都會產生很多的現實問題。

因此，研究社會問題，為解決社會問題提供對策和建議就成為社會學應用性研究的重要使命。需要指出的是，不少應用性研究也是在一定理論的指

導下進行的，不是一種純描述性的研究。研究者只有在揭示社會問題產生的各種原因和條件的基礎之上，才能提出相應的有效對策和建議，才能做到「標本兼治」。同時，在不同理論的指導下，借助理論概念並結合經驗研究所得出的結論和對策也存在較大的差別。

理論性研究和應用性研究既有聯繫，又有區別。它們是相互聯繫的，首先，理論性研究的目的毫無疑問是為了建構理論或驗證理論，而應用性研究往往也需要從一定的理論出發，運用理論工具來分析實際的社會問題。其次，有些研究課題兼具理論性研究和應用性研究的雙重特徵，即它在研究具體問題時，既希望對社會理論的發展有所貢獻，同時也試圖對所研究的問題提出解決的辦法。

例如，「義務教育中階層差異對學生日後發展的影響問題」這一研究課題，既涉及社會階層差異的相關理論，研究這一問題可以驗證和豐富社會階層理論，同時也要為解決這種差異帶來的不公平問題，即如何降低這種不公平對學生日後發展的影響提供政策上的幫助。

它們又是相互區別的，理論性研究和應用性研究的區別在於側重點不同。理論性研究關注的是透過經驗研究發展出某種一般性的社會理論，而應用性研究關注如何有效地解決所對應的社會問題。相同的研究課題，它們的關注點不一樣，所做出的貢獻也就不同。

以「義務教育中階層差異對學生日後發展的影響」為例，若是作為理論性研究，則需要關注「義務教育的相關特徵」「學生學業成就與家庭背景的關係」「學生發展與自身實力的關係」等問題。若是作為應用性研究，則關注「降低階層差異的影響，促進學生公平發展的政策保障」「關注學生的發展問題」等。總體上來看，理論性研究和應用性研究是有著密切聯繫的，有的時候很難將它們區分開來。

二、調查對象的範圍：普遍調查、抽樣調查和個案調查

按照研究對象的選取範圍，社會科學研究方法可以分為普遍調查、抽樣調查和個案調查。其中，普遍調查和抽樣調查主要採取量化研究的方法，而個案調查主要採取質性研究或實地研究的方法。

1.普遍調查

普遍調查是一種全面調查，簡稱普查，即對構成總體的每個個體進行毫無遺漏的逐個調查，以準確地瞭解總體在一定時間或時期內的情況。普遍調查經常被用來進行全國性調查或者地區性調查，如人口、土地、經濟發展的調查以及對其他各種資源的調查。

(1) 普遍調查的意義

普遍調查一般是用來收集覆蓋面廣、比較全面、要求精確的資料，藉以掌握全國性的或地區性的基本情況。例如，人口調查一般都要採用普遍調查的方式。這些資料一般不能或不宜採用抽樣調查的方式，因為抽樣調查雖然具有統計推論的功能，但這畢竟不是透過全面調查所取得的精確性程度較高的資料。並且，無論抽樣調查多麼周密，都不可避免地存在著抽樣誤差。因此，全國性或地區性的基本情況調查主要採用的就是普遍調查，以此確保研究結果的精確性。

普遍調查費時費力，還需要得到被調查者的大力配合，所以，大多數的普遍調查是由政府及其相關部門主持的。其目的是瞭解全國性或地區性的某種社會現象或其他情況的現狀，為掌握國情、制定切合實際的方針政策服務，因此，這種調查的主要性質不是學術研究。普遍調查很多是在全國範圍內進行的，許多人誤以為普遍調查就是全國性調查。其實，凡是在一定範圍裡，對全體對象進行的全面調查，都是普遍調查。

例如，在一個區、一個市的範圍裡，對全部商品質量或者全部商店的調查，都屬於普遍調查；在社區研究中，對一個居民住宅小區內的每個家庭進行毫無遺漏的調查，也屬於普遍調查。因此，普遍調查主要不是指調查範圍，而是指在確定的某個範圍內的全部對象是否都被調查。

但是，一般來說，普遍調查的範圍是比較廣的，因為範圍很小的普遍調查，如一個居民住宅小區的調查，對於行政工作研究來說是不具備實際意義的。普遍調查可以分為如下三種類型：

第一，為瞭解基本情況，制定改革和經濟建設的方針和政策而進行的普遍調查。這些普查為政府制定政策提供了事實依據和詳盡的數字資料。

第二，能夠滿足多方面需要的最基本的國情普查。屬於這種性質的調查主要有人口調查、土地調查、資源調查等。

第三，根據建設過程中出現的問題而進行的一次性調查。

（2）普遍調查的原則

普遍調查是一種周密、嚴格而又極其繁雜的調查，它不僅要求具有較高的時效性和準確性，還要求在短時期內調查較廣的空間範圍，並隨著時間不斷地變動對象。因此，普遍調查更強調調查的集中領導和統一行動，它的組織和實施必須遵循如下四個基本原則：

第一，統一步驟。普遍調查是一種大規模的調查，調查範圍較廣，調查對象情況複雜，數量巨大，調查隊伍龐大。因此，必須制定嚴密的調查方案，在規定的時間裡，按照調查要求完成目標，調查工作中出現的任何延誤都有可能導致調查的失敗或造成損失。特別是調查隊伍龐大，如果缺乏嚴密的工作步驟，不能統一步調，必然會導致整個調查的紊亂和失控。

第二，統一組織。普遍調查必須由一個專門的組織機構負責指導全部普查工作。從普查方案的制定、調查的實施，到資料的整理、分析、公布都必須在該組織機構的領導下進行，任何個人或單位都不得擅自改變調查方案或公布調查結果。因此，普查組織機構需要具有極大的權威性。在調查的實施過程中，調查人員和基層單位必須在普查組織機構的統一安排下進行調查，做到步調一致、行動統一、同時開始、按時完成。

第三，統一項目。普遍調查還要規定統一的調查項目和指標，並對調查項目和指標中的主要概念做出統一的解釋。任何人都不得隨意增加或刪減任何項目和指標，不得隨意解釋指標或概念，要杜絕出現由於對概念理解的不

一致而導致調查口徑混亂的現象。而且,同一性質的普遍調查,在每次調查時,都應力求調查項目的基本一致,使調查資料具有可比性。

第四,統一時間。任何調查研究都十分強調調查的時效性,調查的時效性是和科學性相聯繫的,特別是在普遍調查中,對時效性有著更高的要求,因為它所涉及的對象會隨著時間的變化而變化。因此,在普遍調查中,必須嚴格規定時點或時間,以及調查必須完成的截止日期,以保證資料的高度準確性,從而使調查資料具有相對穩定性和可比性。規定調查必須完成的時間,可以使調查工作在儘可能短的時間裡完成,保證資料的時效性和統一性。

(3) 普遍調查的特點

第一,成本高。由於普遍調查的範圍很廣,被調查對象非常多,調查時間比較長,參與調查的人員也很多,因此,工作量巨大,費時、費力、費錢。

第二,資料的準確性較高,適合反映總體的基本情況。由於普查涉及總體的全部個體,獲得的資料非常全面、準確,因此,普查資料不僅是國家和政府制定政策的重要依據,也是科學研究尤其是社會科學研究重要的參考資料。

第三,統一組織和統一安排。由於普查是一種大範圍的調查,涉及的人員、單位很多,所以,必須建立有效的組織機構和管理制度,以保證調查工作的順利進行。

第四,調查項目不宜過多,相關普查的項目儘可能統一。由於普查的對象眾多、複雜,資料處理的工作量很大,因此,普查的項目一般不會很多。

2·抽樣調查

抽樣調查是一種非全面調查的方法,它是按照科學的原理和計算法則,從若干個體組成的總體中,抽取足夠數量的調查單位,組成「樣本」進行調查,並由調查的結論或數據推及或推算調查總體。抽樣調查作為一種方法,是透過對部分事物的考察獲得對一般總體的認識。這種由個別到一般,由局部到整體的認識途徑,符合認識論的一般邏輯,因而是一種科學的認識方法。

從 20 世紀初開始，隨著抽樣理論、統計學、問卷設計技術以及電腦技術的發展，抽樣調查方法得到逐步運用和普及。

尤其是電腦技術的發展，使得抽樣調查能夠實現大樣本調查資料的處理和多元變量的統計分析。目前，抽樣調查已成為人們認識社會、研究社會現象的最主要方法之一。人們在日常生活、生產乃至科學研究中，常常用到抽樣的方法來認識事物的特性。例如，為瞭解某種食品的味道，只需要嘗一口而不用吃完整個食物；要檢查一批貨物的質量，只需要從中挑出幾件來檢查，而不是對所有批次的貨物全部檢查一遍。

（1）抽樣調查的特點

第一，抽樣調查是非全面調查方法中用來推論總體的最完善且最具科學依據的一種。在抽樣調查中，從總體抽取出來作為調查的樣本是按隨機原則抽取的，是不得任意選擇的。因此，被抽取的個體在總體中的分布能夠反映總體的結構，對總體具有充分的代表性，不至於出現傾向性誤差。同時，抽樣調查是以抽取的全部樣本單位來代表總體，而不是用個別單位來代表總體。因此，抽樣調查的結果只能推論到樣本所在的總體，不能用樣本單位的個別特徵來說明總體特徵，更不能把樣本的結論推及總體之外的社會現象。當樣本數足夠多時，個別單位的差異可以互相抵消，因而，樣本的平均數接近總體平均數。

第二，與普遍調查相比，抽樣調查的成本低、時間短、資料詳細、應用範圍廣泛。由於抽樣調查是一種非全面調查，它只是在總體中按一定方法抽取部分個體作為調查對象，因而，它不需要花費特別多的時間、人力、物力和財力。對於那些需要很快獲得數據資料的研究，抽樣調查可以迅速地達到目的，而不像普遍調查需要很長的時間。抽樣調查的對象是有限的，便於瞭解比較深入的問題，諸如人們的行為方式、行為過程、價值觀念等。它所獲取的資料要比普遍調查多，不僅可以做描述性研究，也可以做解釋性研究。它的應用範圍也要比普遍調查大得多，不僅用於社會學的研究，也應用於生產、生活、經濟、自然等多領域的調查。

第三，準確性高。抽樣調查的資料和結果的準確性較高，雖然它不像普遍調查那樣對總體的所有個體都要進行調查，但是抽樣調查的準確性在於它建立在對抽樣誤差估計的基礎上，研究者可以根據置信水平和置信區間等方法判斷抽樣調查的結果或數據的準確性程度。另外，儘管抽樣調查也不可避免地存在著非抽樣誤差，但由於抽樣調查涉及的調查對象和參與調查的人員要比普遍調查少得多，因此，發生非抽樣誤差的可能性以及誤差的大小也要比普遍調查小，從而提高了資料的準確性。

(2) 抽樣調查的作用

第一，可以使無法進行普遍調查，而又需要量化研究的事物透過抽樣調查進行研究。例如，在社會生產中，對有破壞性質或損耗性質的產品的質量檢查，對農作物的產量預測調查等，不可能把所有的產品一件一件地試驗，或者把農作物預先收割進行調查，只能用抽樣調查的方法。

第二，為那些難以進行普遍調查或者並不需要普遍調查的研究提供了一個簡便、科學的方法。由於社會現象面廣量大、錯綜複雜，雖然在理論上來說是可以進行普遍調查的，但是到具體操作時，存在著很大的困難，而且做這樣全面的調查也並無必要，因此，可以透過抽樣調查，取得接近總體的資料。有些調查很難獲得以個體為單位的總體資料，就不可能進行普遍調查，只能借助於抽樣調查的方法進行調查。

第三，能夠檢查和修正普遍調查資料的質量。雖然普遍調查是對總體中每個單位逐一進行調查，但是由於資料容量大、工作環節多、調查人員的工作能力差異等因素，使得普遍調查的資料總會出現一些誤差。為了檢查和修正普遍調查的資料，可以採用抽樣調查的方法。例如，為了檢查人口普查資料的正確性，在普查完畢後需要加取一定比率的人口，對一些最重要的指標進行詳細複查，用複查結果修正普查資料。

抽樣調查由於具有上述作用以及較高的時效性、功效性和經濟性，在對大量社會現象的研究方面，具有自己的獨特優點，因此，在社會學經驗研究和其他社會科學研究中得到了廣泛的應用。

普遍調查和抽樣調查雖然有比較大的差別，並且適用於不同的調查領域，但是兩者仍然具有一些共同的特點：

其一，普遍調查和抽樣調查都是採用統計分析方法。相對而言，普遍調查的統計分析方法比較簡單，使用最多的是描述統計；抽樣調查不僅需要採用描述統計，也要採用推論統計。由於抽樣調查的項目很多，要進行因果性分析或解釋性分析，它的統計方法也要比普遍調查更為複雜。

其二，無論是普遍調查還是抽樣調查，它們的目的都是用來說明總體的基本情況和特徵。普遍調查是透過對總體所包含的全部個體無一例外、毫無遺漏的調查，說明總體的基本情況和特徵；抽樣調查是從一個確定的總體中按概率抽樣的方法抓取部分個體進行調查，並採用統計推論的方法把調查的結論或資料推廣到總體中去。

其三，普遍調查和抽樣調查所獲得資料的準確性程度都比較高。普遍調查是透過對總體中所有個體的調查而獲得準確性比較高的資料或結論；抽樣調查的準確性是建立在對抽樣誤差的精確估計和較小的非抽樣誤差上（理論上可以把非抽樣誤差減小到最低程度）。

其四，普遍調查和抽樣調查的資料收集工具都具有結構性、標準化和可量化的特點。普遍調查的資料收集工具通常是各種登記表或調查表；抽樣調查通常採用由封閉式問題構成的問卷收集資料。

3.個案調查

個案調查也稱為個案研究，它是對一個具體研究對象進行詳細考察的研究方法。其中的研究對象就是「個案」，可以是個人、家庭、小群體，也可以是一個小型社群、組織、社會事件等。在一項個案研究中，研究者收集與研究對象有關的現狀、過去經驗和環境因素，以對其進行深入研究。

個案研究的資料可以從許多地方獲得，如請研究對象自行描述其現在、過去及將來的意見與願望，或從其個人檔案、日記、書信中，及利用其他社會心理測量方法取得資料，也可以從研究對象的父母、兄弟姐妹、親朋好友、學校、單位等處取得。因此，個案研究也需要開展一定的資料收集活動，但

與普遍調查、抽樣調查不同的是，後兩者是從許多樣本上收集有限變量的資料以瞭解總體的狀況，而前者則是對有限的代表性個案做深入研究。雖然個案研究探討的範圍比較狹小，但是卻很透徹，質性資料較為豐富，因此，個案研究常用於彌補定量研究的不足。

典型調查也是從研究對象中選取若干具有代表性的個體，對他們進行深入調查。從調查對象的範圍和調查方式上說，典型調查與個案調查有很大的相似之處，但從它們的主要作用上說，兩者又有很大的區別。典型調查的主要作用在於真實、迅速地瞭解全局情況，與個案調查不同，典型調查要求被調查的對象具有典型性，因此，選取典型是這種方法的關鍵。調查的典型可以分為三種：先進的，中間的，落後的。如果能依據這種分類，每類調查兩三個，即可知一般的情形了。

當然，還可以根據各種具體情況來分類和選擇典型。典型調查試圖解決由個別推論一般，由個性概括出共性的目標，在這方面它有很大的獨創性和應用價值。但它的侷限在於，很難判斷研究者所選擇的典型是否具有代表性，這種主觀選擇的典型而得出的研究結論並不一定能適用於總體或全局。然而，無論是個案調查還是典型調查，它們共同的特點是能詳細地解剖某一個案，能夠在實際生活中體驗到當時、當地的情景和氣氛，能夠深入瞭解社會行為的背景和發展過程。由於調查資料難以標準化，所以只能依靠主觀判斷得出研究結論，結論的客觀性和普遍性難以檢驗。

三、應用領域：行政統計調查、學術性調查、民意調查、市場調查

從社會研究的應用領域來看，社會科學研究方法最早運用於行政統計調查。行政統計調查的歷史可以追溯到公元前數千年的古埃及和中國古代以徵兵和課稅為目的的人口統計調查。18世紀以後，隨著資本主義制度的建立，社會科學研究方法開始進入學術性調查的領域，對現實社會中人們的生活條件、生活狀況和社會問題進行了大量的調查和研究，學者們試圖探索和討論隱藏在社會現象背後的本質和一般規律。

20世紀二三十年代以後，社會科學研究方法涉及的領域進一步擴大，在民意調查中大量應用，也開始被用於進行市場調查，分析各種產品的市場需

求、市場銷售、產品評價以及消費者的各種消費行為，成為建立市場營銷策略、產品設計和生產規劃的重要方法。由行政統計調查發展到市場調查的過程，實際上也是社會研究的發展過程。

行政統計調查是由國家或者各級政府組織的、大規模的國情或地區情況調查，涉及人口、經濟、產業、資源和社會概況等。行政統計調查的主要目的是瞭解和掌握社會或自然的全面情況，為制定有關政策提供依據。它的調查方法主要是普遍調查，有時也採用大規模的抽樣調查。現代行政統計調查從 17 世紀開始發展，到 18 世紀末已逐步制度化、規範化。最為典型的行政統計調查是人口普查、資源調查、產業普查、房產普查以及由國家統計局組織的國民經濟調查。

學術性調查一般由科學研究機關或大學組織開展，是學術研究的一種形式。學術性調查廣泛應用於社會科學的各個領域，如社會學、人類學、政治學、經濟學、教育學、心理學、新聞傳播學等。它的主要方法是調查研究和實地研究，有的也採用非介入性研究和實驗研究。早期的學術性調查是以描述性調查為主，旨在研究工業化過程中出現的大量社會問題，以及底層民眾的生活狀況，並對改善社會狀況、解決社會問題提出建議和對策。

隨著社會理論和社會科學研究方法的發展，學術性調查除了描述性、對策性研究之外，開始進入解釋性研究階段，分析社會變遷過程中出現的社會現象之間的因果關係，並嘗試理論的構建和解釋，或者為了證實或證偽某種社會理論，試圖探索和討論隱藏在社會現象背後的本質和一般規律。

民意調查也稱輿論調查，主要由一些專職調查機構採用抽樣調查方法，瞭解人們對各種社會現象或社會焦點問題的看法和評價。最為典型的民意調查是對國家、公眾人物、相關社會公共政策進行民意測驗。世界上最早的規範化民意調查是由 1935 年蓋洛普成立的美國民意調查所進行的，它是第一個獨立於媒體之外的專業性民間調查組織，並成功預測了 1936 年的總統大選。

民意調查主要側重於公眾人物調查、社會焦點問題和社會公共政策的評價等。民意調查可以採用入戶面訪、座談會、街頭詢問等方式來廣泛收集資

料，但目前最主要的方式，還是國際流行的電腦輔助電話調查 (CATI)。透過這種方式，調查者可在更短的時間內，花費更少的費用，得到更加豐富的調查數據。

市場調查一般由企業的市場研究部門負責實施或委託專業市場調查公司進行，為企業做出市場預測和營銷決策提供客觀的、正確的資料。市場調查可用於分析商品市場的規模、特定市場的特徵，研究不同商品市場的規模與傾向，探究市場性質的變化，探尋影響銷售額及銷售良機的各種因素，研究各階層消費者對商品需求的變化等。

市場調查的對象一般為消費者、零售商、批發商等，常用的資料收集方法有調查法、觀察法和實驗法。近20多年來，市場調查得到了大規模的發展，成為諮詢產業的重要組成部分。目前，市場調查主要以各類生活消費品的調查為主，如化妝品、兒童用品、營養品、服裝、飲料、旅遊產品、家用電器等。

第三節　社會科學研究的邏輯推理與一般過程

一、社會科學研究的邏輯推理

社會科學研究的邏輯推理包括歸納推理、演繹推理。歷史上，歸納推理與演繹推理往往是對立的，直到20世紀的近代科學研究中，歸納和演繹才相互結合起來，形成科學研究的一般邏輯或過程，即假設演繹法。

1. 歸納推理

歸納推理是從特殊事實中概括出一般原理的推理形式和思維方法。它是從個別的、單一的事物的性質、特點和關係中概括出一類事物的性質、特點和關係，因此，歸納是由感性認識上升到理性認識、由個別到一般、由具體到抽象、由特殊到普遍的過程。在社會科學研究中，歸納推理就是從經驗觀察出發，透過對大量客觀存在的、某一類型的社會現象的觀察和描述，概括出這一類社會現象的共同特徵或一般屬性，由此上升到一定的理論或者建立理論來說明觀察到的具體社會現象或事物之間的必然的、普遍的聯繫。因此，社會科學研究中歸納的作用在於：以調查得到的大量的客觀資料為依據，概括出社會現象的共同特徵和性質，並得出理論結論。

例如，某個研究者想要研究導致運動員跑步成績存在差異的原因。他選擇了一個訓練團隊的運動員進行觀察，試圖發現影響運動員跑步成績的因素。在觀察過程中，研究者發現運動員所花的訓練時間和最後賽跑的成績存在一定的關係。接著他又選了另一個團隊進行觀察，發現也存在著相似的情況。由此，他得出一個結論，運動員的跑步成績是和他投入的訓練時間有關的，訓練所花的時間越多，他的最終跑步成績就越好。從上例中可以看出，歸納推理的過程是：觀察——發現模式——獲得暫時結論。

歸納推理之所以可以從個別事實中得出一般原理，是因為在客觀事物中，個別包含著一般，一般存在於個別之中，因此，同一類事物總是存在著相同的屬性、關係和本質。在客觀世界中，事物之間存在著因果關係，可以根據已有的原因推斷出一般性的結果。

歸納推理對科學的發展和探索具有很大的作用，尤其是在科學還處於描述性的階段時，不僅可以認識研究對象的基本狀況，還可以在大量觀察的基礎上提出假設、做出猜想、發現規律。當然，歸納推理也有其侷限性：

第一，歸納推理的結論的可靠性來自觀察的全面性和觀察對象的窮盡性，如果觀察對象是有限的，它所得出的結論就是可靠的、確實的。但是，當觀察對象是無限的時，由歸納推理得到的結論就有一定的侷限性。由於社會現象的複雜性，在社會科學研究中，透過歸納推理獲得的結論通常具有偶然性，而不具有必然性。同時，由於歸納推理是以因果關係的必然性為基礎的，當研究者很難認識和把握因果關係時，就很難採用歸納推理。

第二，事物是處於不斷發展之中的，其發展需要一個過程才能呈現出它的本質和規律，因此，在較短的時間裡（有時哪怕是幾年），歸納推理也難以發現事物的本質和規律，並且由於觀察的侷限性，透過觀察而獲得的結論至多只能說明觀察期間事物的發展和變化，很難根據觀察結論去推斷事物將來的發展趨勢。

第三，在歸納推理中，由觀察得到的結論通常是經驗性的，很難上升到一定的理論高度，很難建立一種具有普遍意義的、高度概括的理論。這一方面是由於觀察對象的有限性；另一方面是因為由感性認識上升到理性認識不

僅需要歸納推理，還需要分析和綜合，以及科學的想像和猜想、抽象的理論思維能力。

2.演繹推理

演繹推理是從一般到特殊或個別，它是根據一類事物共同具有的一般屬性、關係、本質來推斷這類事物中的一些個體所具有的屬性、關係和本質的推理形式和思維方法。在社會科學研究中，演繹推理就是從一般原理或理論出發，透過邏輯推理來解釋具體的事件或現象的方法。

演繹推理依據形式邏輯的推理規則，其中最為著名的就是亞里士多德的演繹三段論，由大前提、小前提推導出結論，即大前提：所有P都是S；小前提：P；結論：所以S。根據前面關於訓練時間和訓練成績的研究例子，按照演繹推理，大前提：訓練時間越多(S)，最終成績就越好(P)；小前提：某運動員花在訓練上的時間很多(P)；結論：他的跑步成績很好(S)。

演繹推理最主要的作用是可以用一般原理或理論假說指導科學研究，例如，在社會科學研究中，由概念到指標的過程就是一種演繹推理，由理論假設到經驗假設也是採用演繹推理的形式。演繹推理還能使人們產生新的創意或得到新的發現，例如，水是組成生命物質最基本的成分，水圈是地球生命的起源地，因此，人類只要在火星上發現存在水資源的證據，就可以推斷火星上存在著生命現象。

此外，演繹推理也可以幫助我們論證或反駁某種理論。例如，在科學史上，亞里士多德曾經斷言，物體做從高空下落的運動時快慢與其重量成正比。這一斷言直到1800年之後，伽利略運用演繹推理的方法將其推翻後才得到糾正。伽利略還透過實驗證明，在真空中，物體的下落速度與重量無關。

毫無疑問，演繹推理也有它的侷限性：

第一，如果大前提或者一般理論是錯誤的，那麼由此推導出來的結論也可能是錯的。例如，「訓練時間越多，比賽成績就越好」是錯誤的話，那麼它所推導出來的結論也是錯誤的。實際上我們也知道，比賽成績的好壞，並不僅僅取決於訓練時間投入的多少，還要受到其他各種因素的影響。

第二，純粹的演繹推理不能發現一般原理或理論的錯誤，需要把演繹推理和觀察或實驗結合在一起，透過觀察或實驗來發現其中可能存在的錯誤，或者證明理論的正確性。因此，在科學研究中，往往需要把演繹推理和經驗觀察結合在一起，它不僅可以證實或證偽某種理論，還可以在檢驗理論的基礎上，透過大量觀察做出新的歸納，建構或得出新的理論認識。與經驗觀察結合在一起的演繹推理步驟是：一般理論或假設—觀察—證實或證偽理論或假設。

如果用形象的語言表述歸納推理和演繹推理的意思，歸納推理意味著：「這些花兒是從這個花園裡採摘出來的，這些花兒是紅色的，所以這個花園裡的所有花兒都是紅色的。」演繹推理意味著：「這個花園裡的所有花兒都是紅色的，這些花兒是從這個花園裡採摘出來的，所以這些花兒是紅色的。」儘管純粹演繹推理是將一般原理推廣應用於其他事例，不可能推導出新的概括，但是它對科學研究仍然具有很大的意義，可以造成證實或證偽作用。歸納過程雖然可靠程度不夠，卻較富於創造性。

其富於創造性是由於歸納過程是得出新理論的一種方法，而其可靠性不足則是由於從收集到的事實出發往往可以引出好幾種可能的理論。由於其中有些是互相矛盾的，所以不可能全部正確，甚至可能全部都不正確。為了克服純粹歸納推理和演繹推理的不足，把歸納推理和演繹推理結合起來成為科學研究的另一種重要方法，即假設演繹法，它反映了現代科學研究的一般邏輯。

3·假設演繹法

歷史上，歸納推理與演繹推理往往是對立的，直到20世紀的近代科學研究中，歸納和演繹才相互結合起來，形成科學研究的一般邏輯或過程——假設演繹法。假設演繹法，也稱「試錯法」，它起源於近代自然科學，由演繹和歸納兩種推理構成，有助於克服單純演繹或單純歸納的侷限性。假設演繹法是從問題出發，為解答問題而提出嘗試性的假說或理論解釋，由這一理論假說可以推導出一些研究假設，然後透過大量的觀察來檢驗假設。假設如果與觀察到的事實不相符，就要修改原來的理論，提出新的理論假說，由這

一新的假說再推導出新的研究假設,進行新的觀察……科學研究就是這樣周而復始、循環往復地進行的。

它始終是處於演繹與歸納的無限循環之中,這一循環過程就是科學研究的邏輯過程,其中各個相互聯繫的步驟就稱為科學的基本程序。科學的基本程序說明,科學研究都是從問題出發,都是為瞭解答特定的問題,但是這種解答不是一次完成的。任何理論解答都不是絕對的真理,它們只是暫時性的或嘗試性的假說,只有在客觀世界中具體應用和檢驗理論假說,才能不斷發展理論認識,逐漸接近客觀真理,因此,科學研究是個永無休止的過程。

美國社會學家華萊士(WALTERL. WALLACE)在其名著《社會學中的科學邏輯》一書中,提出並詳細闡述了社會研究的整個邏輯過程,這一過程被人們稱作「科學環」,得到廣泛運用。簡化的「科學環」如圖1-1所示,從中我們可以看出科學是理論與研究之間不斷相互作用的過程。

有時研究者提出問題,並嘗試用已有的理論或新提出的理論對問題進行解釋,根據理論解釋提出和經驗相聯繫的研究假設,這一過程是由一般到特殊的過程,即演繹推理;然後進行觀察,並根據觀察的資料進行概括,從而對理論解釋進行驗證,這一過程是由特殊到一般的過程,即歸納推理;最後在對理論解釋進行驗證的過程中,還會發現需要進一步研究的問題或者無法證實或證偽原來的理論解釋,從而開始新的研究。

有時,研究者從觀察事實、記錄事實入手,透過描述和解釋他們所觀察到的事實,形成經驗,概括並上升為理論;然後在理論的基礎上做出預測,即對未知事物的假設,再透過觀察新的事實以檢驗這種預測。因此,「科學環」所表示的社會研究過程實際上說明科學研究是一個周而復始的過程,但是這個「始」已經不是原來的「始」,而是問題研究的新的起點。

```
        理論解釋
       ↗       ↘
  經驗概括       研究假設
       ↖       ↙
         觀察
```

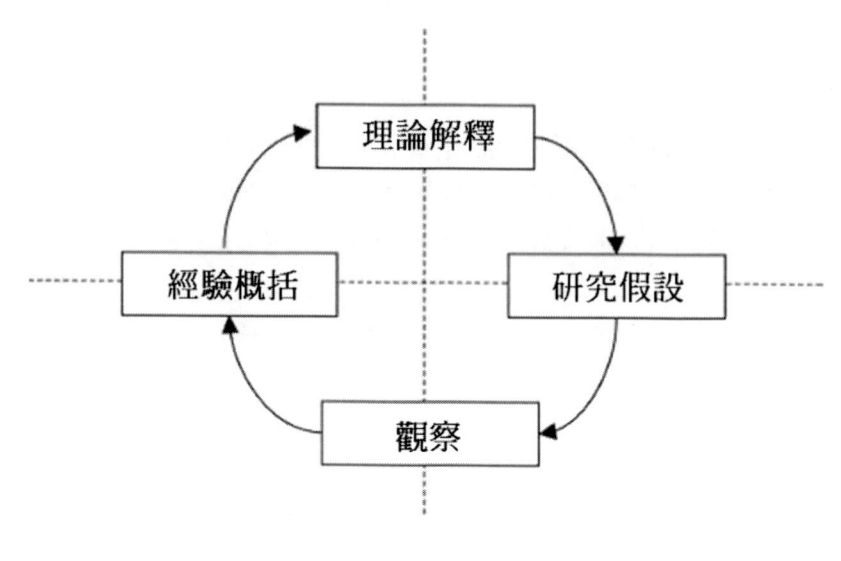

圖1-1 科學環

　　華萊士還從另外兩種角度對「科學環」進行了分析。首先，他認為，「科學環」的左邊一半意味著從觀察和對觀察的理解中進行歸納和理論建構；而「科學環」的右邊一半則意味著從理論出發，透過演繹，應用理論於觀察中，進行理論檢驗。其次，他認為，「科學環」的上面一半代表著運用歸納和演繹等邏輯方法的理論化過程；而科學環的下面一半則代表著運用研究方法從事的經驗研究過程。換句話說，圖中的水平虛線將抽象的理論世界與經驗的研究世界區分開來。

二、社會科學研究的一般過程

　　社會科學研究的可靠結果是需要適當的研究程序來保證的。缺乏恰當的研究過程，就無法保證研究結果的有效性，正如我們要做一個恰當的決策，必須經過明確問題、分析問題，然後才能解決問題一樣。

　　沒有受過專門研究方法訓練的人往往對研究結果很關注，卻不在意對研究過程的考查。在研究方法的教學中，有教師曾經多次問學生這個問題：在你看來，下面兩個結論中哪個研究結論更科學呢？研究一的結論是：個人的成功往往是與家庭背景聯繫在一起的，即家庭背景越好的學生，其未來的發

展也越好。在階層固化的社會裡，家庭背景越好的學生，其進入社會擁有的資源自然更多，自身也就越有可能依靠這些資源求得更好的發展。而研究二的結論是：個人的成功與他的努力有更大的聯繫，一個人的發展，其根本決定因素還是在於自身的努力，憑藉自身的努力可以獲得別人沒有的資源，不斷突破自我，走向成功。

遺憾的是，不少學生都會馬上告訴老師，研究一或者研究二的結論更科學、更可信。事實上，對於研究一還是研究二更科學的回答，必須先考證這兩個研究的過程。究竟這兩個研究是根據什麼得出這些結論的？是否有事實根據？獲得結論的方法是否可靠？獲得的結論是否客觀？解釋是否合理？只有在明確整個研究的過程後才能對研究的科學性下結論。

1.社會科學研究一般過程的相關理論

（1）肯尼思·D·貝利的五步循環模型

美國學者肯尼思·D·貝利認為，每一個研究計劃，由於其實施的特定時間、特定地點不同，會在某些方面具有獨特性。然而，所有的研究計劃都具有某些基本的步驟，儘管這些步驟的具體細節可能有一些不同。每一個研究計劃都必須有一個清楚明了的、以假設的方式提出的、具體的研究課題或者目的。此外，每一個研究計劃都應該制定一個研究方案，每一個研究計劃都必須收集資料、分析資料和解釋資料。具體過程包括五個步驟（如圖1-2）。

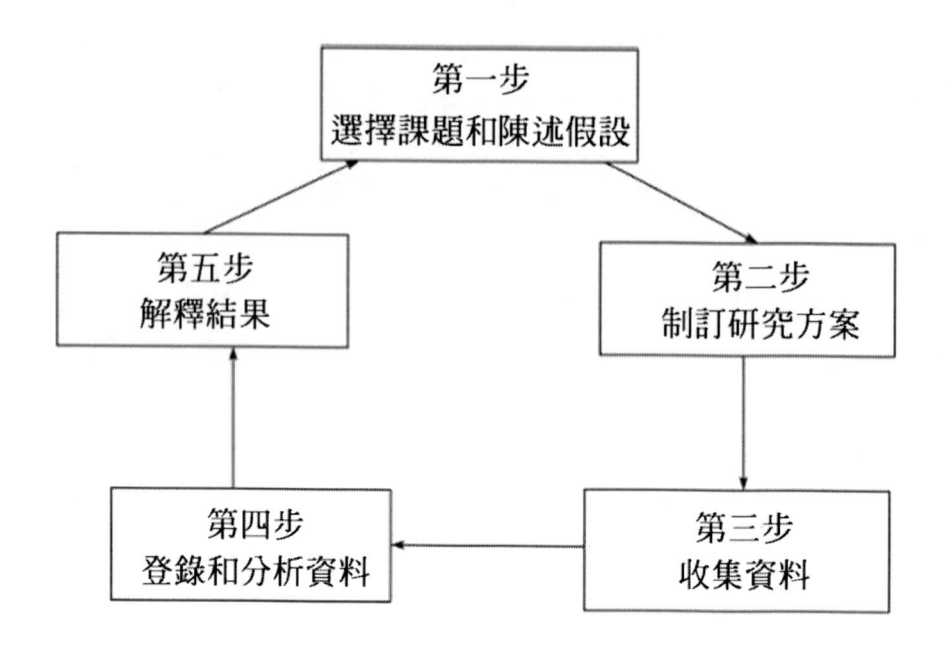

圖1-2 一般研究步驟

　　這五步是一環扣一環的，每一步都與其他各步相依賴，前面的步驟是後面步驟的基礎，一個研究人員如果對前幾個步驟中的任何一個開展得不充分，就會對研究造成不可彌補的損失。研究是一個由相互依賴的相關步驟組成的體系，弄懂研究的每一個環節十分重要。

　　（2）十步驟研究

　　台灣大學楊國樞教授認為，一個好的研究通常包括十個步驟：

　　①選定研究課題。選定研究課題是最困難的一個步驟，研究者不僅要選擇一個問題領域，還需要選擇該領域中的一個具體問題來進行研究。

　　②建立研究假設。研究問題選定之後，研究者通常都是利用歸納與演繹的邏輯過程，去預測研究的可能結果。換言之，研究者要對研究問題中所有相關概念之間的關係予以推測或假設。

　　③選定並表明變量。建構假設後，研究者必須選定並表明變量，通常包括自變量、因變量、控制變量、中介變量。

④建構操作性定義。將有關變量從抽象化、概念化的形式轉化為可觀察、可測量的形式，以便研究和檢驗。

⑤操縱與控制變量。為了探討變量之間的關係，研究者必須操縱與控制變量。

⑥擬訂研究設計。列出詳細的檢驗假設的計劃、步驟。

⑦選定並建立觀察與測量的方法。確定應該如何具體地對變量進行測量。

⑧設計問卷與訪問表。很多社會或行為科學的研究都會用到問卷、訪問表等工具收集資料。

⑨從事統計分析。資料收集後，研究者利用統計分析的方法，將複雜的資料予以簡化，以便得到結論或判斷。

⑩撰寫研究報告。將研究結果寫成報告，這是研究的最後一步。

(3) 范偉達的四階段模型

范偉達教授將社會科學研究的一般程序劃分為四個相互關聯的步驟（如圖1-3）：選題階段（確定研究題目）；準備階段（初步探索、成立假設、研究設計）；實施階段（抽取樣本、收集資料、整理資料）；總結階段（統計分析、理論分析、撰寫報告）。這一劃分為研究者把握研究過程提供了一個清晰的思路。

圖1-3 研究四階段

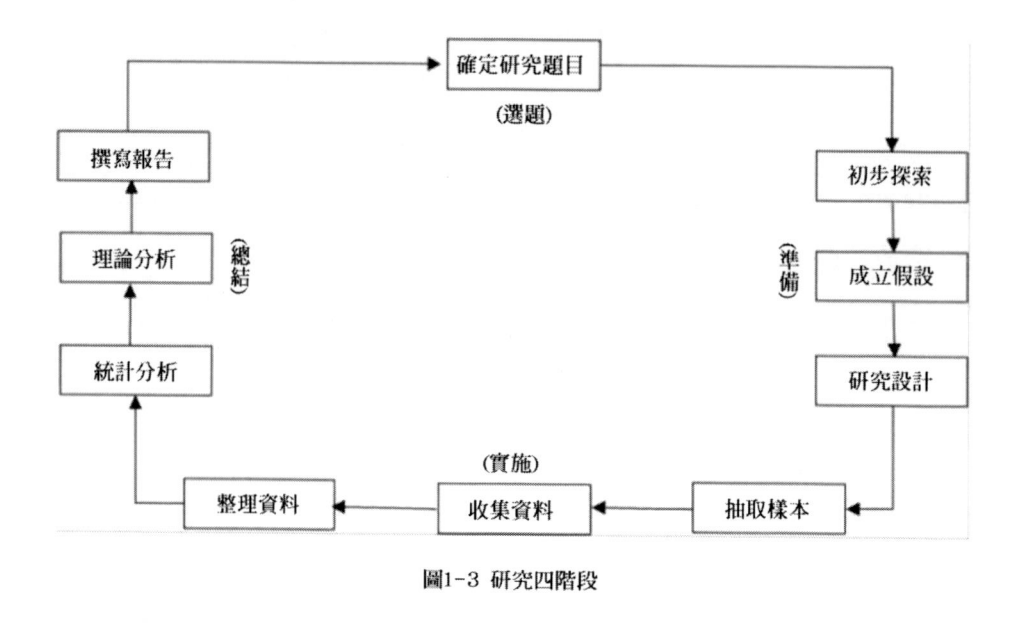

2·社會科學研究的一般步驟

（1）選定課題

社會科學研究究竟從什麼開始？有人認為是從方法開始，應該根據研究的方法來決定自己的研究。而大量的專家學者認為科學研究是始於問題的，首先，沒有問題就談不上研究，任何研究都是基於問題的研究；其次，特定的問題需要特定的方法，從方法入手是無法解決特定的研究問題的。比如，我們選定實驗研究方法，而這個特定的方法只能研究特定的問題。假如要研究大學生心理問題，引起社會不穩定的因素問題，用實驗法來做就顯得力不從心，或者說根本沒有辦法操作。

社會科學研究始於問題，問題為研究指明了具體方向，這有利於我們集中所有的精力去思考、去論證。因而，開始社會科學研究的首要步驟是選定自己需要研究的課題。

（2）進一步明確研究問題變量或者變量關係假設

研究問題一般都是外延比較豐富的概念，如社會變革問題、大學生就業問題、心理壓力問題、人力資源管理問題等，這些問題包含的因素比較多，

若作為一個問題研究會因為涉及方面太多，影響因素複雜，加之研究者的時間精力有限，以及發表成果的篇幅有限，而難以有效操作控制。一個研究問題如果不深入確定更清楚的研究內容，則會使研究膚淺而不深入，難以繼續研究下去。

在日常研究中，當我們告訴別人自己在研究某個問題時，比如，研究人力資源管理問題，別人一定會禁不住問：研究人力資源管理的什麼問題呢？是其中的人才招聘環節還是崗位設置環節？是研究怎樣激勵還是人力資源管理的具體方法？所以，必須進一步明確研究問題究竟包含了哪些內容變量。此外，從許多專家學者的論述來看，明確研究變量之間的關係是很重要的步驟。

雖然對於一些描述性研究而言，並不存在變量之間的關係假設，但要明確究竟需要研究什麼變量；而對於因果關係研究而言，常常需要在研究方案之前明確變量之間的關係。如研究大學生的心理壓力問題，在研究中，需要進一步明確研究心理壓力與成就動機兩個變量之間的關係。對此根據已有文獻和經驗，我們可以建立這樣一個研究假設，即大學生的成就動機與心理壓力呈正相關關係。

（3）研究設計

研究設計階段是以研究目的為方向進行的選擇和工具準備，它涉及研究的思路、策略、方式、方法以及具體技術工具和調查研究人員等各個方面。研究設計是準備階段最主要、最困難的工作，它要在初步探索的基礎上確定研究方式和方法，建立測量指標，設計各種量表、調查問卷或者擬定調查提綱，確定資料收集和分析的方法，以及制定抽樣方案、研究計劃等。

一般在研究設計之前要進行探索性研究或先導性研究，確定研究課題的具體問題。研究設計完成後，並不意味著就可以直接進入下一階段，往往還需要進行試驗性調查，尤其是定量研究，一定要透過試驗性調查來檢驗問卷和量表的有效性，修正問卷或量表中存在的問題。

（4）資料收集

在完成了前面的階段後，就進入實地收集資料環節。社會科學研究中資料的收集是一項十分艱苦而又需要認真對待的工作，因為在收集資料的時候面對的是人，方法稍有不慎就難以有效地收集到自己想要的有價值的資料。作為社會科學研究人員，需要熟練地掌握收集資料的方法和技術。社會科學研究中收集資料的方法通常有個別訪談、實地觀察、問卷調查、文獻檔案查閱等方法，只有明確每種方法的優缺點、操作的要領，才能更好地收集到想要的資料。

比如，採用問卷調查法進行調查，如果調查的內容涉及個人隱私，那麼就有必要採取相應的措施使調查對象既能客觀真實地填寫問卷，又不至於因為擔心隱私洩露而形成心理壓力，同時也要防止社會稱許性偏見效應對問卷質量的影響。這些不僅需要在問卷設計時加以注意，也需要對收集資料的具體環境加以有效控制。

（5）資料的整理分析

資料的整理分析是獲得研究結論的重要基礎，因此，這個環節十分重要。這個階段主要包括：對調查資料的篩選整理、對資料的編碼統計、對統計資料的分析等環節。

第一，對調查收集來的資料進行科學的分析，剔除缺乏可信度的資料，以保證資料的科學性和有效性。

第二，對資料進行統一編碼。一般而言，對定性資料採取內容分析法進行分類整理，對數據資料採用 SPSS、EXCEL 等軟體進行統計。

第三，對資料進行統計分析和理論分析，得出相應的結論。值得注意的是，根據數據資料得出的結論如果與原來的假設是一致的，那麼就可以順理成章地予以解釋。但是，當研究結論與原來的假設不一致時，不要立即推翻原來的假設，首先應回頭認真審視每一個研究環節是否存在不嚴謹之處，如果存在問題，就需要修正這些環節並重新實施涉及的相關環節。假如透過審視發現每個環節都沒有瑕疵，研究的整個過程是科學的，但研究結論不能驗

證原來的假設，這可能是由於意料之外的其他種種原因造成了現在的研究結論，這時就需要尋找及說明與原假設不一致的原因。

（6）撰寫研究報告

撰寫研究報告時，最好先寫一兩頁簡單的摘要，使讀者能有一個大概的輪廓，然後再進入報告本身。報告需要採取不同的形式，要考慮到此份報告的閱讀對象是誰，是供發表的、印成書的還是給機關用的，要依據不同的目的採取不同的形式。

整篇研究報告對於以下一些問題都應予以說明：研究的目的，為什麼要做這項研究，它的理論基礎是什麼，它在制定政策上、在理論上有什麼意義。說明相關方面的研究前人已經取得了哪些成果，即前人在現在所做的研究中已經做過哪些工作，結果發現了什麼，有什麼理論錯誤，有哪些資料需要更正補充。說明你能提供些什麼，在哪些方面做出了改進，並由此提出你的假設，說明你的研究設計。研究報告的重點部分是資料分析，要把資料分析的步驟，所用公式、圖表等一步步列出。資料分析時要生動清晰，可以與其他資料進行對比討論。最後要對整個研究進行總結，並說明你此項研究的貢獻何在，分別說明理論的貢獻和實際的貢獻。

社會科學研究一般過程主要有四個特徵：

第一，研究過程的每一個步驟都是相互依賴的。任何一個步驟都必須在前一步驟完成之後才能進行，也都必須依賴下一個步驟而做出相應調整。

第二，研究過程是一個不斷循環的過程。任何課題在經過一輪研究循環之後，除了取得研究成果以外，還可以提出需要進一步研究的問題，這些問題就成為新的研究循環的起點，形成新的研究課題。它可以使我們對某些特定社會現象或問題的認識不斷深入，以此不斷提高社會研究的水平。

第三，研究過程保證了研究結論的可驗證性。經過研究後得出的結論是否科學，一個重要標準就是研究結論是否可以驗證。特別是那些經過周密調查而得出的具有重大社會意義的研究結論，都應該能夠被其他研究人員進行重複檢驗。這種驗證就是按照原研究設計的步驟，即按照原先的研究過程進

行再一次研究。因此，社會科學研究過程或步驟可以使原研究重複進行，以檢驗研究結論的科學性。

第四，無論是量化研究還是質性研究，它們的研究過程或步驟基本上是一致的，但是在每個具體的階段或步驟中還是有很大的差別。一般而言，在準備階段，量化研究的設計是比較精細的，質性研究的設計相對比較「模糊」或比較「開放」，因此，量化研究的準備時間比較長，質性研究的準備時間相對較短。在調查階段，量化研究一般是「一次性」的，質性研究是「反覆」的。也就是說，質性研究需要經過反覆調查、反覆觀察，才能獲取有價值的資料，量化研究的調查時間相對較短，而質性研究的調查時間相對較長。

量化研究的每個階段都有比較明確的時間節點，調查的階段性特點比較明確，而質性研究的各個階段有時是重疊的。也就是說，在質性研究過程中，研究設計有時需要根據資料的收集情況加以調整和完善，根據調查資料充實或修正自己的理論框架，在調查階段要進行資料的整理和分析，並且資料的整理和分析也基本上是同步的。量化研究和質性研究的上述區別主要在於量化研究基本上採用的是假設演繹法，而質性研究雖然有時也嘗試採用假設演繹法，但是較多採用的還是歸納法。

本章小結

社會科學研究是一種經驗的研究，透過對社會中人們的思想、態度、行為，及人與人之間的相處模式、聯絡方式等進行探索，來揭示各種社會現象，發現其中的一般規律。社會科學研究需要我們從科學的角度出發，構建科學的理論，運用具體的方法來瞭解社會現象、分析社會問題、把握社會發展規律。學習社會科學研究方法，有利於豐富我們的社會科學研究知識，掌握社會科學研究所需的基本技能，防止和克服研究過程中可能出現的種種錯誤，以提高社會科學研究的科學性和合理性。

作為一種特定的科學研究類型，社會科學研究具有客觀性、科學性、實證性和經驗性四個方面的特徵。按照不同的標準，我們可以將社會科學研究方法分為不同的類型，如按研究方式，可將社會科學研究方法分為調查研究、

定性的實地研究、實驗研究和非介入性研究四種基本方式；按研究性質，可將社會科學研究方法分為理論性研究和應用性研究；按研究目的，可將社會科學研究方法分為探索性研究、描述性研究和解釋性研究；按調查對象的範圍，可將社會科學研究方法分為普遍調查、抽樣調查和個案調查；從時間性角度，社會科學研究方法可以分為橫向研究和縱向研究；按社會科學研究的應用領域，可將社會科學研究方法分為行政統計調查、學術性調查、民意調查、市場調查等。社會科學研究的邏輯推理包含歸納推理、演繹推理與假設演繹法；其一般過程包括：選定課題、進一步明確研究問題變量或者變量關係假設、研究設計、資料收集、資料的整理分析與撰寫研究報告六個主要的步驟。

關鍵術語

　　社會科學研究

　　理論性研究

　　應用性研究

　　普遍調查

　　抽樣調查

　　個案調查

　　行政統計調查

　　學術性調查

　　民意調查

　　市場調查

　　歸納推理

　　演繹推理

　　假設演繹法

討論題

1. 什麼是社會科學研究方法？

2. 社會科學研究方法有什麼特徵？

3. 社會科學研究方法有哪幾種不同的分類標準？每一類分別包含哪幾種方法？

4. 社會科學研究的邏輯推理分為哪幾種？分別有什麼特徵？

5. 社會科學研究的一般過程包含哪幾步？

案例分析

在社會科學的學術性刊物上，調查研究報告占據相當大的比例。以《社會》雜誌為例，這是社會學專業期刊，1981年10月創刊。李穎暉2015年在《社會》上發表了調查研究報告《教育程度與分配公平感：結構地位與相對剝奪視角下的雙重考察》，該研究基於結構地位與相對剝奪的兩種視角，發現了教育程度對收入分配公平感的複雜影響路徑。教育程度作為優勢性地位獲得，對分配公平感存在正向影響。

教育程度越高，收入分配公平感越強。但這種正向影響也存在條件性：教育作為個人地位投資，激發相應的回報期待，隨著教育投入的期待收入與實際收入差距的擴大，這種正向影響會降低，且教育程度越高，降低的幅度越大。這一條件性的發現有利於解釋既有研究的矛盾結論，具有重要的社會意涵：當教育投資作為「制度化手段」無法實現地位獲得這一「文化目標」時，這種「斷裂」可能會引發「分配不公」的心理失範。

討論：

1. 試根據本章知識評價這份研究報告。

2. 在介紹自己的研究課題時，我們應注意哪些方面？

第二章 選題與研究設計

學習目標

- 掌握社會科學研究方法選題的標準
- 瞭解社會科學研究方法選題的意義
- 掌握課題具體化的含義及方法
- 掌握研究設計的步驟與操作

知識結構

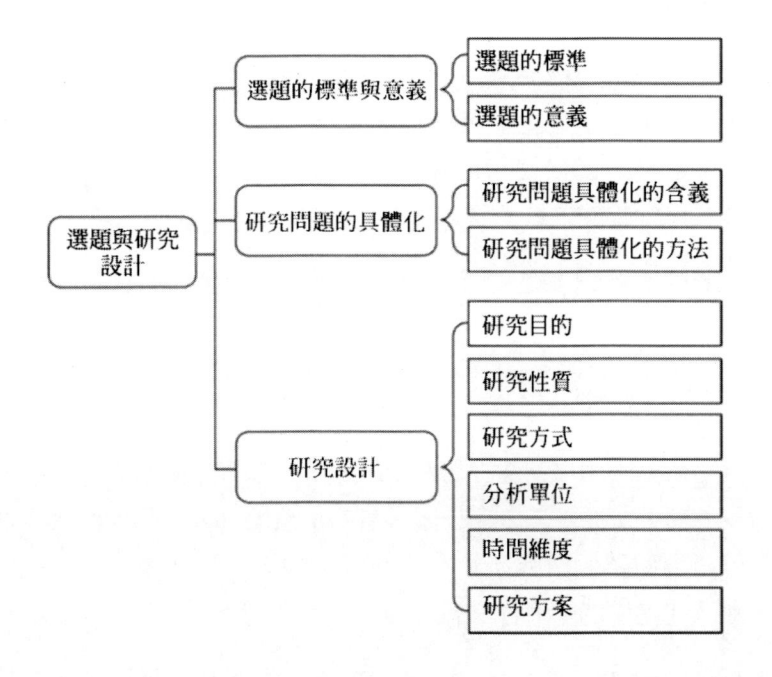

```
                    ┌─ 選題的標準與意義 ─┬─ 選題的標準
                    │                    └─ 選題的意義
                    │
    選題與研究設計 ─┼─ 研究問題的具體化 ─┬─ 研究問題具體化的含義
                    │                    └─ 研究問題具體化的方法
                    │
                    │                    ┌─ 研究目的
                    │                    ├─ 研究性質
                    └─ 研究設計 ─────────┼─ 研究方式
                                         ├─ 分析單位
                                         ├─ 時間維度
                                         └─ 研究方案
```

引入

「空巢老人」，一般是指子女離家後的中老年人。隨著社會老齡化程度的加深，「空巢老人」越來越多，已經成為一個不容忽視的社會問題。當子女由於工作、學習、結婚等原因離家後，獨守「空巢」的中老年夫婦由此而

39

產生的心理失調症狀，稱為「家庭『空巢』症候群」。隨著經濟的發展，老齡化問題日益突出，其中「空巢老人」現象尤其引人關注。

「空巢老人」問題不是一個簡單的個人問題，已經成為亟待解決的社會問題。老人隨著年齡的增長，對他人的依賴性越來越高，心理也越來越脆弱，社會在這時候應給予「空巢老人」更多的關愛與關懷。那麼，我們又該如何去關愛「空巢老人」呢？假定我們已經選擇研究「空巢老人」的相關問題，想進一步瞭解甚至有效地解決它，我們首先需要搞清楚幾個問題：研究目標是什麼？準備採用哪種研究方式？研究對象是全國範圍內的「空巢老人」，還是某些地區的？研究的具體內容是什麼？「空巢老人」存在哪些特徵？會受到哪些方面的影響？

要回答這些問題，需要進行選題與研究設計，透過明確的題目與研究設計，來制定研究策略，確定研究途徑，選擇研究方法。就像蓋房子，如果沒有先前良好的設計，即使使用最好的建築材料，也不可能修建成為著名的建築。研究選題與設計的好壞直接決定著後續研究的質量。

思考：怎樣的選題才是有價值、有意義的呢？確定選題後又該如何進行研究呢？

第一節 選題的標準與意義

社會科學研究的第一步就是選題。選題是一項具體社會研究工作的靈魂。以後的許多步驟，一系列工作都是圍繞著完成社會研究的這個題目來開展的。選題本身就是要使整個研究活動有一個明確的目的和對象。選題的確立也就是確定社會研究工作的中心和範圍。

如果將整個社會研究工作比作一個系統工程的話，那麼，選題就是其中最首要也是最關鍵的步驟，透過提出問題，再根據選題去做一系列研究工作，則是在提出問題的基礎上解決問題。從某種意義上來說，提出問題比解決問題更為重要。

一、選題的標準

研究者在研究選題的過程中，怎樣才能選擇一個合適而又有意義的課題，其評判標準是什麼？學者們發現了一個有趣的現象，即有經驗的研究人員總認為自己所選擇研究的問題是所有問題中最重要的。但是究竟哪一個問題才是最重要、最有價值的，這又涉及選題的評判標準。在通常情況下，研究者是根據自己的學術領域、研究能力、現實條件或者價值偏好來選擇課題的，當然也可以選擇領導希望研究的課題，能夠賺得足夠收入的課題。因此，在評價一個課題的好壞方面，仁者見仁，智者見智，不同的學者會有自己不同而又獨特的看法，但也並不意味著就不存在一個能被大多數人所認可、接受的標準。麻省理工學院的 LARSON 教授提出了選好課題的三條準則：

首先，你要對自己所選的課題有一定的興趣，如果沒有興趣，就不存在研究、解決問題的動力。只有全身心投入其中，才可能取得一定的成果。

其次，要具備一定的解決問題的能力。如果不能完全解決問題，也必須弄清楚自己可以做些什麼，解決哪些部分的問題，不能完成的部分應該尋求怎樣的幫助。

最後，除了你自己對該課題的認可，其他人的支持也很重要，並且認可的人越多越好。

1·重要性

重要性即所選擇的課題要具有一定的意義或價值。一項研究所具有的用途或用處，可以分為理論意義與實踐意義。理論方面的意義主要體現在研究課題所取得的成果能夠促進該學科的發展、相關理論的形成或檢驗，能夠增強大家對社會價值規律的認識、對社會現象的理解；實踐方面的意義在於所選擇的課題能夠對現實社會生活中各種實際存在的問題進行科學的回答並提供合理的解決辦法。

從研究課題的分類來說，可以把這兩種意義的研究課題分為理論性研究和應用性研究，前者關注的是課題的理論貢獻，後者主要是一種對策性的研究。

例如，研究問題「大學生職業發展與其家庭背景的關係研究」，主要關注和探討的是大學生的發展與其所享有的社會資本之間的關係，因而具有理論方面的價值；而「促進大學生公平就業的對策研究」這一研究問題，則主要針對現實社會生活中存在的具體問題，因而具有明顯的實踐意義。需要特別指明的是，課題的理論意義和實踐意義只是相對的，僅僅代表了研究者本身的理論偏好或實踐偏好。實際上，任何研究都是在一定理論的指導下進行的，都需要相應的理論分析工具，即使是注重實踐意義的研究課題也是如此。

許多研究之所以那麼重要，還表現為所選擇的課題具有重要的社會意義。在現代社會中，仍存在著許多需要研究的重大問題，這些問題的調查研究對於社會發展、體制建構具有重大的意義。當然，在當下的社會條件下，有時候很難確定所研究課題具有的理論意義、實踐意義和社會意義，而且所要調查研究的現象很可能會隨著時間的流逝而年老、死亡。在這種情況下，對這種現象的「記錄」本身就有很大的意義。

2.創造性

創造性即研究的創新性或獨特性，具體指研究應該在以往的基礎上有所創新，有不同於先前研究的地方。在選擇和確定研究課題的過程中，尋找自己的研究方向或具體問題，使得自己的研究能夠為課題所在的學術領域增加新的知識。任何科學研究都不應簡單地重複他人已有的研究，都應在前人研究的基礎上有所發展。

一切重複的研究，哪怕它的研究設計做得非常周密，資料的收集和分析做得非常規範，但是它所獲取的結果是已經存在的東西，那麼它的研究成果就不會被承認。除非這樣的研究是為了驗證某些具有重大發現、重要意義的研究成果。

衡量創造性的標準主要有三個方面。首先，這種創新是開創性的，是前人沒有做過的研究，即屬於「史無前例」「填補空白」型的。這樣的問題通常在社會轉型期時特別多，比如，「貧富差距與不平衡的發展」「資源使用不合理」等。但是我們也需要注意到，無論是在哪個領域，嚴格意義上的完

全無人涉足的問題幾乎是不存在的，不可能存在這樣一個問題是前人從未有所研究的。

因此，創造性更多的是指研究者對於該選題在研究的思路、研究的角度、所依據的理論、研究對象、採用的方法等某一方面或幾方面，與先前的研究有所不同，有自己獨特、新穎的地方。

例如，一位對大學生價值取向問題感興趣的研究者，在前人已做過「大學生價值取向調查」的研究後，選擇做一項「男大學生價值取向的調查」的課題，或者選擇做一項「東部大學生價值取向調查」的課題，這便是在調查對象上有了創新。如果研究者選擇做一項「大學生價值取向與家庭背景的調查」的課題，或者「大學生職業選擇與教育經歷的調查」的課題，這就在調查內容上有了創新。

如果前人的研究所調查的是某一特定時期的現象或問題，如「20世紀90年代大學生價值取向的調查」，那麼，我們可以選擇同一主題、同一內容、同一對象但不同時期的這一現象或問題進行調查，即可以選擇「21世紀大學生的價值取向調查」。選擇課題時的這種「不同」要有明確的目的與參考，要根據理論上或實踐上的價值和需求，不能單純地為了不同而不同。

其次，一項課題具有創造性，也可以是指採用新的理論對一個已經被大量研究的問題給予新的詮釋，或者採用新的方法對一個舊的問題進行研究。例如，當很多先前的研究都把自殺行為僅看作出於個人原因時，法國社會學家涂爾幹卻從社會整合的角度揭示了自殺規律。

所以，對一個舊的問題採用新的方法進行研究有時會獲得意想不到的結果，並提高研究水平。再者，先前對於自殺問題的研究，方法上基本上都是採用文獻研究法，如果運用實證研究方法，採用大規模的抽樣方法對失業人口、自殺未遂者進行調查，也許能夠獲得新的結論。最後，研究課題的創造性有的時候還表現為隨著社會的發展，已經做過的研究課題的研究對象發生了新的變化，或者原來的理論已經不能有效地解釋這些已經發生變化的社會問題、社會現象了。

3.可行性

可行性指的是研究者需要具備進行或完成某一項研究所需要的主客觀條件。具體來說，包括研究者的研究能力、研究條件和各種社會因素。研究者在選擇和確定研究課題時，一方面要考慮自身的各種因素，另一方面也要衡量各種社會因素。

研究能力是一個綜合性的概念，它不僅包括研究者的性別、年齡、體力等純生理因素，還包括研究者的知識結構、社會經驗、對問題的洞察力以及組織能力等。所以，在選擇研究課題時，首先要考慮的一個問題是「我有多大選擇餘地」，選擇研究課題時最好不要超越自己的知識結構，在自己的學術領域內選擇相應的研究課題是最有把握的，也是最容易出成果的。

如果是在量化研究方面，研究者必須能掌握問卷設計技術、抽樣技術和統計技術。一個人在自己的學術經歷中所獲得的社會經驗，包括對社會生活的觀察等，對於研究課題的選擇也很重要。例如，一個長期進行中西部發展問題研究的學者，由於缺乏對東部的瞭解，很難進入東部問題的研究領域。

同樣，一個年輕的男性大學生，如果要研究「剛退休女性的心理衝突與調適」，以他的年齡、性別、社會生活經歷，以及對相關背景知識的熟悉程度等來看，很難保質保量地完成這一問題的研究。所以，一個人的洞察力在整個過程中起著不容小覷的作用，使其能夠對課題有整體的宏觀把控，對具有的資料保持較高的敏感性，善於從資料中發現其特殊意義，表現出靈敏的問題導向和問題意識。

除此之外，團隊項目的負責人還應該具備較強的組織協調能力。根據研究的需要，組建好一支強大的研究團隊，善於溝通協調各方面的關係，利用好社會上的各種資源，合理分配每位成員的工作，使他們能人盡其力，保證付出與取得的學術成果相一致。

研究條件主要是指研究經費、研究時間、研究隊伍的組織以及有關文獻資料的獲取。一般來說，研究經費主要來源於政府的撥款，也可以來自各種社會基金或事業單位的贊助。研究經費的多少直接決定了研究規模的大小，

甚至決定研究水平的高低。同時，研究時間的充裕與否也會影響研究課題的質量。如果研究時間不夠、研究經費不足、不能獲取有關的文獻資料，所涉及的對象、單位和部門不能給予必要的支持和合作，就會導致研究課題無法進行。對於一項大型研究來說，還必須有一支高質量的團隊作為依託，並且團隊的年齡結構、知識結構以及地域結構也應有合理的組合。

社會因素包括政治、經濟、文化和道德方面的因素。社會研究需要經費的支撐是不容置疑的，由於經費一般都來自政府或各種基金，因此，研究所選的具體方向必須符合政府或基金的宗旨。政治的因素包括法律、法規、政策以及意識形態等因素，如果所選的課題不完全符合社會的法律、法規和政策，研究就無法順利地進行，就不可能收集到所需要的資料。研究還需要考慮一定的社會文化與道德。

例如，有的課題採用危害當事人利益的欺騙的方式去收集資料，這樣的課題從一開始就隱含了失敗的可能。而且在有些地區使用的研究方法，在另外一些地區可能不能夠使用。此外，社會因素還包括研究課題能否得到有關方面的配合，能否透過入戶調查的方法收集資料等，這些問題都需要認真考慮。

對於大學生或者初學者來說，最為關鍵的問題是選題範圍不宜過大，要在自己熟悉的生活領域中選擇研究課題。在選題時人們比較容易輕視「小課題」，所犯的通病是課題太大、太泛，既超出研究者本身的經驗，又缺乏足夠的時間和能力，到頭來反而被束縛，用主觀推論來補充甚至代替客觀的調查研究。如大學生如果要選擇研究中國的文化，不如選擇研究自己家鄉的文化，範圍縮小便於研究並且自己也更加熟悉。

其實，課題的價值與其所帶來的社會意義的大小並不在於課題本身的大小，一些有成就的社會研究者往往只是致力於一個「小課題」來闡釋某種社會現象，採用宏觀和微觀相結合的研究方法，從大處著眼，小處著手。雖說初學者選題不宜太大，並不等於完全反對選擇比較大的課題，但要把握「大課題」和「小課題」之間的關係，即應該把要研究的「小課題」納入到長遠

發展方向的「大課題」中去，使得現在的「小課題」能成為「大課題」研究過程的一個階段、一個方面或組成部分。

二、選題的意義

選題是一件十分重要的事情，對此，愛因斯坦曾十分深刻地指出：「提出一個問題往往比解決一個問題更重要，因為解決問題也許僅僅是一個數學上或實驗上的技能而已。而提出新的問題、新的可能性，從新的角度去看待舊的問題，都需要有創造性和想像力，而且標誌著科學的真正進步。」著名學者李四光在總結自己長期進行科學研究的實踐，特別是開創地質力學這個新學科領域的經驗時也指出：「做科學工作最使人感興趣的，與其說是問題的解決，恐怕不如說是問題的形成。任何一個實際問題很少是單純的，總要對於構成一個問題的各項事物，實際上就是代表事物的那些語句的意義，和那個問題展開的步驟，有了正確的認識，方才可以形成一個問題。做到這一步，問題可算已經解決了一半。」他在這裡高度強調了形成研究問題的重要性。

在社會科學中，馬克思在批判地改造黑格爾唯心主義哲學體系的基礎上，透過自己的研究，建立了辯證唯物主義和歷史唯物主義的哲學體系。直到現在，馬克思在批判資本主義的基礎上建立起來的社會學理論仍然是西方社會學理論的重要源泉之一。同樣，馬克思及其同一時代的許多學者對資本主義的批判，推動了資本主義制度的改革和完善。這些重大理論的突破，首先都是從提出問題開始的。當然，並不是所有研究課題的提出和解決都會對科學研究產生巨大的作用，但是，它們對於人類探索未知領域，對於深化人類的認識來說是不可缺少的。

因此，提出問題是選擇和確定研究課題最為關鍵的方面。從教學的角度看，選擇研究課題的重要意義在於培養學生提出問題的能力。儘管有人認為提出問題很簡單，一般人都會提問，但有些問題僅僅是針對特定的對象，這樣的問題被稱之為有待解決的問題，因為它已有答案，在人類的知識庫裡已經不再算是一個問題了。所以，「問題」首先是相對於現有的「知識庫存」的，是現有的「知識庫存」不能解決或解答的。

在社會科學研究的整個過程中,人們對具體事物以及現象的研究,總是從提出問題開始,接著建立或提出研究假設,經過資料的收集和整理,對資料進行分析與綜合,對研究假設進行驗證,概括出一般的結論或推翻假設,在此基礎上提出新觀點。新研究課題的確立又能推動人們對社會現象的進一步探索,開始進入一個新的研究過程。因此,研究階段既是人們學習階段的進一步發展,又是一個周而復始的過程。

從社會科學研究方法的角度看,選擇和確定研究課題的重要意義在於它從實際上決定了研究的方向或目標,規定了整個研究的範圍、對象、內容以及過程,決定了整個研究的成敗,同時,也從側面反映出了研究者的研究水平。

1. 研究課題決定調查研究目標

社會科學調查研究是人們認識社會現象的一種自覺活動,這種活動總是為了認識或回答特定的問題,服從於一定的研究目的。一項調查研究最終要達到什麼目的,實現什麼目標,以什麼作為研究對象,都與研究課題密切相關。

社會生活包括眾多的層面,構成不同的領域,對每一項具體的調查來說,只能在眾多的可能性面前進行選擇。一項調查所要達到的主要目的就是研究者所要達到的目標。在某種意義上,我們可以說調查課題就是目標,選題就是確定調查研究目標,目標定了,總的研究方向也就定了。

例如,一項關於農村適齡兒童學前教育的研究,研究者首先面對的是農村範圍大小的選擇,是以全國所有農村地區為主體,還是以其中幾個典型的農村地區為對象;農村適齡兒童是指哪部分兒童,適齡是在怎樣的歲數限制內。在確定課題以後還要考慮適齡兒童的學前教育包括哪幾個方面。因此,選擇研究課題所需要解決的是整個研究活動的基本方向問題。

2. 研究課題制約調查研究過程

研究課題一經提出和確定以後,便決定著社會調查的方案設計,制約著社會調查的全部過程。課題不同,調查的內容、方法、對象和範圍就不相同,

調查人員的選擇、調查隊伍的組織、調查工作的安排也不相同。提出與確定課題，是設計調查方案、安排調查工作進程的基礎和前提，它制約著調查研究的全過程。例如，關於農村適齡兒童學前教育的研究，可以有不同的課題類型：全國農村適齡兒童學前教育研究；農村留守兒童教育現狀研究；北部地區適齡兒童學前教育研究；農村適齡兒童教育情況與家庭背景研究；等等。

上面幾種不同類型的研究對於研究對象、內容、方法、規模等的要求是各不相同的。它們或者是以全國為總體的抽樣調查（全國農村適齡兒童學前教育研究），或者是在一定範圍內的抽樣調查（農村留守兒童教育現狀研究），或者是以個案研究、參與觀察為主（北部地區適齡兒童學前教育研究），或者是以描述性研究為主（全國農村適齡兒童學前教育研究），或者是以解釋性研究為主（農村適齡兒童教育情況與家庭背景研究），或者是以結構式問卷作為收集資料的工具，或者是採用深度訪問法收集資料，或者是以單一的調查對象為主（農村適齡兒童），或者調查對象同質性程度較低（農村兒童）。不同的研究性質，選取樣本、收集資料的方法是有很大區別的，因此，它們的研究過程也完全不同。

3.研究課題體現調查研究水平

提出與確定的研究課題是否得當，一定程度上反映了研究者的指導思想、社會見解、理論想像力和專業學識水平。一項具體的研究課題從開始選擇到最終確定，都是上述幾方面因素共同作用的結果。因此，課題的選擇能從總體上體現調查（包括研究者）的水平。在選題過程中，既需要用到研究者所掌握的專業理論知識和調查研究方法，又需要研究者具有比較開闊的視野、靈活的思維。

例如，對於農村適齡兒童學前教育的研究，如果研究者能力有限，就可以選擇從學前教育的某個方面著手，而不應該追求全面的研究；如果研究的地區前人已有的成果很少，那麼首先應採取的是描述性研究，把基本情況調查清楚，才能進一步展開具體研究。當然，有的時候，評價一項研究課題水平的高低，往往是看研究課題是否涉及一些重大理論問題或是否能夠解決社

會重大問題，是否緊跟時事，追隨焦點。但不能就此認為選擇重大問題的研究水平就高，研究微觀領域的問題其水平就低。

實際上，一項研究課題所反映的研究水平的高低，是看這種選題能否在比較深入的層次上揭示社會現象的內在聯繫，是否在比較高的層次上概括社會現象的整體狀況、發展變化規律，是否回答了人們在社會中遇到的、普遍關心的新問題或焦點問題，而不是在比較低的層次上簡單地列舉社會現象的個別狀況和具體表現，在比較淺顯的層次上描述社會現象的表面特徵甚至重複研究已經明了的事實、狀況和結論。

因此，大學生應意識到自己對社會接觸得還不夠多，生活閱歷少，從而在自己比較熟悉的生活中選擇所要研究的課題。例如，大學生研究者選擇「大學生就業觀念轉變」「大學寢室文化氛圍調研」「大學生助學貸款情況調研」等課題，要比選擇「三公經費使用狀況調研」「三農問題調研」「東西部地區發展對比研究」「某項公共政策所引起的社會反響」等課題更容易理解與把握。不僅是大學生，即使一般的學者或者調研的專家，也不會輕易地在自己不太熟悉的領域中選擇研究課題。

一旦題目確定之後，並不是急於去實施，而是先要進行論證，進行必要的檢驗。對於初學者來說，這一點尤其重要。使用的具體方法有如下幾種：

（1）向有經驗的人請教

那些對這一方向有研究經驗的專家，或是在這一方面長期從事實際工作的人，他們非常清楚該研究課題是否重要，也瞭解課題應該怎樣展開。向他們請教，聽取這些人的意見，在保證學術專業性的基礎上，還能夠做到瞭解實際情況，與現實緊密地結合。

（2）查閱相關的文獻資料

再一次瞭解既有的研究情況，包括現有研究已經達到的水平，前人研究運用的具體方法等，做到心中有數。進行對比，得出自己在這方面研究的創新、突破之處，反思自己課題的理論假設有沒有創新，使用的方法有沒有突

破，調研展開的過程是不是有所超越。只有再次確認了自己的題目確實有新意，日後研究工作的開展才有意義。

（3）進行預調查

在小範圍內，將自己課題中的若干關鍵環節預先進行實際操作，看看過程是否得當，環節有沒有脫節，方法是不是可行。總之，萬事開頭難，認真做好社會科學研究的起步性工作，對整個研究的成功有很重要的作用。

第二節 研究問題的具體化

一、研究問題具體化的含義

研究問題的具體化就是對研究課題的具體界定，把比較含糊的想法、思路轉變成明確的問題，把比較寬泛的研究範圍轉變成特定範圍或特定領域，把籠統的研究對象變成具體可操作的對象。

通常，研究課題的含糊、寬泛、籠統首先表現為研究範圍過於寬泛。例如，有的學生比較關注社會文化的問題，選擇諸如「我國社會文化的調查研究」。這樣的研究課題不是不可以做，但是就大學生本身的知識結構和能力來說，做起來有相當大的困難。

其次，表現為研究內容不清楚。以社會文化研究為例，這是一個相當大的研究領域，這一領域所包含的問題相當多，它需要非常深厚的學術功底和豐富的社會研究經驗，而且從社會學的角度看，社會文化可以從許多不同的層面進行研究。

社會文化本身也包含許多問題，既有理論層面的問題，也有經驗層面的問題。因此，作為初學者來說，雖然提倡大學生應該敢於思考，敢於研究，但是同時也應該以科學的研究方法為基礎，把創新與相應的研究方法結合在一起。最後，研究對象不明確。還是以社會文化研究為例，如果從社會文化的發展過程來進行研究，它既可以包含整個發展過程，涉及歷史的方方面面，也可以單獨研究某個具體時期的社會文化現象，如唐代的社會文化特徵等。

二、研究問題具體化的方法

　　研究問題的具體化主要涉及如何提出問題，體現為研究課題的具體化。從操作上來說，研究課題具體化的方法或途徑實際上就是界定研究的範圍、明確研究內容、確定研究對象。界定研究範圍就是把一個很大的調查範圍縮小為一個較小的調查範圍。如把一個國家縮小為一個省市、一個地區，甚至一個單位。比如，「我國國民的消費行為調查研究」可以縮小為「某某市市民消費行為的調查研究」。明確研究內容就是把抽象的研究主題變為經驗研究中可以操作的具體問題。比如，研究「我國國民的相關消費行為」可以先縮小問題的範圍，轉化為「我國國民消費行為的原因研究」或「我國國民消費行為的特點研究」，然後再突出基本的研究變量，如「家庭背景與消費行為的研究」「地區文化差異與消費行為的研究」等。

　　這樣一來，研究問題就變得比較具體和明確。確定研究對象就是具體規定分析單位以及資料收集的對象。如果大學生選擇有關我國國民消費行為的調查研究，建議大家不妨從自己比較熟悉的生活中選擇該方面的研究課題。下面以「寢室文化與大學生消費行為的關係」這一大學生熟悉的研究課題為例，從研究思路和實際操作兩方面介紹研究問題具體化的方法。

　　（1）研究思路

　　從研究思路上來說，「寢室文化與大學生消費行為的關係」大致可以從兩個方面進行研究，也可以分為兩個子課題。第一，採用文獻研究方法分析我國大學寢室文化的相關特徵。寢室文化是指依附於寢室這個載體來反映和傳播的各種文化現象的總和。它包括校園中的物質文化、制度文化，也包括師生的價值觀念、群體心態、校園輿論等，由涉及宿捨生活的各方面的價值準則、群體意識、行為規範、公共行為和學習生活習慣等組成，是由寢室成員共同建立和長期形成的，具有潛移默化的氛圍和影響力。從經驗上看，我國的大學現大多以「寢室」為活動單位，整個寢室的同學的思想與行為也存在一定的相似性。

　　如果整個寢室的同學家庭條件都較好，形成了較高的消費意識，則可能他們的消費水平整體高於其他寢室。第二，採用抽樣方法選擇若干所不同類

型的大學，調查最近十年來這些大學寢室文化的變化，不同寢室學生的生活狀況和價值觀念。這樣的課題既有文獻研究方法，也有實證研究方法。

這樣，所選擇的研究課題就不是一種非常宏大的、很難把握的「國家消費行為」，而是從大學出發，以寢室為單位去研究「大學生的消費行為」。

（2）實際操作

從操作上來說，「寢室文化與大學生消費行為的關係」可以分為兩個子課題。

第一，「我國大學寢室文化的相關特徵」，主要以文獻研究方法為主，可以採用分層抽樣方法從全國大學中隨機抽取若干所不同類型的學校，然後在這些學校所做的相關課題中收集與我們研究課題有關的文獻資料；

第二，「我國大學生價值觀念與生活狀況調查」，主要以實證調查為主，採用多段分層抽樣方法隨機抽取若干所不同類型的學校，然後在這些學校中隨機抽取一定規模的寢室作為調查樣本。根據研究目的，研究者可以從大學生的生活和價值觀念的角度分析大學生的相關消費行為。由於大學生日常的大部分時間都是與同寢室的同學一起，所以，彼此間的思維觀念、生活方式都會相互影響。

這又從側面反映了寢室文化對大學生消費行為的影響。雖然這樣的課題，以大學生現有的條件來說也許很難成為一個比較規範的、正式的研究課題，但是作為初學者，大學生可以在自己的學校進行調查，包括上面所講的兩個子課題。如果能聯繫其他學校的同學一起進行同樣的研究，雖然不符合隨機性原則，但是對於該課題的初步研究也是非常有意義的。更重要的是，這樣的選題比較符合大學生的實際情況，而且具備合適的條件去做。

另外，還需要對所要研究的課題進行明確的表述。表述問題的重要性主要體現在它劃定了與研究相關的資料範圍，使得研究者清楚哪些資料必須進行收集考察，哪些資料可以暫且放在一邊。具體來講，明確表述研究問題包括下面一些內容：

第一，選擇合適的詞語來表達概念。只有存在一個明確清晰的概念，它才容易成為思想交流的工具。概念的產生、存在和詞語是緊密相關的，概念是人們頭腦中的思想，要把頭腦中的概念清晰、明確地表達出來，就必須選擇恰當的詞語，這樣才能使人易於明白。

第二，概念的含義要加以澄清，明確地予以界定。

第三，把澄清後的概念放到所要研究的理論架構中，對比它和其他概念的關係（橫向關係），從而去考察它的含義。

第四，確定概念的經驗測量方法，從它和經驗層變量的關係（縱向關係）中去考察它的含義。總之，一個好的選題陳述必須在研究者的能力範圍內，所陳述的問題既不能太寬泛，也不能太細微。

總的來說，研究課題的選擇和確定是一個過程，它不是簡單地確定一個題目就可以了。它必須來自研究者對經驗生活的觀察，研究者透過大量查閱文獻，收集相關資料，使它成為一個需要研究的「問題」，並透過「具體化」的方式，明確規定研究範圍、研究內容和研究對象，從而使一個比較含糊的、寬泛的、抽象的研究題目，變為在實際上可以操作的具體問題。

第三節 研究設計

研究設計是指對科學研究做出規劃，即制定一個策略去探索某種事物。社會科學研究設計一般來說是在選擇、確定研究課題後進行的，也就是說，當研究者在選擇、確定研究課題以後，就必須考慮這項課題應該怎樣進行。但是，這兩者沒有明確的時間界限，有的時候研究者在選擇和確定研究課題的同時就要考慮具體的研究方法。正如上一節所講的，選擇和確定研究課題是一個過程，在這個過程中已經包含對研究設計的考慮。

所謂研究設計，是指對研究課題的意義、目的、性質、研究方式、研究設想、研究過程和研究方法進行詳細說明，或者說研究設計是按照研究課題的目的和目標，預先制定的研究方案和計劃，它是社會研究實施的依據。

它涉及研究特定社會現象或問題的具體策略，確定研究的最佳途徑和選擇合適的研究方法以及制定具體的操作步驟、研究方案。研究設計在社會研究中有著非常重要的作用，它既是一份研究計劃的說明書，又是對有關研究設想的闡述，並對研究步驟、研究方法做了詳細的規定。

一、研究目的

社會研究通常要滿足很多目的，可謂千差萬別，但綜合起來可以歸納為三種類型——探索新話題、描述社會現象和解釋事物發生的原因。其中，解釋事物發生的原因是社會研究所能達到的最終目標。有時，一項研究會有很多個目標，但總會有一個主要目標。歸納起來，所有這些研究都不外乎三個基本的目的：探索、描述和解釋。

1. 探索

如果所研究的問題是個新話題，前人對這方面的研究很少，就被稱為探索性研究(EXPLORATORY RESEARCH)。所謂探索，是指對所研究的現象或問題進行初步瞭解，以獲得初步的印象和感性認識，同時為今後更周密、更深入的研究提供基礎和方向。例如，「對2012—2013年西部園丁項目的評估」，其目的是透過對西部園丁項目的目標受眾的研究，來對西部園丁項目的優勢、實施效果、社會影響力進行判定和評價；而檢查西部園丁項目的執行質量，找出實施過程中存在的困難和問題，探尋項目的侷限和可改進之處，其主要目的在於瞭解新實施的這一項目的整體狀況，其本質上屬於探索性研究。進行探索性研究的目的主要有三個：

第一，滿足研究者的好奇心和更加想要瞭解某事物的慾望；

第二，探討對某個問題進行細緻研究的可行性；

第三，發展和嘗試後續研究中需要使用的方法。

從這三個目的來看，探索性研究應屬於先導性研究，它主要是為後續研究指引方向並提供途徑，所以，探索性研究在方法上的要求相對比較簡單，也不太嚴格。

由於探索性研究往往提出「是什麼」的問題，這類研究往往很難進行，因此，並沒有什麼固定的程序可以遵循，研究過程中所有層面的情況都可能是重要的，研究的步驟可能無法清楚定義，探究的方向也隨時在改變。它通常採用參與式觀察和無結構式訪問等方法收集資料，其所研究的對象的規模也比較小。

從資料中所得出的各種結果，並不用來推論調查對象所取自的總體，也不用來檢驗某種理論假設，而主要用來「探測」某類現象或問題的基本範圍、內容或特徵，給人們一個大致的輪廓或印象，用來「提示」深入研究這一現象或問題的可能途徑，嘗試可用於這一現象或問題研究的合適的方法與途徑。

對於西部園丁項目評估這一例子，研究方法則可以採用深度訪談和焦點小組座談會的形式，挖掘西部五省區十幾個學校的校長和教師受訓的情況和效果，透過電話訪問和郵寄自填問卷兩種方式，採用半結構式問卷，對幾百位受訓教師和校長進行訪問。

探索性研究者一般需要富有創造力，能夠靈活應變，具備提出創意問題、發現新奇事物的天賦。例如，20世紀60年代，管理學家明茨伯格為探討管理工作的本質而訪問了許多主管，他將訪談的資料加以整理分析，進而提出一些關於管理角色、管理活動本質以及種類的理論，這些理論後來又透過訪談與問卷調查等方法，在不同的情境中得到了檢驗。

但需要注意的是，探索性研究的主要缺點是：儘管它可以為獲得答案和尋求確切答案的研究方法提供線索，但很少能圓滿地回答所要研究的問題。這主要是因為一項探索性調查所得到的各種結果和結論，都只是某種現象或問題的「初步印象」，它難以為所研究的現象或問題提供比較系統、比較肯定和比較滿意的答案。或者說，探索性研究的結果，往往只是新的、更為系統的、更加專門的研究的一種背景或起點。

2·描述

許多社會科學研究的主要目的是描述情況及事件。細緻的描述對於研究計劃是很必要的，它可以極大地豐富我們有關社會形態和本質的知識。描述

性研究 (DESCRIPTIVE RESEARCH) 是將某種情境、社會背景或關係精確地呈現出來。在描述性研究中，研究者常常始於一個明確界定的主題，再進行研究以獲得對於這一主題的精確描述。通常許多政府提供經費的項目屬於描述性研究，包括人口普查，其目的是對人口的特徵進行正確、準確的描述。還有對經濟增長率、大學生就業率、社會犯罪率的統計調查等。

描述可以是具體的，也可以是抽象的。相對具體的描述，如描述「一個城市的老齡化比例」或「一個公司的員工性別構成」等。相應地，描述也可以是一些更抽象的問題，如「城鄉地區的教育不公平情況是在擴大還是在縮小」「西部地區的經濟發展情況如何」。

描述性研究是回答「是什麼」「怎麼樣」「如何」的研究，主要是對社會現象的狀況、過程和特徵進行客觀準確的描述。描述性研究沒有明確的研究假設，但是在研究之前，需要對研究內容框架有一定的構想，以避免研究的盲目性。這些構想主要包括以下幾點。

（1）研究的時間性

界定研究內容是為了瞭解某一事物過去、現在的狀況或將來的發展。如「大學生就業觀念的研究」，這一選題在描述性研究中就需要確定是研究什麼時間段的大學生的就業觀念，究竟是過去某個時期的觀念，還是現在或者將來的觀念，又或者是將幾個時期大學生的就業觀念進行對比。

（2）研究的空間範圍

如果一個研究內容相同，研究空間範圍不同，研究對象的特徵就會有所不同。在描述性研究中，需要明確研究的空間範圍究竟是一個地區、幾個城市，還是特定國家等情況。

（3）研究的問題

描述性研究可對一個或多個問題進行描述，比如，研究青少年的情緒問題，可以研究情緒產生的原因、情緒的類型、負面情緒的應對方式、對待情緒的態度等多方面的問題，也可以僅對負面情緒的應對方式等個別問題進行

描述。不管是對多個問題還是個別問題進行描述,都需要對研究問題進行分解,以便使描述能夠更加深入。

(4) 研究層次

研究是僅僅在經驗上進行描述,還是需要在經驗的基礎上抽象出這些現象的普遍意義?比如,研究了高學歷者中的性別比例狀況後是否需要討論其背後的深層次原因,或者對以後的科學研究發展問題做出推論等。

(5) 操作化

要對研究問題進行具體定義,並使之能夠被測量。

(6) 調查對象的選取

選取的比例是多少、什麼類型、如何去選擇等,都需要考慮清楚。

由於描述性研究的目的在於描述事情究竟何以如此,所以,描述性研究常常會用到問卷調查法、田野研究、內容分析等大規模收集資料的方法。這種研究通常要採用嚴格的隨機抽樣方法來選擇研究對象,其研究樣本的規模要比探索性研究中的樣本規模大得多。描述性研究需要把握對社會現象描述的準確性和概括性。準確性就是對社會現象的分布狀況、基本特徵等做出定量的和精確的描述;概括性就是根據樣本研究的結果,能夠拓展並反映出總體情況,得出一般的結論。

總之,描述性研究在對社會現象的認識上,比探索性研究前進了一大步,而且許多定性研究的基本目的就是描述。不過,研究活動並不只侷限於描述,研究者通常還會探討事物存在的理由及其所隱含的意義。所以,社會學研究的第三個目的就是解釋。

3.解釋

想要知道「為什麼」,就是進行解釋性研究(EXPLANATORY RESEARCH)。如果說描述性研究解決的是「是什麼」的問題,探索性研究解決的是「怎麼樣」的問題,那麼,解釋性研究就是在兩者的基礎上進一步弄明白事物和現象「為什麼」的問題。比如,描述性研究者可能更多地關注

人口老齡化比例，檢驗其隨時間變化的趨勢，或比較不同國家之間的老齡化比例。而最終要解釋老齡化比例為什麼越來越高，為什麼老齡化比例逐年增長或為什麼某些國家的人口老齡化比例高於或低於其他國家，這些就屬於解釋性研究的範疇。

由於解釋性研究的目標是回答「為什麼」，是解釋原因、說明關係，因而，它的理論色彩往往更濃。它通常是從理論假設出發，經過文獻查閱、實地調查，收集資料並透過對資料的整理分析來檢驗假設，最後達到對社會現象進行理論解釋的目的。也正因為如此，解釋性研究在調查方案的設計上，除了與描述性研究一樣，具有系統性和周密性以外，還比描述性研究顯得更為嚴謹，針對性也更強，更接近於社會科學研究方法中的實驗設計。解釋性研究在內容上不要求具有廣泛性，不要求面面俱到，但是，它特別注重調查內容的適用性和針對性，它往往要求調查內容必須緊緊圍繞所要驗證的理論假設。

例如，對人口老齡化原因的解釋性調查，在內容上就不像描述性調查那樣，對全國老齡段的人口數進行統計，做全面而詳細的瞭解，只需要將調查的焦點集中在對各種可能的原因和解釋進行檢驗、分析、探討和說明上。在解釋性研究過程中，往往要求進行雙變量或多變量的統計分析，需要研究者熟悉統計工具並熟練掌握統計分析的方法。

解釋性研究最常用的方法是「因果解釋」，我們可以設計一個包含很多相互關聯的因果鏈條的模型來解釋，也可以用因果關係的決定論或概率來解釋。比如，我們認為員工的工作效率受到上司領導方式的影響，這可以用簡單的因果關係解釋，也可以用比較複雜的因果關係解釋。第一種解釋認為，上司的領導方式對員工的工作效率有直接的影響，如任人唯賢或廣開言路；第二種解釋認為，可以用一個因果鏈條來說明，如上司的領導方式影響到員工對工作的接受度，這種接受度又影響到員工的工作滿意度，工作滿意度又會影響到工作效率。

需要說明的是，對研究目的的劃分並不是絕對的，而是相對的。現實生活中的每一項具體社會研究往往表現為更側重於某一種目的，但同時還可能

包含其他兩方面的目的。所以，現實生活中的大多數研究是描述和解釋兩種作用兼而有之，只是對兩者的側重程度有所不同而已。

二、研究性質

社會科學研究從性質上可以劃分為理論性研究與應用性研究兩類。所謂理論性研究，是指以揭示某種社會現象的本質及規律為主要目的的研究，研究的本身是為了驗證並豐富以往的理論成果，從社會學的角度對現代問題進行各種理論探討，思維邏輯是「理論─經驗─理論」。理論性研究屬於基礎研究，對任何學科來說都是必不可少的，其目的主要在於拓展人們的認識或知識。

比如，用市政學的相關理論來解釋近年來城鎮化速度加快引發的各種問題，用行政學的相關理論來分析減少行政審批帶來的種種好處。這些都是從一定的理論出發，對一定的社會現象進行探究，找出它們之間的因果關係，最終又上升到「社會理論」的高度的範例。

應用性研究關注的是社會現實問題，它是有針對性地提供特定的社會政策的經驗研究。應用性研究主要包括社會狀況研究、社會問題研究、社會政策研究、社會影響評估等，這一類研究的主要思維邏輯是「理論─經驗─對策」。

例如，針對大學生蟻族群體數量不斷擴大的問題，描述大學生蟻族的現狀，與同一時期已畢業的大學生進行對比等，最終提出關於對待這一群體的對策與辦法。目前，在社會研究中，多數屬於應用性研究課題，這些課題主要來源於政府具體負責某一方面業務的部門，如人口管理、公共交通、環境保護、社會治安、文化教育、社會保障、公共衛生等。

理論性研究和應用性研究在研究目的上存在著一定的區別：前者是在以往有關理論的基礎上進行的拓展和延伸，一般都需要具有明確的研究假設，在研究的過程中檢驗假設，以此來發展理論；後者則具有明確的指向性的應用目的，它不關注如何去發展並完善理論，只是關注收集必要的訊息並以此得出解決問題的切實有效的措施和方案。兩者之中，理論性研究是基礎，應

用性研究往往離不開理論的支持,且可以在某些方面對發展新的理論做出貢獻。因此,這兩類研究都是必不可少的。

對於同一社會現象,或者說同一種研究題材,可以採用理論性研究,也可以採用應用性研究。例如,針對城鄉教育不公平的問題,理論性研究所關注的是「城鄉教育不公平背後的深層次原因分析」,或者「教育不公平對後代發展的影響」等,即探究這種現象與社會大環境之間的因果關係,最終建構出相關理論;而應用性研究可能關注「如何改善城鄉之間教育存在的不公平現狀」「如何改善農村地區教育存在的缺陷」「如何促進教育資源的均等流動」等。在實際進行的社會研究中,往往在建構理論的同時又探索現實問題的解決方法,因此,研究者們很難對理論性研究和應用性研究進行區分。

三、研究方式

1.調查研究

調查研究指的是一種採用自填式問卷或結構式訪問的方法,系統、直接地從一個取自總體的樣本那裡收集量化資料,並透過對這些資料的統計分析來認識社會現象及其規律的社會研究方式。調查研究方式透過結構式訪問收集資料,可以獲得大量個案的訊息,是社會科學研究中最重要的也是常被採用的方法。有資料顯示,在社會科學研究中,採用統計調查方法的數量呈不斷遞增的趨勢,統計調查在對社會現象的一般狀態的描述方面具有獨特的優勢。

而統計方法也大多應用在調查研究方式之中。調查法的主要特徵包括研究內容獲取的廣泛性、描述的全面性和廣闊性、實際應用的普遍性等。抽樣、問卷、統計分析構成調查法的三個基本元素。

國務院印發《關於機關事業單位工作人員養老保險制度改革的決定》,標誌著養老金並軌的實現,「公務員」「城市人」等帶有身份特權的現象將從基本養老金領域退出。然而,具體的制度仍有待完善,例如,如何建立鼓勵多交多得、延遲領取的待遇調整機制;如何進一步整合居民和職工的基礎養老金,建立統一的國民基礎養老金,縮小待遇差距;怎樣設計才能保證待

遇的公平，使得大部分民眾能夠滿意等都是不可迴避的問題。面對這些問題，就可以根據養老金的特點，設計調查問卷，針對不同單位的群體展開調查。在調查的基礎上，再研究具體制度的設計。

2.實驗研究

實驗是一種在高度控制的條件下，透過操作某些因素來研究變量之間因果關係的方法。從方法論的角度來講，實驗法較其他的研究方法而言，更直接地基於實證主義的背景和原理。與調查研究法只對社會現象進行「自然採集」的做法不同，在實驗之前，研究者一般會對社會現象中的因果關係有初步的認識或假設。在實驗過程中，研究者透過引入、控制或操縱某個變量，同時觀察另一個變量所發生的變化，以此來探討不同現象之間的因果聯繫。

實驗組和控制組、自變量和因變量、前測和後測，是構成實驗研究的三組基本元素。在研究實踐中，實驗法主要運用於社會心理學和小群體的研究，原因是實驗研究的範圍較小，不可能像問卷調查那樣進行大量的樣本調查，因此，難以反映群體的一般情況。但是，在研究個體的行為方式或者心理活動時，實驗法卻具有獨特的優勢。

如果想研究「接受持槍穩定性訓練對射擊準確性的作用」問題，可以進行實驗研究，實驗假設是「接受持槍穩定性訓練有助於提升射擊的準確性」。在某射擊訓練基地，選出 100 名射擊者參加射擊考核，然後從中選出 30 名技能相當的射擊手，進行為期一個月相同的持槍穩定性訓練。訓練結束後，又對 100 名射擊手進行測試。統計分析結果表明，上述 30 名射擊手的平均成績明顯高於其餘的射擊手。實驗結果證明了實驗假設，即接受持槍穩定性訓練能夠提升射擊的準確性。

3.非介入性研究

非介入性研究在策略、思路、材料等方面與其他研究方法風格迥異，是利用現存的資料進行社會科學研究的一種常用方法，它主要是根據第二手資料進行的間接研究。根據研究內容的不同，非介入性研究分為內容分析、二次分析和既有統計資料分析。內容分析是一種對文獻內容進行客觀、系統和

定量描述的研究技術，在步驟上與調查研究方法相似，抽樣和編碼是其中兩個十分關鍵的環節。

二次分析是直接利用其他研究者為了其他目的所收集的原始數據資料而進行新的研究。這種方法省錢省力，但關鍵在於是否能夠找到適合自己研究的原始數據資料。既有統計資料分析是對各種官方統計資料進行分析研究。

非介入性研究的最大特點是不直接接觸研究對象，它主要利用第二手資料進行研究，因而具有很明顯的間接性、無干擾性和無反應性。缺點是容易脫離社會實際，造成為研究而研究的情況，並且各種資料所反映的並不一定是社會現象的真實狀況，所以，會對研究造成一定的誤導。

4·定性的實地研究

實地研究通常以參與觀察、個案研究的形式進行。其基本特徵是深入到所研究對象的生活環境中，作為其中一員與他們共同生活相當長的一段時間，透過參與觀察和詢問，去感受、感悟研究對象的行為方式及其在這些行為方式背後所蘊含的文化內容，以逐步達到對研究對象及其社會生活的理解。

實地研究者往往力求從所研究對象的角度而不是從局外觀察者的角度出發，來認識和瞭解社會現象，通常需要經歷先融入再跳出來的角色轉換過程。在研究初期，研究者要盡快進入角色，使自己的思維、語言、行為舉止、生活方式，都儘量與所研究的對象及其所處的環境保持一致，產生真實的感受。

而當需要對觀察到的現象和行為進行判斷、分析和解釋時，研究者又要保證能走出角色，恢復到本身客觀的、中立的立場上來，從局外人的角度，重新審視被觀察對象的行為表現，發掘其所具有的客觀含義，以達到真正意義上的理解。實地研究的目標更多的是構建理論，而不是去檢驗理論。實地研究的優點在於可以對研究對象進行真實、深入、細緻的觀察和理解，因而往往能達到其他研究方法難以達到的調查深度。其缺點在於往往會使研究者帶有主觀成分。

以上四種研究方式雖然應用在不同性質、不同條件的社會科學研究之中，但它們並非是截然分開的，在很多具體的研究當中，往往融合了多種研究方

式,它們在研究中可以造成相互補充的作用。不同學科的研究者在進行經驗研究時,通常習慣於或者傾向於使用其中的某一種方式。

比如,心理學研究經常採用實驗研究的方式,社會學研究經常採用調查研究的方式,人類學研究經常採用定性的實地研究的方式,而傳播學研究則經常採用非介入性研究的方式等。因此,這四種方式也可以說是四種不同的研究策略,它們各有利弊,對於社會研究來說都是重要的,因為這四種研究方式中的任何一種,都可以用來研究特定的社會科學課題。社會研究者在研究設計階段的重要目標之一,就是要決定自己將採用哪一種或哪幾種研究方式或研究策略。

四、分析單位

在社會科學研究中,研究對象千差萬別。在這裡不是指研究題目的不同,而是指分析單位的差別。分析單位是研究中採用的基本單位,其最終目的在於總結它們的特徵,以描述由這些分析單位組成的較大的群體或解釋一些社會中的事物、現象。

1.個體

個體是社會科學研究中最常使用的分析單位,絕大部分的社會科學研究都需要透過分析個體的特徵來描述、解釋和說明群體的行為以及各種社會現象。有些研究的分析單位雖然不是個體,但是也必須透過對個體收集調查資料,對特定群體中的個體的研究來概括出同類個體所具有的共同特徵。

例如,成績優秀的學生個體,貧困家庭的學生個體,父母離異的學生個體等。但社會科學研究不同於生物學、心理學等研究,它所分析的是不同文化背景下的社會現象,而不是人類共有的某些特徵。

這些現象具有一種獨特的性質,只有用「社會的」一詞才可以表明這種性質和它的含義。社會科學研究一般不停留在個體的層次,儘管個體是最常用的分析單位。

2.群體

群體一般是指各類人群的聯合體，從嚴格的社會學意義上的用法來講，一個群體是由兩個或兩個以上的具有共同認同感和團結感的人所組成的人的集合，群體內的成員相互作用和影響，共享著特定的目標和期望。比如，由若干有血緣關係的人組成的家庭，由專業相同的學生組成的班級，由若干有共同興趣與愛好的人組成的朋友圈，由若干個長期共同從事盜竊犯罪的人所組成的團夥，等等，都可以成為社會研究中的分析單位。

此外，青少年、婦女、老年人、兒童、軍人、工人、農民等具有某些共同特徵的一群人也可以構成群體作為分析單位。群體是由個體構成的，因而群體的特徵在一定程度上與個體的特徵有關。比如，一個班級的班風就與每一位班級成員的行為有關。當群體作為分析單位時，有時可以透過個體特徵來反映群體特徵。但是，把群體作為分析單位與個體作為分析單位得出結論的對象是不同的：群體作為分析單位時，需要考察的是群體的特點。

3. 組織

組織是指為了實現既定的目標，按一定規則和程序而設置的多層次崗位及其有相應人員隸屬關係的權責角色機構，如政府機關、企業、學校、醫院等。組織在一定條件下可以稱為「法人」，是具有獨立行動能力的主體，其本身也是社會科學研究的對象之一。在社會科學研究中，組織同樣可以成為分析單位。

例如，我們對企業人力資源管理水平進行的評價研究。我們以企業人均人力資源管理經費投入、企業人均培訓時間、企業人力資源管理訊息化水平、企業人力資源管理者的專業化程度等特徵來進行企業人力資源管理水平的描述，並在不同企業之間進行比較，這裡企業便是分析單位。組織的類型是多種多樣的，每個人的生活都與組織密切相關。因為人類社會是一個有組織的社會，組織性已成為人類社會活動的重要特徵，所以，社會學歷來非常重視對社會組織的研究。

4. 社區

與群體和組織不同,社區更側重於區域性的生活。其通常的定義是:「社區是區域性的社會,換言之,社區就是人們憑感官能感覺到的具體化了的社會。」社區本身就是一個區域性的小社會,它是一定地域中人們生活的共同體,如一個街區、小區、小鎮、村莊等。將社區作為分析單位時,通常是描述社區居民的生活狀況、交往活動、文化設施以及社區的歷史發展等。

例如,研究社區規模與社區流動人口之間的關係,分析單位就是社區。社區研究通常採用人口規模、異質性程度、空間範圍等進行描述,也可以透過分析社區不同特徵之間的關係,來解釋和說明某些現象。隨著市場經濟的發展,城市社區逐漸表現出階層化和規模化的趨勢,社區開始分化並逐步塑造自身的文化特徵,所以,對社區的研究越來越多地引起了社會科學研究者的重視。

5·社會產品

社會科學研究的分析單位不僅僅包括個人以及由個人組成的群體、組織和社區,還包括由人的活動所衍生的其他一些文化產品,或稱為社會產品。社會產品是人類所創造的物質成果或精神成果,諸如各種類型的社會活動、社會關係、社會制度等。它們鑲嵌著人類活動的印記,不僅能夠體現出人的本性,而且還會反映出不同時期社會的構成狀態和活動規律。

在社會科學研究中,社會產品是常見的分析單位,具體而言,包括以下幾個方面:

一是經濟活動、政治活動、文化活動、體育活動、教育活動等各種社會活動;

二是各個歷史時期、各個國家的政治制度、經濟制度、教育文化制度、國際關係、區域關係、家族關係、婚姻關係等社會關係與制度;

三是建築物、交通工具、書籍、服裝、報刊、電影、歌曲等社會產品。它們作為獨立的分析單位,對於我們認識社會歷史、預測社會未來、制定政策措施等都具有重要的價值。

有時候，人們很難判斷在研究具體問題時分析單位的適用性，容易導致區群謬誤和簡化論，造成根據群體內特徵給個人下結論或以特殊的個體資料解釋宏觀現象等錯誤。

(1) 區群謬誤

區群謬誤是指用一個層次的分析單位做調查，卻用另一個層次的分析單位做結論。它意味著從層次較高的分析單位得到的結果似乎也可以在層次比較低的群體或個人中得到證實。通常是在社會研究中，研究者用一種比較高的分析單位做研究，而用另一種比較低的（或非區群的）分析單位做結論。社會科學研究中的研究結論必須是與分析單位緊密聯繫的，研究結論基於分析單位，當出現研究結論與分析單位不一致的時候，研究結論自然不可靠。

比如，用城市作為分析單位研究犯罪問題時，發現C市犯罪率高，D市犯罪率低。同時還發現C市外來務工人口比例高，D市外來務工人口比例低。於是得出結論，外來務工人員是造成城市犯罪率高的原因。在這一個例子中，分析單位是城市，卻用另一較低的分析單位「外來務工人員」下結論，在研究中並未具體探討外來務工人員在兩個城市的犯罪情況，其結論也不能得到支持。

在用統計資料做分析時，很容易出現區群謬誤，其具體表現為：研究者在一個比較高的「區群」中收集資料，但是用一個比較低的「區群」或非區群分析單位做結論。例如，當研究者收集若干個外資企業的規模、生產率、利潤率、員工福利、職工的滿意度等資料時，發現企業規模較大、生產率較高的企業，職工對企業的滿意度也較高，但是不能在做結論時說「企業的規模越大、生產率越高，職工對企業的滿意度越高」。

因為企業規模、生產率、利潤率等是反映企業整體特徵的資料，不能用來描述職工個人特徵，職工對企業的滿意程度雖然是透過對職工的調查而得到的，但是它已經被抽象出來反映職工的整體狀況了。所以，區群謬誤的主要原因在於當採用層次較高的「區群」作為分析單位時，實證資料大部分來自對個人的調查。如果研究者不注意這些來自個人的調查資料是用來說明更高層次分析單位的整體特徵時，就容易犯區群謬誤。

區群謬誤在日常生活中最主要的表現在於：根據群體的特徵給個人下結論。比如，根據女生總體上比男生勤奮，就得出某個女生一定比其他男生勤奮。這都是由於調查與結論使用的不是同一個層次的分析單位引起的。

(2) 簡化論

簡化論的理論含義為：任何複雜的事物都可以「還原」為構成事物的若干個「元素」，整體等於部分的總和。它是用一個特別的、狹窄的概念來看待和解釋宏觀的事物。換言之，研究一個很宏觀的問題，卻用微觀的因素作為分析單位。比如，在研究一種社會現象的成因時，經濟學家只考慮經濟因素，心理學家只考慮心理因素，社會學家只考慮社會因素，政治學家只考慮政治因素。再比如，研究社會變革的動因時，只選擇領導人或群眾做分析單位，或只選擇社會制度做分析單位；研究是什麼原因導致了中國文化與美國文化的差異時，只以中國發展作為分析單位。

簡化論在日常生活中的具體表現是：研究者僅僅用十分特殊的個體資料來解釋宏觀的現象，在用低層次的分析單位進行統計時，卻在高的分析單位上得出結論。它在形式上正好與區群謬誤相反。在很多研究報告中，它們的主標題是對全國或某省的醫療問題的研究，但是副標題卻是以某某小區的研究為例。

在這裡，它的分析單位是一個社區，要解釋的卻是一個更大的地域範圍（一個省，甚至一個國家）的社會現象或問題。在具體的調查研究中，經濟學主要考慮供給、價格、邊際效應等經濟學的概念工具；社會學主要採用價值、功能、規範、結構等社會學的概念工具；心理學則主要考慮人格、氣質、認知等專業概念工具。

要避免簡化論的錯誤，最主要的是在選擇較高層次的分析單位時，注意資料來源單位和得出結論時所用單位的一致性。例如，研究者要做全國醫療改革的研究，所採用的分析單位是社區，在實地研究時，應該在全國各省市中選擇比較多的社區做研究，而不是一兩個社區。在被選擇的多個社區裡收集有關資料，然後才能在社區的分析單位上得出結論。

如果採用調查研究的方式，就可以全國為總體，採用多段抽樣的方法，從地區（市）、縣、城鎮抽取調查對象。由於是多段抽樣，它的分析單位可以有多個，但是仍然要注意資料來源單位和得出結論單位的一致性，因為有些資料可能來自「群體」或「社區」。同時，為了避免解釋的片面性，研究要綜合地考慮其他學科的研究成果，善於把其他學科的研究成果和社會學的研究融合在一起，達到對複雜事物的全面認識。

無論是區群謬誤還是簡化論，都是選用不恰當的分析單位而產生的，因此，分析單位成為研究者在研究中，尤其是跨學科的不同研究中經常討論的問題。這兩種錯誤往往涉及邏輯推理和方法論的問題。

五、時間維度

時間維度的確定是指在研究設計階段，研究者對選擇一個時間點還是選擇幾個成序列的時間點進行調查所進行的抉擇，這是對不同方向性的研究方法的選擇。根據時間點的選擇，研究方法可以分為橫向研究與縱向研究。

1·橫向研究

橫向研究也被稱為截面研究，是在某一個時間點（可能也是一段時間，但不考慮這段時間事物的變化）收集資料，對所研究的對象進行橫斷面的研究，可以描述研究對象在這一時間點上的特徵，或研究這一時間點上不同變量之間的關係。所謂截面，指的是研究對象的不同類型在某一時間點所構成的全貌。

很多研究都選擇一個時間點，仔細研究某種現象。探索性研究和描述性研究通常都是橫向研究。比如，對某大學大學生認識社會主義核心價值觀的問卷調查研究，研究時間即為某一時間點，在這一時間點上考察這些大學生對社會主義核心價值觀的認識、接納程度以及接受狀況。這一項研究從研究目的上劃分屬於描述性研究，而從時間維度上劃分便屬於橫向研究。

橫向研究是社會研究中最常見的形式，通常用於探索性研究和描述性研究。由於橫向研究只涉及與研究群體的一次性接觸，其優點為：橫向研究的內容範圍很廣；多採用統計調查的方式，資料的格式比較統一；由於來源於

同一時間，因而可對各類型的研究對象進行描述和比較，從而在一定程度上區分不同類型研究對象的特徵差異；花費較少，操作比較容易，分析也比較簡單。

由於橫向研究是研究某個時間點的狀況，因此，缺乏縱向資料做比較，對事物發展趨勢難以有效把握，無法反映變量的變化情況，常常揭示的是一種相關關係。由於解釋性研究的目的通常是反映社會現象之間的因果關係，原因因素與結果因素在時間上存在先後之別，如果採用橫向研究則可能產生誤差，研究的深度也顯得不夠。

2.縱向研究

縱向研究也稱歷時研究、縱貫研究，指的是在不同時間點或較長的時期內觀察和收集社會現象的資料，以描述、分析事物的發展趨勢和有關規律的研究方法。如「中國經濟體制改革變化規律的研究」「青少年價值觀的變化趨勢研究」等。由於必須考慮在一個較長的時間內研究對象的變化，資料需要收集幾次，因此屬於縱向研究。根據對象變化的特點，縱向研究可分為趨勢研究、同期群研究和追蹤研究。

（1）趨勢研究

趨勢研究是對研究對象隨時間推移而發生變化的研究。趨勢研究實際上是透過收集不同時間點的相同問題的資料，然後對相同問題進行不同時間點異同的比較，對一般總體在不同時期的態度、行為或狀態進行分析，從而揭示研究對象隨時間推移而產生的變化趨勢。

比如，研究大學生的就業觀念情況，可以透過收集 20 世紀早期、20 世紀 90 年代、21 世紀初大學生對就業的認識、就業方式、就業觀念的轉變等來分析隨著時間的推移，大學生就業觀念的變化趨勢；透過對 1953 年、1964 年、1982 年、1990 年、2000 年五次全國人口普查的結果進行比較來分析人口發展變化的趨勢和規律。這些都是趨勢研究。趨勢研究讓我們能更好地把握事物的發展變化趨勢，更好地把握事物的運動規律。

趨勢研究與橫向研究之間是有聯繫的。趨勢研究是將某一總體在不同的時間點所進行的橫向研究結果彙總起來進行分析，探究其發展變化規律的研究。要進行趨勢研究，就要求在不同時點上所進行的橫向研究必須滿足一個條件：研究問題、研究內容和測量方法都相同。

（2）同期群研究

同期群研究即對具有同一特徵的研究對象（如同一年齡段、參與過同一事件的群體）進行隨時間推移的研究，以分析它們發生的變化。例如，美國社會學家曾做過一項關於出生於20世紀30年代初經濟大蕭條時期的人的經濟態度的研究。每隔10年進行一次調查，即1950年，從15～20歲的人群中抽取研究樣本；1960年，從25～30歲的人群中抽取樣本；1970年，從35～40歲的人群中抽取樣本。雖然這三次研究的樣本都是由不同的人組成的，但都代表的是出生於1930～1935年的那一代人。

在每次的研究中，具體的研究對象可以不同，即每次調查的具體人員可以不同，但是需要他們具有共同的特徵，是某一時期的特殊人群，這種研究就是同期群研究。

（3）追蹤研究

追蹤研究即對同一批特定的研究對象隨著時間推移而發生的變化的研究，又被稱為同組研究。與橫向研究和同期群研究不同的是：追蹤研究的研究對象是恆定的，每次研究的都是曾經被訪問或者被調研過的固定的同一批對象。例如，以2008年在汶川地震中受災的幾戶典型家庭為代表，每隔兩年對他們進行追蹤調查，研究經歷過大地震的特殊家庭隨時間的變化情況；可以以1977年第一批考大學的各省狀元作為研究對象，對他們大學時期、職業發展等階段進行追蹤，反映這一特殊人群的變化過程。

追蹤研究與同期群體研究是不同的，追蹤研究每次研究所用的都是同樣的樣本，而同期群研究每次用的不是同一個樣本。在很長時間內追蹤同一組樣本是一件成本較高、難度較大的事情，所以，追蹤研究往往存在成本減損的問題。

縱向研究的三種方式儘管都是對在研究時間維度上引起的變化趨勢的研究，但是三者在研究對象上存在著一定的差異。趨勢研究注重的僅僅是研究對象在時間順序上的變化，對研究對象沒有更多的限定；同期群研究對研究對象做了一定的限定，要求必須是某一特定時期的研究對象；而追蹤研究對研究對象有更嚴格的要求，要求研究對象在不同時間都是完全相同的特定個體。

縱向研究由於考慮了時間變量上研究內容的變化，更能對事物的發展變化規律給予清晰的解釋，以及更加清楚的邏輯性解釋，因而它往往比橫向研究更加深入。也正是因為縱向研究考慮了時間維度上的變化，因而在研究中需要研究者收集資料的時間變長、研究的難度加大，尤其是追蹤研究對研究對象有嚴格的規定，在實際研究中因為特殊情況的出現會導致研究對象的丟失。

在調查研究中，橫向研究和縱向研究並不是截然分開的，在縱向研究中通常包含有橫向研究。橫向研究為了更好地描述縱向的變化趨勢，通常會對在不同時間點的橫斷狀況做較為詳細的描述。比如，不同時期大學生就業觀的特徵比較，這一縱向研究中可能會涉及對不同時期大學生就業觀的具體水平的描述。

六、研究方案

研究方案是對某項研究的步驟和實施過程中可能遇到的各種問題進行詳細、全面的考慮，對研究意義、研究目的、研究假設、研究方法進行詳細的說明，以制定出總體計劃和切實可行的調查研究大綱。

研究方案設計在整個社會科學研究中有著十分重要的作用。它是整個研究的指導大綱，又是研究計劃的說明書，還是對研究過程、方法的具體詳細的規定。首先，研究方案是整個研究的指導大綱，有了明確的方案，研究也就有了方向、目的，它可以指導整個研究的全過程。其次，它又是研究計劃的說明書，包括方案研究者對有關研究項目總體設想的概括和詳細說明。

有了研究方案，便於對整個社會科學研究過程實施監督、管理和控制。根據工作計劃，嚴格完成相應階段的目標，對階段性研究成果的完成情況進行檢查等。最後，還可以據此向有關單位申請研究項目和研究經費。社會研究的不少項目來源於研究者向政府、有關部門或各種基金會提出的申請，在申請報告中必須寫明研究的設計、經費預算及相關事項，供這些部門組織專家對申報項目進行評審。可見，研究方案在社會科學研究中起著不可或缺的重要作用。

1.研究方案的內容

研究方案的具體內容涉及從研究課題的確定開始，直到資料收集、分析、報告撰寫為止的整個過程。因此，我們在設計具體方案時，應將它與調查研究過程中的各個階段、各個方面緊密聯繫起來進行綜合的考慮，既使各個階段銜接順暢，又使各方面內容都緊緊圍繞調查的總目標。從大的方面說，一項調查的具體方案中應當包括以下幾方面的內容。

（1）說明研究課題及其目的和價值

在進行一項研究之前，首先應當說明為什麼要進行這項研究，從事此項研究有什麼理論或實踐價值，即這項研究要解決什麼問題，解決到什麼程度，是為決策提供參考，還是要提出具體的建議等。說明研究課題的目的和價值是進行研究的先決條件，一項課題的規劃、組織等一切工作都要圍繞課題的目的和價值進行，研究的目的和價值是一項研究的出發點。只有對選擇的課題有了明確的定位，才有可能在研究中實現突破，才能保證實際研究操作過程的順利進行。

（2）說明研究內容

說明研究內容是指根據研究課題提出的問題或假設，對概念和命題進行分解和界定，確定研究的具體內容，即要設計具體的變量或方法來界定和說明課題的內容，使其成為可直接感知或度量的指標。這部分內容中既要體現研究人員的考慮角度，也要體現項目委託方的要求和意見（假如此項目是接

受委託的話），並在前期交流討論中形成雙方認同的研究內容。在這部分中往往也要說明此項研究的最終成果形式，包括中期的階段性成果。

(3) 確定研究類型和方法

確定研究類型和方法是根據研究的目的和內容，確定該研究需要採用什麼樣的研究方式和方法，是探索性研究、描述性研究還是解釋性研究，時間維度上是橫向研究還是縱向研究。據此確定具體的研究方法是什麼，是採用定性分析還是定量分析，是採用問卷調查還是實地觀察訪問，資料的分析方法又是什麼。如果採用統計分析的方法，還要說明採用何種統計分析方法，是單變量分析還是多變量分析。研究類型和方法是多種多樣的，不同的課題需要採取不同的研究類型和方法，同一課題也可以採用不同的研究類型和方法。所有的安排都不能脫離研究的目的。

(4) 確定分析單位和抽樣方案

分析單位是研究的基本單位，確定了分析單位之後，就要確定需要選擇哪些分析單位，怎樣選擇分析單位，即確定研究的總體和抽樣方法。明確研究課題的分析單位，可以幫助研究者有針對性地收集研究所需的資料，同時也可以使研究者避免犯區群謬誤或簡化論的錯誤。如果採用抽樣調查，則要說明研究總體是什麼，採用何種抽樣方法，是概率抽樣還是非概率抽樣，抽取多少樣本。一般來說，分析單位等同於抽樣單位，但是也有例外。有時分析單位的分布狀況並不明確，或者難以確定，為了使研究能順利進行，就需要用包含分析單位的其他事物作為抽樣單位。

(5) 說明資料的收集方法和分析方法

要進行調查研究，就必須收集資料。收集資料的方法有很多種，並不僅僅限於問卷調查。收集資料的方法應當根據研究的目的和性質來確定。不同的研究類型，資料的分析方法也不一樣。例如，描述性研究主要採用查閱文獻、實地訪問等定性研究的方法收集資料，或者採用基本的描述統計法；解釋性研究主要運用統計分析的方法，以此闡明變量間的關係；預測性研究則需要更高級的分析資料的方法，如多元回歸分析的方法等。

(6) 說明調查的理論假設

儘管不是每一類調查都必須提出理論假設，但對於那些必須有理論假設的調查來說，則應該在調查方案中對理論假設進行一番陳述和說明。一般來說，探索性調查的主要目的是透過瞭解某種情況來發現問題，建立不同現象之間的聯繫，直至建立起解釋這種聯繫的理論假設，因此，探索性調查顯然是不需要事先建立起理論假設的。描述性調查的主要目的是全面描述某種社會現象的狀況和特點，為進一步分析和探討不同現象之間的聯繫奠定一定的基礎，因此，它一般也不需要建立明確的理論假設。只有在解釋性調查中，才必須提出明確的假設。所以，在其具體方案中，不能缺少對理論假設的陳述與說明。

(7) 研究人員的組成、組織結構及培訓安排

對於一項較大規模的社會研究來說，往往需要很多研究者的共同參與才能完成。在抽樣調查中，需要一些符合要求的調查員收集資料，因此，需要挑選、培訓相關的調查員。在研究方案設計中，必須根據研究課題的需要組建一支科學研究團隊，透過考察研究人員的素質和能力，給每位成員分配相應的研究目標，制定相應的組織管理辦法。對調查員的挑選、培訓工作等也要事先進行規劃，制定出切實可行的培訓方案，以保證調查工作的順利進行。

(8) 確定研究需要的物質手段、計劃安排和研究經費

物質手段和研究經費是研究得以順利進行的重要保障，每一項研究都要投入一定的人力、物力和財力。在研究設計中，對這些因素進行合理規劃，就可以保證研究的順利實施。研究需要的物質手段主要指調查工具、技術手段（錄音錄像設備等）、分析手段（相關軟體）和各種材料。研究的經費主要包括調研人員的差旅費、勞務費、送給調查對象的禮品費、資料費、其他印刷製作費用等。研究經費與課題的重要性存在著正相關的關係，也與課題的研究方法、調查手段等密切相關。如何籌措和使用研究經費，如何用最少的投入獲得最大的調研成果，也是設計調研方案時應考慮的重要問題。

2·研究方案示例

某購物中心消費者報紙問卷調查方案

（1）調查的目的和意義

為了配合某購物中心週年店慶的宣傳活動，同時在活動期間獲取有價值的市場訊息，調查公司接受貴方委託進行以報紙問卷為主的宣傳和市場調查目標，本次報紙問卷調查計劃旨在實現以下目標：

①透過進行報紙問卷調查，提高全省消費者對購物中心品牌的認知率和美譽度。

②消費者透過填答問卷，可以對購物中心的管理模式和營銷理念有一個更深刻的瞭解。

③透過回收問卷、統計分析，可以瞭解廣大消費者的消費習慣、消費行為，他們對於購物中心的評價、滿意度，對商場的經營預期，對其他商場的評價與看法，從而發現購物中心的比較優勢和存在的問題。

④透過對綜合的統計結果的分析和研究，做出調查報告，以此為購物中心未來的發展規劃和經營決策提供一定的依據。

（2）調查對象

報紙問卷調查的對象是全省的晚報讀者，覆蓋範圍廣泛，對調查對象不能人為地加以控制。調查對象中有相當多的一部分曾經在購物中心消費過，是購物中心的客戶，也有一部分人沒聽說過或者從沒來過購物中心。

為了彌補單純報紙問卷調查範圍廣泛而針對性難以控制的缺陷，選擇一部分樣本進行面對面問卷訪問。訪問採用現場攔截的方法，訪問地點定在購物中心內和周邊地區。

（3）調查內容

①被調查者的基本特徵；

②他們對購物中心的認知度和美譽度；

③影響消費者選擇購物中心的因素；

④與周邊商場相比，購物中心的競爭優勢和劣勢；

⑤購物中心的主要目標消費者；

⑥購物中心的廣告效果；

⑦現有顧客的滿意度和忠誠度。

（4）調查方式

採用報紙問卷調查和現場攔截訪問相結合的方法，以報紙問卷調查為主，現場攔截訪問為補充。

（5）抽樣方式及樣本量

報紙問卷調查採用隨機回收問卷的方法進行。對報紙讀者寄來的問卷進行篩選、分類，挑選出合格的問卷，對合格問卷進行歸類分析，力求使問卷代表的調查對象能夠反映消費者的總體情況。根據以往調查執行的經驗，全省的調查問卷回收量在 3000 份以上，甄別出的有效問卷在 2800 份以上。

現場攔截訪問採用偶遇抽樣的方法，目標對象是有購買動機、購買條件的顧客。樣本量暫定為 100 個。

（6）分析資料的方法

採用國際通用的社會科學統計軟體包 SPSS 對調查資料進行統計分析。

（7）質量控制

質量是調查的生命，我們將嚴格遵循調查程序，認真進行質量控制。報紙問卷由於不在現場填答，所以也不適合現場控制，我們將採用問卷技術控制的方法，即在問卷中設置邏輯性和技術性問題，作為甄別有效問卷的依據。

現場攔截訪問的控制手段主要是加強對訪問員的培訓和督導，加強調查的真實性、有效性。

（8）調查執行步驟及日程安排

① 9 月 3 日至 9 月 9 日：問卷的初稿設計與問卷修訂；

② 9 月 10 日：問卷刊登；

③ 9 月 12 日至 9 月 28 日：問卷回收；

④ 9 月 22 日至 9 月 23 日：現場攔截訪問；

⑤ 9 月 28 日至 10 月 1 日：資料整理及數據錄入；

⑥ 10 月 1 日至 10 月 10 日：報告撰寫與刊登，抽獎及禮品發放。

（9）調查費用

××晚報半版刊登問卷，版面費：27000 元；

××晚報一個通欄刊登獲獎名單：13800 元；

調查公司勞務費：10000 元（含調查設計、問卷設計、回收問卷、現場調查、統計分析、報告撰寫）；

總計費用：50800 元。

本章小結

　　研究課題指的是一項社會研究所要回答的具體問題。它是我們開始某一項研究的出發點，對整個研究有著不可小覷的作用。選擇研究課題時所依據的標準是：重要性、創造性與可行性。從社會研究方法的角度看，選擇和確定研究課題的重要意義在於：它從實際上決定了研究的方向或目標，規定了整個研究的範圍、對象、內容以及過程，決定了整個研究的成敗，側面反映了研究者的研究水平。

　　研究課題的具體化即對研究課題的具體界定，把比較含糊的想法、思路轉變成明確的問題，把比較寬泛的研究範圍轉變成特定範圍或特定領域，把籠統的研究對象變成具體可以操作的對象。其具體方法是：界定研究範圍、明確研究內容、確定研究對象。

　　研究設計是對整個研究工作進行規劃，制定出探索特定社會現象或事物的具體策略，確定研究的最佳途徑，選擇恰當的研究方法，以及制定出詳細的操作步驟及研究方案等。所有社會研究都不外乎三個基本的目的：探索、

描述和解釋。社會研究中最基本的研究方式有四種，即調查研究、實驗研究、非介入性研究以及定性的實地研究。社會研究中最常見的分析單位是個體、群體、組織、社區、社會產品。它們都是社會研究中的研究對象，在做出研究結論時，要避免區群謬誤和簡化論兩種錯誤傾向。

在時間維度的確定上，研究方法可以分為橫向研究與縱向研究。研究方案設計在社會研究中有著十分重要的作用，一個具體的方案應包括：研究課題及其目的和價值，研究內容，研究類型和方法，分析單位和抽樣方案，資料的收集方法和分析方法，調查的理論假設，研究人員的組成、組織結構及培訓安排，研究所需要的物質手段、計劃安排和經費。

關鍵術語

　　標準

　　重要性

　　創造性

　　可行性

　　意義

　　具體化

　　探索

　　描述

　　解釋

　　個人

　　群體

　　組織

　　社區

　　社會產品

横向研究

趨勢研究

同期群研究

追蹤研究

研究方案

討論題

1.選題的標準是什麼？

2.選題的意義是什麼？

3.什麼是科學研究的具體化？其方法是什麼？

4.什麼是分析單位？分析單位有哪幾種類型？

5.在一項研究中，是否允許採用多種分析單位？如何處理好多種分析單位之間的關係？

6.什麼是區群謬誤和簡化論？它們產生的原因是什麼？如何避免？

7.研究方案設計包括哪些內容？

案例分析

城市居住空間分化與社區交往

———基於南京市東山新區個案的實證研究

李遠行　陳俊峰

（內容提要）

在城市化進程中，居住空間分化是難以避免的社會與地理現象。當前中國居住空間分化的具體表現是什麼？居住空間分化對社區交往活動與社區建設有怎樣的影響？居住空間如何優化？本文在實證調研的基礎上對這些問題加以描述和分析。

目前，對城市居住空間分化的研究主要集中在探討城市化進程中城市居住格局及其形成機制等方面，而從空間角度切入分析居住空間分化對居民交往活動影響的成果相對較少。本研究將空間—社會視為辯證統一的過程，在討論當前中國城市居住空間分化的基礎上，進一步探究對居住社區交往的作用。

為了深入瞭解與認識這一現象，本研究在南京市東山新區進行了調查。2001 年南京市原江寧縣撤縣建區，成為南京市城區的一部分，東山鎮（原縣政府所在地）也隨之成為南京的一個新市區。2002 年 9 月，江寧區成立規劃編制領導小組，由江寧區規劃局委託有關規劃編制單位共同開展東山新市區的規劃編制工作。2004 年 7 月，新的 2003—2010 年東山新區規劃透過了南京市規劃局和江寧區政府的共同評審，並於 2004 年 9 月被確立為東山市區新的規劃編制。

新規劃中的東山市區範圍在原來東山鎮範圍上進行了擴展，擴展後的新區空間範圍為：北起繞城公路，東到環城東路，南端到繞城二環路，西至三山（將軍山、翠屏山和韓府山）的西沿。東山新區是南京市江寧區發展最快速、最成熟並最有發展潛力的區域之一。區域內居住產業的發展速度很快，目前江寧區已經售完入住或在建的房地產項目主要集中在該區域，因此它是江寧區的人居中心地帶，其中的人口密度、產業集中度、空間開發程度以及居住形態的成熟度都是江寧區其他區域無法比擬的，具有非常典型的意義。

本研究對東山新區 127 個建築面積在 1 萬平方米以上的圍合式住宅區進行了調查。然後選取 4 個劃分標準，包括：住宅價格（分為單位均價與單套住宅總價）、居住區性質（分為商品房與非商品房兩大類）、居住區內部設施及服務（主要從容積率、綠化率、內部配套設施及物業管理水平等方面進行考察）、自然資源的可及性（主要指社區對周邊原生山水資源，也包括經過一定程度開發改造的山水景觀的接近程度）。

根據上述標準將所調查的住宅區劃分為高檔、中高檔、中檔、中低檔與低檔五個層次。本研究採取分層抽樣與簡單隨機抽樣相結合的方法，首先將

東山新區居住區劃分為五個層次,然後在各個層次的居住區中採用隨機抽樣的辦法抽取子樣本,構成調查的總體樣本。調查過程中回收有效問卷242份。

討論:

1.請根據本章所介紹的研究問題選題標準對上述研究報告的選題進行評價。

2.分析本案例中研究問題的來源,並對其課題明確化做出評價。

3.本案例採用的研究方式是什麼?所用的分析單位是什麼?

第三章 測量與操作化

學習目標

- ●瞭解概念、變量與指標
- ●學習測量及測量的層次
- ●掌握操作化的過程
- ●學習和把握測量的信度與效度

知識結構

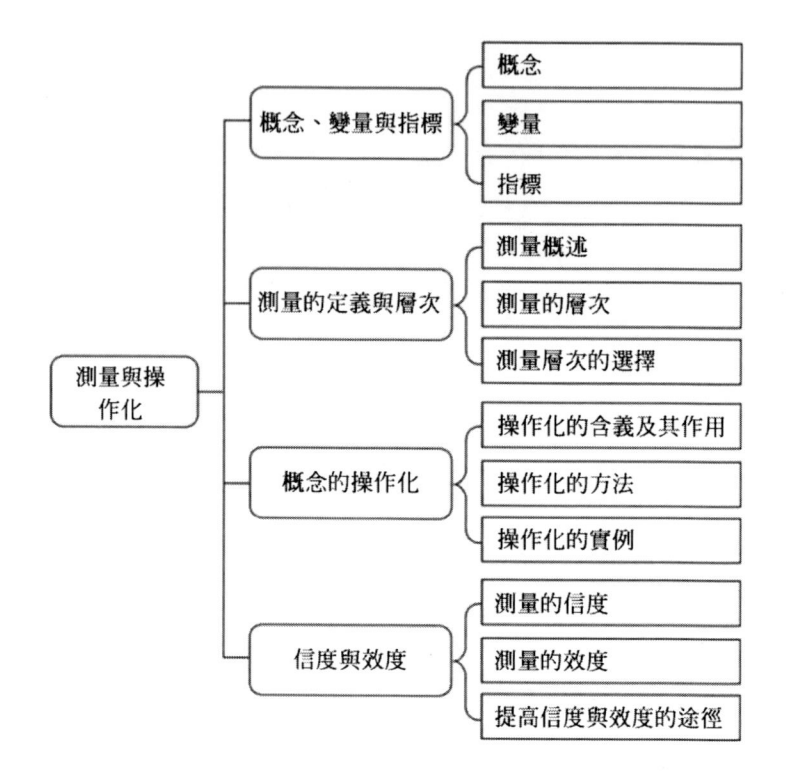

```
                          ┌─ 概念
              ┌─ 概念、變量與指標 ─┼─ 變量
              │                 └─ 指標
              │
              │                 ┌─ 測量概述
              ├─ 測量的定義與層次 ─┼─ 測量的層次
              │                 └─ 測量層次的選擇
測量與操作化 ─┤
              │                 ┌─ 操作化的含義及其作用
              ├─ 概念的操作化 ───┼─ 操作化的方法
              │                 └─ 操作化的實例
              │
              │                 ┌─ 測量的信度
              └─ 信度與效度 ─────┼─ 測量的效度
                                └─ 提高信度與效度的途徑
```

引入

假定我們確定了研究的目標為「提升國民幸福感」，下一步工作就是收集研究資料。現在的問題是：

第一，我們在社會研究工作中是否可以測量「幸福」這樣的事物呢？

第二，如果「幸福」是可以測量的，那麼，我們透過什麼樣的方法來獲得相關的測量數據或資料？

第三，我們如何才知道我們測量的數據是真實的，也就是說收集回來的資料是否可信、可靠，並且符合和對應我們研究的問題？在這一章讓我們來學習與之相關的內容。

思考：如何確定我們的測量對象？如何將抽象概念進行量化測量？測量結果是否可靠？

第一節 概念、變量與指標

社會科學研究中使用的概念與自然科學中的概念不同，它們是人們透過對社會生活中感性認識的抽象和概括而得到的，諸如「生活方式」「偏見」「權力」「自由」等抽象概念，這些概念是抽象的，無法直接觀察的，需要我們提前做相應的處理。在這裡，我們先來瞭解概念、變量與指標的含義。

一、概念

1.概念的形成

概念是人們在日常生活中透過感性認識和互相交流形成的。概念本身並不是客觀實體，而是人們思維的產物。它是抽象的，無法直接觀察的。比如說，「愛心」這一概念，什麼是愛心？我們無法用感覺和知覺來直接解釋這個概念，因為它看不見，摸不著。可是，假如我們看見別人給老年人讓座、幫助殘障人士過馬路、給失學兒童捐款等行為，那麼，我們便會在頭腦中形成一個共同的表述：愛心。因此，「愛心」這個概念就是在對大量類似現象的感知中逐漸抽象而成的。

概念在形成之初，通常缺乏確切的定義。人們只是對某些事實達成了基本共識，只是根據自己的經驗和觀察大致瞭解這些概念的意思，以致對同一概念的理解常常是因人而異的。例如，當提到「歧視」時，我們的頭腦中就會產生一種印象，不同的人的頭腦中有不同的關於偏見的資料，這些資料記載的是我們被告知的偏見的意義和我們觀察到的偏見的例子。

這種表達印象的術語和存在於頭腦中的資料標籤就是所謂的觀念(CONCEPTION)，每份資料代表一個觀念。如果沒有這些觀念，我們人類就不可能進行交流，因為頭腦中的印像是不可以直接用來交流的，人們也無法直接向別人展示其頭腦中的印象，所以，我們用每份資料的標籤來交流彼此觀察到的事物和代表事物的觀念。和觀念有關的標籤使我們可以相互交流，

可以就標籤的含義達成共識，這種達成共識的過程被稱為「概念化」，達成共識的結果就形成了「概念」。

綜上所述，概念就是對現象的一種抽象，是一類事物的屬性在人們主觀上的反映。概念的抽象程度有高有低，抽象程度高的概念往往包含多個抽象層次低的概念，並且往往難以直接觀察和描述，因為抽象程度越高，其涵蓋面越大，特徵也就越含糊。

2.概念的界定

概念初步形成後，必須透過反覆斟酌，對其內涵和外延加以界定，才能成為社會中通用的概念。社會調查研究最初提出的許多概念，特別是假設所涉及的概念，往往是一些比較粗糙的概念，如果在調查中使用這些概念，不同的人會得出不同的結論，根據這種概念收集來的資料也會有某些實質性的差異。因此，在社會調查研究中，必須對這種概念進行某種澄清和界定的工作。

概念的界定就是用抽象定義將概念所指的現象與其他現象區分開來。概念界定的第一步是將概念分解，即從不同角度或維度對概念所表示的現象進行分類；概念界定的第二步是做出抽象定義。透過分解可大致瞭解一個概念的基本內容和各種分類；根據分類就可以抽出各種概念的共同屬性和特徵，對概念下定義。

（1）概念分解

概念界定的第一步工作是將概念分解，也就是從不同角度或維度對概念所表示的現象進行分類。例如，「組織」這一概念，按照規模可以分為大型組織、中型組織和小型組織；按照性質可分為政治組織、經濟組織、社會組織；按照跨國與否可分為國際性組織、區域性組織；等等。透過不同角度或維度對「組織」這一概念所表示的現象進行分類，我們就可以將「組織」定義為：組織是特定的群體為了共同的目標，使得相關資源有機組合，並以特定結構運行的結合體。

一個抽象的概念往往對應一組複雜的現象,而不是一個單純的可直接觀察到的現象,這時可透過列出概念的維度進行分解。例如,「婦女的社會地位」這一概念,曾於 1990 年進行過一項大規模的「婦女社會地位研究」,該概念被分為以下幾個維度:政治地位、經濟地位、法律地位、教育地位和家庭地位。

(2) 抽象定義

抽象定義是對一個概念的內涵,也就是性質和特徵所做的概括說明。在社會調查研究中,抽象定義的作用是明確在何種範圍和何種含義上使用某一概念。抽象定義有直接定義法和間接定義法之分。

直接定義法就是透過直接描述事物的本質而對概念下定義。凡是與可以直接觀察到的事物相對應的概念,都可以用直接定義法。例如,「未成年人是指身心發育尚未成熟的人」,「酒駕是指酒後駕駛機動車的行為」等。

間接定義法則是針對那些抽象程度較高、無法直接觀察的概念。我們可以找出這一類概念所含變量的共同特徵,透過這些特徵間接地給出定義。例如,「國際組織」有政府間國際組織和民間國際組織、政治性國際組織和專業性國際組織、世界性國際組織和區域性國際組織等,根據它們共同的性質和特徵,我們可以將這一概念的抽象定義表述為:國際組織是跨國界的多國聯合機構。

在界定概念時,最好能直接採用一個現成的、公認的確切定義。如果現有定義多有歧義,則可以在現有定義的基礎上創造出一個新的定義。例如,對於「社區」的概念,學者們曾經提出 94 種不同的定義,後來社會學家貝爾和紐科姆透過分析,發現這些定義絕大部分都包含 3 項基本元素:

第一,地域;

第二,共同的紐帶;

第三,社會互動。

於是，他們據此概括出「社區」新的定義，為世所公認，流行至今。有時人們對同一概念會從不同角度分別給出定義，這就需要我們根據具體社會調查研究的要求，從中選擇最適合的定義。

二、變量

1.變量的概念

變量是指具有一個以上取值的概念，或者說，就是包括一個以上範疇的概念。而那些只有一個固定不變的值的概念，則叫做常量。例如，「性別」這一概念包括男性和女性這兩個取值的變量，而「女性」則是一個固定不變的值的概念，是一個常量。

「老」乍看是一個很簡單的概念，然而，怎樣才能算「老」呢？50歲算是老嗎？還是60歲算老？還有「人老心未老」「未老先衰」的說法。「老」這一概念似乎難以界定清楚，這就需要我們從某一角度出發來界定「老」。我們可以用年齡的高低作為「老、少」辨別的標準，超過65歲的便是「老」。

於是，年齡便成為測量「老」這一概念的一個指標。透過找出這些指標的特徵，我們就可以明白這一概念的含義，我們把代表這一概念的具體事例特徵，稱之為變量(VARIABLE)。在上例中，「年齡」就是量度「老、少」的一個變量。

閱讀材料1：如何找尋概念的變量

我們用「家庭暴力」作為例子來分析。「家庭暴力」這一概念包含的範圍相當廣泛。在進行界定時，我們需要先給「家庭暴力」做一個粗略的定義，即「對家庭成員實施的一種身體或精神上的一種違法傷害行為」，然後圍繞定義找出一些具體事例，比如：

◆家庭成員包括：父母、子女、配偶、兄弟姐妹或其他親戚等；

◆傷害身體的行為包括：以拳頭或其他器物襲擊、推撞、掌摑、扯頭髮、腳踢、用刀或利器恐嚇等；

◆精神虐待行為包括：辱罵、喊叫、呼喝、威嚇等；

然後，我們可向受訪者逐一瞭解上述三類指標是否出現，例如：

◆家庭成員：受訪者是否與父母、子女、配偶、兄弟姐妹或其他親戚同住？

◆傷害身體的行為：上述與他（她）同住的人，是否曾經向他（她）實施一些傷害身體的行為？

◆精神虐待行為：上述與他（她）同住的人，是否曾經向他（她）實施一些精神虐待行為？

這些指標是否出現就是探究「家庭暴力」的變量。透過量度這些變量，便能瞭解受訪者家庭暴力問題的性質和嚴重程度。

2.變量的屬性

在定量分析中，我們要懂得如何區分變量的屬性才能進行準確的統計分析。變量的屬性也稱為測量尺度，共有四個層次：定類變量、定序變量、定距變量和定比變量。其中，具有類別或等級屬性的變量具有離散變值的特性，而具有等距和等比屬性的變量則具有連續變值的特性。我們在進行較為複雜的分析時才會用到不同的測量尺度。

（1）定類變量

定類變量是根據定性的原則區分總體各個案類別的變量。定類變量的值只能把研究對象分類。例如，性別區分為男性和女性兩類；婚姻狀況區分為未婚、已婚、離婚、喪偶等類別。設計定類變量的各個類別時，要注意兩個原則：一是類與類之間要互相排斥，即每個研究對象只能歸入一類；二是所有研究對象均有歸屬，不可遺漏。例如，性別分為男、女兩類，它既概括了人的性別的全部類別，同時類別之間又具有排斥性。

（2）定序變量

定序變量是區別同一類別個案中等級次序的變量。定序變量能決定次序，即變量的值能排列研究對象的高低或大小。例如，文化程度可以分為大學、高中、初中、小學、文盲；公司規模可以分為大、中、小。這些變量的值，

87

既可以區分異同，也可以區別研究對象的高低或大小。定序變量在各個案上所取的變量值只具有大於或小於的性質，只能排列出它們的順序，而不能反映出大於或小於的數量或距離。

(3) 定距變量

定距變量是區別同一類別個案中等級次序及其距離的變量。它除了包括定序變量的特性外，還能確切測量同一類別各個案高低、大小次序之間的距離。例如，溫度 10°C，20°C，30°C，這一定距變量說明：30°C 比 20°C 高 10°C，20°C 又比 10°C 高 10°C，它們之間高出的距離相等。又如，調查數個地區的工人占全部勞動人口的比率時，發現甲、乙、丙、丁四個地區的比率分別為 2%，10%，35%，20%。甲區與丙區相差 33%，丙區與丁區相差 15%，這也是一個定距變量。定距變量各類別之間的距離，只能用加減而不能用乘除或倍數的形式來說明。

(4) 定比變量

定比變量也是區別同一類別個案中等級次序及其距離的變量。定比變量除了具有定距變量的特性外，還具有乘與除的數學特質。例如，年齡和收入這兩個變量既是定距變量，又是定比變量，因為其零點是絕對的，可以做乘除的運算。定比變量是最高測量層次的變量。

另外，定類變量和定序變量具有離散變量的特性，即變量值僅能整體取值，數值之間無法找到連續或更小的單位數值，例如，人口數量、家庭子女數等；而定距和定比變量則具有連續變量的特性，即變量值可以有小數取值，數值之間可以進行連續取值，例如，工資收入、身高、體重等。變量屬性舉例見表 3-1。

表3-1 人口基本情況統計表

變量值特徵	變量類別	變量	變量值
離散型變量	定類變量	性別	男　　　女
	定序變量	宗教信仰	基督教　天主教　佛教　伊斯蘭教　印度教
		教育程度	小學及以下　初中　高中　大學　其他
連續型變量	定距變量	年齡	18　25　30　35　40　50　60
	定比變量	收入水平	0~1000　1000~3000　3000~5000　5000以上

三、指標

我們把表示一個概念或變量含義的一組可觀察到的事物，稱作這一概念或變量的一組指標。概念是抽象的，而指標則是具體的；概念是人們的主觀印象，而指標則是客觀存在的事物。因此，概念只能想像，而指標則可以觀察和辨認。例如，「社會階級」是一個抽象概念，我們可以用一組指標來測量它，這組指標包括職業、收入、文化程度等。又比如，家庭生活中的「夫妻權力」是家庭社會學中的一個重要概念，我們可以用選擇子女學校的決定權、家庭收入的管理權等指標來對它進行測量。指標的取值即一個指標所包含的子類別。比如，前述的「職業類別」是測量「社會階級」的一個指標，它包含工人、農民、教師、幹部、商業人員等多個不同的取值。

「概念」「變量」和「指標」這幾個既相互聯繫又有所不同的概念之間的關係，可以用圖3-1表示。

社會科學研究方法
第一篇 基礎篇

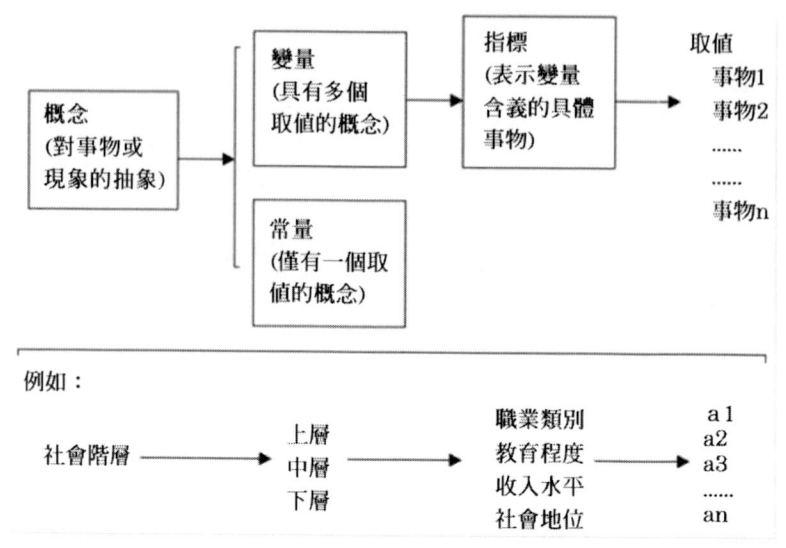

圖3-1 「概念」「變量」和「指標」的關係簡圖

對簡單的具體概念來說，選擇指標並非難事。例如，「性別」「文化程度」「婚姻狀況」等具體概念，只有一個或幾個變量，可以立刻確定相應的測量指標。但是，對那些比較複雜和比較抽象的概念來說，由於它們具有多個層面的內容和許多變量，所以需要確定很多指標，而我們往往很難一下找到這麼多合適的指標。人們通常採取下列兩種方式來尋找複雜和抽象概念的測量指標：

第一種方式是尋找和利用前人已有的指標。用前人的指標具有可與其他研究所得結果進行比較的優點，同時，這種做法比自己閉門造車、尋找一套特定的指標的做法要更為便捷有效。當然，許多前人的指標不一定完全適合自己所用概念的需要，需做一定的修改和補充。

第二種方式是研究者先進行一段時間的預調查，採用實地觀察和訪談的方式，進行資料收集的初步工作，尤其是與調查對象中的關鍵人物進行比較深入的交談，從中獲得一些問題的答案。所有這些都會對研究者尋找出概念的測量指標提供極大的幫助。

第二節 測量的定義與層次

我們知道,測量在自然科學的研究中應用十分成熟。相比之下,社會科學研究中對測量的應用就顯得相對落後一些。在社會科學中,由於測量的對象十分複雜,因而測量的量化程度比較低,可重複性也比較差,形成這種狀況的原因是多方面的,社會現象的特殊性無疑是其中一個十分重要的原因。

一、測量概述

1.測量的概念

在日常生活中,我們對測量並不陌生。例如,我們利用眼睛觀測物體的大小、顏色和形態;用鼻子感知各種味道;用耳朵感知聲音的來源與大小;等等。為了提升測量能力和精確度,人類還發明了許多專門的測量儀器,創造了許多規範的測量程序和測量方法,大大地提高了測量的水平和效果。例如,我們用米尺、磅秤來測量物體的長短、輕重,用溫度計來測量環境的溫度,我們還發明瞭望遠鏡來探測宇宙,用顯微鏡來探測人眼所無法發現的微觀世界。

同樣地,在社會研究中,人們也需要測量。例如,我們用人口普查的方法來測量一個國家的人口數量和人口結構;我們用問卷調查的方法來測量大學生的擇業傾向;我們用電話訪談的方式來測量城市居民生活質量;等等。

究竟什麼是測量呢?美國學者史蒂文斯 (S. S. STEVENS) 認為,測量就是依據某種法則給物體安排數字。這一定義被許多社會科學研究人員所認同。據此,我們將測量定義為:測量是根據一定的法則,將某種物體或現象所具有的屬性或特徵用數字或符號表示出來的過程。測量的意義在於確定某一研究對象的特定屬性的類別或水平。它不僅可以對事物的屬性做定量的說明(即確定特定屬性的水平),同時,它也能對事物的屬性做定性的說明(即確定特定屬性的類別)。社會研究中所進行的大部分測量往往都是定性的測量。

2.測量的四個要素

為了更好地理解測量的概念,有必要對構成測量的四個必不可少的要素進行專門的說明。

(1) 測量客體

測量客體即「測量誰」，也就是指測量的對象。它是客觀世界中所存在的事物或現象，是我們要用數字或符號來進行表達、解釋和說明的對象。比如，我們測量一個兒童的身高時，這個兒童就是我們測量的客體或對象。在社會研究中，最常見的測量客體是各種各樣的個人，以及由若干個人所組成的各種社會群體、社會組織、社區等。

(2) 測量內容

測量內容即我們要「測量什麼」，測量內容是針對測量客體的某種屬性或特徵。測量的內容並不是客體本身，而是客體的特徵或屬性。比如，桌子是我們的測量客體，而桌子本身我們卻無法測量，只有桌子的各種特徵，比如，它的高度、寬度、重量、顏色等，才能構成我們測量的內容。同樣的道理，社會中的個人、群體、組織等是我們的測量客體，是社會研究中的測量對象，但我們所測量的並不是這些個人、群體、組織本身，而是它們的各種特徵。比如，測量個人的行為、態度和社會背景，測量群體和組織的規模、結構和管理模式等。

(3) 測量法則

測量法則即「怎麼測」的問題，是用數字和符號表達事物各種屬性或特徵的操作規則。比如，「將桌子放置在水平的地面，然後用直尺從地面垂直地靠近桌面的邊緣，桌面所對應的直尺上的刻度即是桌子的高度」，這句話所陳述的就是測量桌子高度的規則。又比如，在社會研究中，我們要測量一個地區的人口密度，「將這一地區的總人口數與地域面積相比較」就是一種測量法則。

(4) 數字和符號

數字和符號是用來表示測量結果的工具，它既可以是數字，也可以是文字。比如，測量態度時的「贊成」和「反對」等。在社會研究中，研究者測量的結果中，許多是用數字來表示的。比如，被研究者的年齡、收入等。但是，同樣也有許多是用文字來表示的。比如，被研究者的性別（用男、女表示）、

婚姻狀況（用未婚、已婚、離婚、喪偶表示）等。儘管許多用文字表達的測量結果在統計分析時都轉換成了數字，但這種數字只能作為不同類別的頻數統計。

3.測量的特點

各種社會現象都是建立在人及其活動的基礎上，可分為社會存在和社會意識兩個方面。社會存在是社會生活的物質方面，包括自然環境、人口因素、物質資料生產方式等方面的內容；社會意識是社會生活的精神方面，主要包括政治、法律、道德、宗教、藝術、風俗習慣等。面對紛繁複雜的測量客體，社會現象的測量具有與自然現象測量不同的特點。

（1）測量的標準化和精確化程度較低

在自然科學中，由於測量的對象相對單一和穩定，因而測量的可重複性強，量化程度比較高。但是，在社會科學中，由於測量的對象十分複雜，因而測量的量化程度比較低，可重複性也比較差。由於社會現象之間的關係不是簡單的因果關係，社會規律不是確定的規律，因而社會科學家很難建立某種公認的、適合於多種不同情況的測量單位和測量標準，以及與之相應的測量工具和測量方法。

（2）測量受人為因素的影響較大

一方面，若測量者的認識水平、價值取向、思維方式和測量經驗不同，測量結果則會出現差異；另一方面，作為測量客體的人，也具有主觀意識、思想感情、思維能力和價值觀念，都會對測量的過程和方式做出種種反應。另外，人與人之間還存在著各種各樣、錯綜複雜的社會關係。這些都使得社會現象的測量在很大程度上受到人們的認識水平和價值取向的影響，帶有明顯的主觀色彩。

（3）測量不完全是數量化的

社會測量的結果不一定是數量化的，它可以是類別化的。例如，被調查者是否有某種宗教信仰、是否接受過獎勵或處分等。

4.有效測量的三個條件

（1）準確性

準確性是指用數字或符號表示的研究對象的屬性、特徵的差異必須是真實、可靠、有效的。如在一次考試中，甲得 80 分，乙得 60 分，這兩個分數能否反映甲乙兩人成績的差異，就取決於試題和判分標準的準確性。

（2）完備性

完備性是指規則必須能包括研究對象的各種狀態和變異。如性別有男、女兩種狀態。又如「政治面貌」這一變量，如果只設「某某黨員」和「非黨員」兩個取值，那麼就把其他黨派成員排除在外了，這就是不完備的。

（3）互斥性

互斥性是指一個觀測對象（或分析單位）的屬性和特徵都能以一個而且只能以一個數字或符號來表示，即研究變量的值必須互不相容。例如，在觀測人們的不同身份時，若按工人、農民、城鎮居民、幹部等來劃分，就不具有互斥性，城鎮居民可以是工人或幹部，這就無法準確說明一個人的身份。

二、測量的層次

由於社會研究中所涉及的現象具有各種不同的性質和特徵，因而對它們的測量也就具有不同的層次和標準。現在被廣泛採用的測量層次分類法，是史蒂文斯 1951 年創立的。他將測量層次分為四種，即定類測量、定序測量、定距測量和定比測量。

1.定類測量

定類測量 (NOMINAL ME ASUREMENT) 也稱為類別測量或定名測量，它是測量層次中最低的一種。定類測量在本質上是一種分類體系，即將研究對象的不同屬性或特徵加以區分，確定其類別。定類測量的數學特徵主要是等於與不等於（或者屬於與不屬於）。在社會研究中，對於性別、職業、婚姻狀況、宗教信仰等特徵的測量，都是常見的定類層次的測量，它們分別將

被研究者劃分成「男性與女性」「工人、農民、教師、商人……」或者「未婚、已婚、離婚……」等各種不同的群體或類別。

定類測量具有兩種屬性：對稱性和傳遞性。所謂對稱性，是指甲對乙的關係，也就是乙對甲的關係。如果甲與乙同類，則乙也一定與甲同類。反之，如果甲與乙不同類，則乙也一定不會與甲同類。所謂傳遞性，指的是如果甲與乙同類，而乙與丙同類，那麼，甲一定與丙也同類。

圖3-2 定類測量舉例：性別

2.定序測量

定序測量 (ORDINAL MEASUREMENT) 也稱為等級測量或順序測量。定序測量的取值可以按照某種邏輯順序將研究對象排列出高低或大小，確定其等級及次序。或者說，定序測量可以按某種特徵或標準將對象區分為強度、程度或等級不同的序列。比如，測量人們的文化程度，可以將他們分為文盲、小學、初中、高中、大學及以上等，這是一種由低到高的等級排列；測量城市的規模，可以將它們分為特大城市、大城市、中等城市、小城市等，這則是一種由大到小的等級排列。在社會研究中，研究者可以用定序測量來對人們的社會地位、生活水平、住房條件等特徵進行類似的等級排列。

定序測量不僅能夠像定類測量一樣，將不同的事物區分為不同的類別，而且還能反映事物或現像在高低、大小、先後、強弱等序列上的差異。它的

數學特徵是大於或小於（＞或者＜），它比定類測量的數學特徵高一個層次。定序測量所得到的訊息比定類測量所得到的更多。

同時，定序測量除了具備定類測量的對稱性（即區分同類與不同類）以外，還具備不對稱性。這種不對稱性指的是甲對乙具有某種關係時，並不等於乙對甲也具有這種關係。比如，大於的關係（或小於的關係）就是不對稱的。甲＞乙時，就不會有乙＞甲。但此時傳遞性依然成立：如果甲＞乙，乙＞丙，那麼，一定有甲＞丙。

不重要　　一般　　比較重要　　非常重要

低　　　　　　　　　　　　　　高

圖3-3 定序測量舉例：對婚姻重要性的認知

3.定距測量

定距測量 (INTERVAL MEASUREMENT) 也稱為等距測量或區間測量。它不僅能夠將社會現象或事物區分為不同的類別、不同的等級，而且也可以確定它們相互之間不同等級的間隔距離和數量差別。在定距測量中，我們不僅可以說明哪一類別的等級較高，而且還能說明這一等級比那一等級高出多少單位。這即是說，定距測量的結果相互之間可以進行加減運算。例如，甲1973年出生，乙1982年出生，二者的年齡差距就等於數字差距：1982－1973＝9年（歲）。

需要注意的是，定距測量的值雖然可以為「0」，但這個「0」卻不具備數學中我們所熟悉的「0」的含義。比如，在冬天，我們可以測得重慶的氣溫

為 0°C，但它並不表示「沒有溫度」，而只是代表此時的氣溫達到了水的「冰點溫度」。

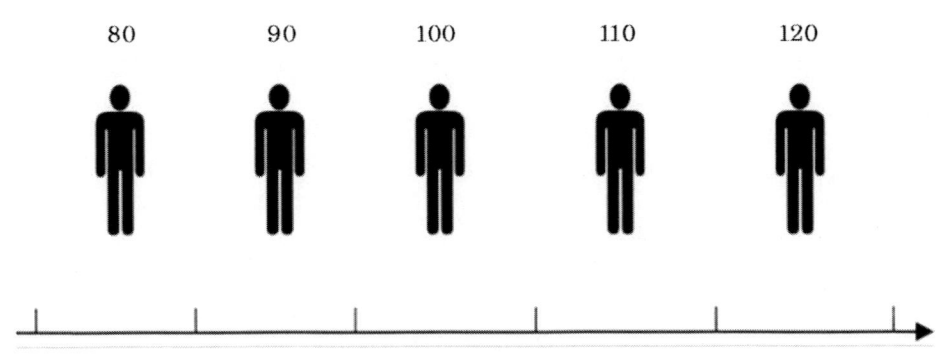

```
80      90      100     110     120
```

圖3-4 定距測量舉例：IQ

4·定比測量

定比測量 (RATIO MEASUREMENT) 也稱為等比測量或比例測量。定比測量除了具有上述三種測量的全部性質之外，還具有一個絕對的零點（有實際意義的零點）的特性，所以，它測量所得到的數據既能進行加減運算，又能進行乘除運算。比如，對人們的收入、年齡、出生率、性別比、離婚率、城市的人口密度等所進行的測量都是定比測量，它們的測量結果都能進行乘除運算。

如果測得甲的平均月收入為 3000 元，乙的平均月收入為 6000 元，那麼，6000－3000＝3000，由此可以說明，甲的收入水平比乙高 3000 元；同時，6000÷3000＝2，由此可以說，甲的收入是乙的收入的 2 倍。另外，是否有實際意義的零點（絕對零點）的存在，是定比測量與定距測量的唯一區別。也就是說，定比測量的基本條件是要有零起點。

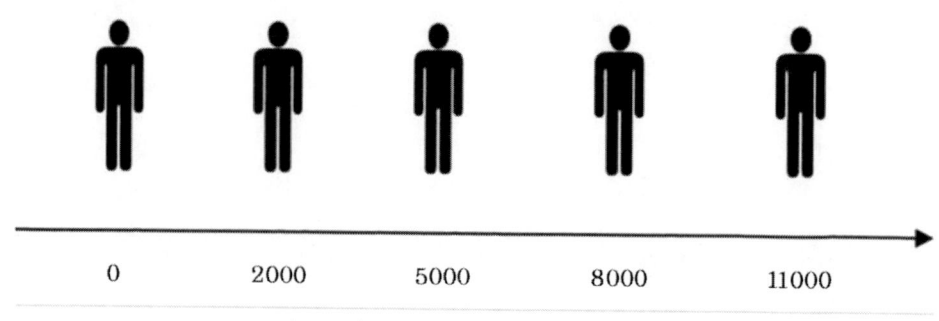

圖3-5 定比測量舉例：收入（單位：元）

總之，上述四種測量的層次由低到高，逐漸上升。高層次的測量具有低層次測量的所有功能，即它既可以測量低層次測量可以測量的內容，也可以測量低層次測量所無法測量的內容；同時，高層次測量還可以作為低層次測量處理。比如，定序測量具有定類測量的分類功能，且可以作為定類測量使用，但反過來則不行。四種測量層次的數學特徵見表3-2。

表3-2 測量層次的數學特徵小結

	定類測量	定序測量	定距測量	定比測量
類別區分（≠、＝）	√	√	√	√
次序區分（＞、＜）		√	√	√
距離區分（＋、－）			√	√
比例區分（×、÷）				√

三、測量層次的選擇

在選擇測量層次時要注意以下幾點：

第一，社會現象大多只能以定類或定序尺度測量，當將某些現象近似地視為定距或定比變量時，要注意這種近似計算的合理性和可能出現的偏差，如智力測驗。

第二，高層次尺度可能獲得更多、更精確的訊息，但調查和分析的工作量更大，因此，選擇尺度要注意結合研究課題的要求與研究條件。

第三，用較低尺度收集的資料不能用較高尺度的數字運算來處理，反過來則可以。

第四，一種變量可能適合用各種尺度來測量，選擇何種尺度取決於研究所要求的精確度。

第三節 概念的操作化

在本章開頭我們已經談到，概念是抽象的，無法直接觀察的。如果不對它們進行確切定義，使其具體化，就無法對社會現象和事物進行觀察和度量。所以，社會研究必須解決的重要問題之一，就是明確所提出概念的定義，分清概念的層次，並將抽象概念一步步化解為具體的和可操作的指標，以實現社會研究的定量化。

一、操作化的含義及其作用

社會研究中所要測量的變量許多都是十分抽象的概念，比如，地位、權力、資源等。這些概念通常都是我們看不見、摸不著的。要使這些概念能夠被我們所測量，必須對它們進行操作化處理。操作化既是社會研究中常用的概念，同時，它也是社會研究過程中最為困難、最為關鍵的步驟之一。如何把相關的概念轉化為可測量的指標，然後系統地收集資料並進行分析工作，對整個研究工作是相當關鍵的。

1.概念的操作化

操作化也稱為具體化或分解化，是指在社會調查研究中，將抽象的概念逐步分解為可觀察和可測量的具體指標的過程。

每一個操作化的過程都是一種假設。當我們認為「甲指標代表了乙概念」時，我們就假定了乙概念的本質是可以透過甲指標來展現的。例如，「外語的翻譯能力」是一個抽象的概念，我們可以簡單地將其定義為「進行翻譯工作所需要的技能」。我們雖然知道翻譯能力是什麼意思，但是卻很難從翻譯

者的外在行為或外表準確觀察或測量到他的翻譯能力,因為每個人心目中翻譯能力的優劣標準是不太一致的。

在實際研究中要較為準確地測量翻譯能力,就需要把「外語的翻譯能力」這一概念進行操作化,通常把翻譯能力界定為翻譯者的專業考試成績、翻譯測評成績、職業年限、譯作的多少等,把抽象概念轉化為可觀察、可量化、可比較的具體資料來代表。再如,「校園生活滿意度」這一概念,我們就可以根據我們對校園生活的理解,把它分解為食堂的飯菜質量與服務態度、宿舍的人均面積、社團種類及數量等可觀察的指標,見圖 3-6。

校園生活滿意度　　操作化　　餐廳的飯菜質量與服務態度
(抽象概念)　　　　　　　　　宿舍的人均面積
　　　　　　　　　　　　　　 社團種類及數量
　　　　　　　　　　　　　　 校園綠化及道路建設
　　　　　　　　　　　　　　 教學設施及實驗設備
　　　　　　　　　　　　　　 ......
　　　　　　　　　　　　　　 (具體指標)

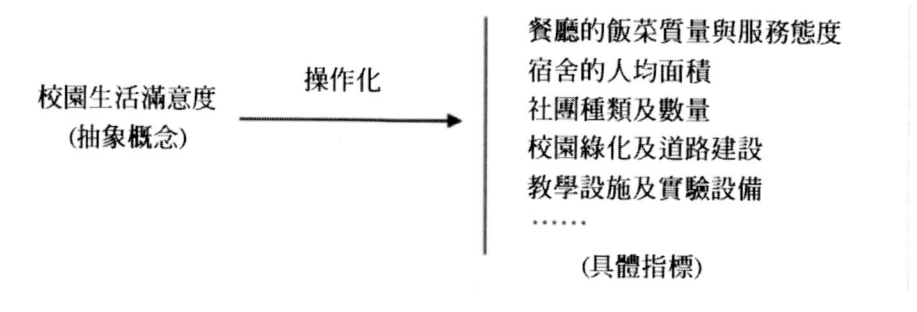

圖3-6 「校園生活滿意度」的概念操作化簡單示例

2.操作化的作用

操作化就是要把我們無法得到的有關社會結構、制度,以及有關人們行為、思想和特徵的內在事實,用代表它們的外在事實來替換,是對那些抽象層次較高的概念進行具體測量所採用的程序、步驟、方法、手段的詳細說明。操作化在社會研究中有著極為重要的作用。

第一,操作化是溝通抽象理論概念與具體經驗事實的一座橋樑。操作化使概念或命題具體化,讓社會調查研究得以進行。也可以說,操作化讓那些通常只存在於我們頭腦中的抽象概念,最終在我們所熟悉、所生活的現實世界中「現出原形」,讓那些本來只能靠我們的思維去理解、去體驗的東西,「變成」我們看得見、摸得著的東西。

第二，操作化是具有定量取向的社會研究的關鍵一環。尤其是在解釋性研究中，若要對任何有關社會現實的理論假設進行檢驗，操作化往往是不可迴避的前提。這就是說，只有透過操作化的過程，將思辨色彩很濃的理論概念轉變成經驗世界中那些人人可見的具體事實，假設檢驗才能成為可能。操作化使概念或命題量化，避免了對社會現象分析的片面性。

第三，操作化為我們在社會研究中實際地測量抽象概念提供了關鍵的手段。操作化對社會現象的分析建立在量的基礎上，有利於提高社會調查研究的客觀性、可比性和統一性，使研究結論建立在科學的基礎上，而不是一種主觀的臆斷。

二、操作化的方法

將抽象的概念或命題化解為可測量的指標的過程就叫做概念的具體化和操作化。目前，人們大都按照美國著名社會學家拉扎斯菲爾德的主張，將這一過程分為四個階段：概念的形成—概念的界定—選擇測量指標—編制綜合指標。這種操作化過程主要包括兩個方面的工作：一是澄清與界定概念；二是設計測量指標。

1.澄清與界定概念

在本章第一節我們已經對概念的相關內容有了基本的瞭解，澄清和界定概念是十分必要的。透過精確地指出一個概念包括什麼、排斥什麼，就可以為我們提供對資料進行分析和組織的指導性框架，同時也使各項經驗研究中的資料更加具有一致性和可比性。

界定定義時，我們面臨各種不同的選擇：既可以直接採用一個現成的定義，也可以在現有定義的基礎上自己創造出一個新的定義。需要特別注意的是，這種選擇應該以研究者進行具體社會研究的需要為標準，哪種定義方式最適合研究的目的，就應該重點考慮哪種定義方式。比如，一項有關社會環境的研究需要對「環境」的概念進行操作化。研究者首先要對這一概念進行澄清：環境既包括以大氣、水、土壤、動植物等為內容的物質因素，也包括

以觀念、制度、行為準則等為內容的非物質因素；既包括自然因素，也包括社會因素。

環境是指相對於某項中心事物的周圍事物，主體不同，環境的大小、內容也不同。對生物學來說，環境是指生物生活周圍的生態系統、種群；對化學來說，環境是指發生化學反應的溶液；對社會科學來說，環境是具體的人生活周圍的情況和條件；從環境保護的角度，環境就是人類生存的地球家園。在此基礎上，研究者可對其研究中的社會環境進行界定：本研究中的環境是人們生活周圍的情況、條件及影響與勢力。

2.設計測量指標

概念的澄清和界定給我們劃定了概念內涵的具體範圍，接下來的目標就是要尋找與這些內涵相對應的經驗指標。這一步工作更為具體，也更具有挑戰性。

(1) 列出概念的維度

這一階段主要確定如何測量變量，選用哪些指標來測量變量。指標是概念內涵的指示標誌，它們直接表示經驗層次的現象。一個抽象的概念往往對應於現實生活中的一組複雜的現象，而不僅僅只對應於一個單純的可直接觀察到的現象。比如，「人的性別」和「婦女的社會地位」就是兩個不同的例子。因此，我們在界定概念定義的同時，指出概念所具有的不同維度，對於概念的操作化，對於概念的測量指標的選擇，以及對於綜合的理論思考與分析，都是十分有用的。例如，「領導幹部能力」可以從調查研究能力、科學決策能力、組織管理能力、溝通與表達能力等不同維度來表達。

美國著名社會學家英克爾斯在研究「現代人」時，需要對「人的現代性」這一概念進行測量。為此，他們進行了非常周密細緻的操作化工作，最終將「人的現代性」操作化為具有24個維度的個人現代性綜合量表，並在此基礎上形成了一份總共包括438個具體問題（即指標）的訪問問卷。這24個維度是：

A.積極參與公共事務；

B·年老者的角色；

C·教育期望與職業期望；

D·可依賴性；

E·對變革的認識與評價；

F·公民權；

G·消費態度；

H·對尊嚴的評價；

I·效能；

J·家庭大小；

K·意見的增多；

L·與國家的認同；

M·訊息；

N·大眾傳播媒介；

O·親屬義務；

P·社會階級分層；

Q·新經驗；

R·婦女權力；

S·宗教；

T·專門技能；

U·對時間的評價；

V·計劃；

W·工作信念；

X·瞭解生產。

(2) 建立測量指標

設計指標的過程，就是「理論─概念─指標」的分解過程。對於有些概念來說，建立一個測量指標是簡單的。比如，人們的「性別」「文化程度」「婚姻狀況」這樣的概念。但是，對於其他一些比較複雜的概念來說，發展和設計測量指標就不是一件容易的事。我們以「夫妻權力」的測量為例來說明指標選擇的多樣性。

研究者通常將這一概念界定為「夫妻在家庭中的決策權」。對其進行操作化時，不同研究者所用的指標不盡相同。1960年，美國社會學者布拉德和沃爾夫在他們的研究中，選取了他們認為既能涉及丈夫又能涉及妻子在家庭中的決策權的8個指標。

他們根據調查測量的結果得出結論：丈夫和妻子在家庭決策中各有側重，二者的權力相當。這一研究結果被廣泛引證。但是，1971年，森特斯等研究者在對同一問題進行研究時，將「家庭中決策權」的概念操作化為14個指標，除了上述的8個以外，他們又增加了6個指標。

在他們的研究中，前8個問題的調查結果與布拉德等人的研究結果幾乎完全一致，但是，加上6個新問題時，丈夫的權力下降了。這種結果表明，夫妻權力的對比和分布隨著所考察的決策方面的不同而不同，如圖3-7所示。

上述例子告訴我們，就像語言學家在翻譯外文作品時，常常會碰到同一部作品由不同的人翻譯，譯文互不相同、有好壞優劣之分一樣，對同一概念的操作化結果也存在著好壞優劣之分。社會研究中眾多理論概念的操作化的結果也不是唯一的。各種不同的操作化結果相互之間只是在反映概念內涵的準確性和涵蓋性上存在著程度上的差別，唯一的、絕對準確的、絕對完善的操作化指標是不存在的。

第三章 測量與操作化

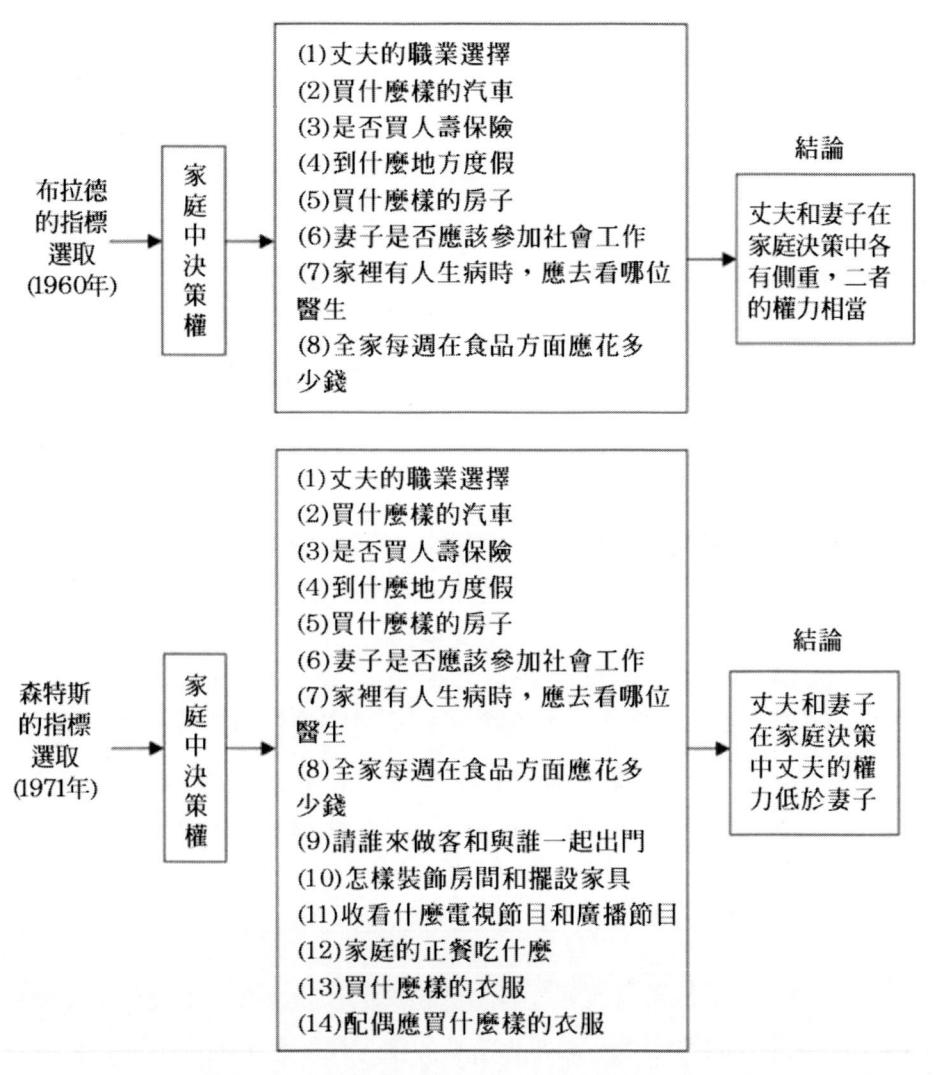

```
布拉德                    (1)丈夫的職業選擇
的指標      家庭         (2)買什麼樣的汽車
選取   →   中決    →    (3)是否買人壽保險              結論
(1960年)   策權         (4)到什麼地方度假          丈夫和妻子在
                        (5)買什麼樣的房子     →    家庭決策中各
                        (6)妻子是否應該參加社會工作   有側重,二者
                        (7)家裡有人生病時,應去看哪位  的權力相當
                            醫生
                        (8)全家每週在食品方面應花多
                            少錢

森特斯                    (1)丈夫的職業選擇
的指標      家庭         (2)買什麼樣的汽車
選取   →   中決    →    (3)是否買人壽保險              結論
(1971年)   策權         (4)到什麼地方度假
                        (5)買什麼樣的房子          丈夫和妻子
                        (6)妻子是否應該參加社會工作  在家庭決策
                        (7)家裡有人生病時,應去看哪位  中丈夫的權
                            醫生                  力低於妻子
                        (8)全家每週在食品方面應花多
                            少錢
                        (9)請誰來做客和與誰一起出門
                        (10)怎樣裝飾房間和擺設家具
                        (11)收看什麼電視節目和廣播節目
                        (12)家庭的正餐吃什麼
                        (13)買什麼樣的衣服
                        (14)配偶應買什麼樣的衣服
```

圖3-7 「家庭中決策權」的不同概念操作化示例

三、操作化的實例

父親自我形象的調查分析

　　由於資源有限,研究員必須清楚自己研究的問題是什麼,需要什麼資料。案例中對父親自我形象及期望進行的調查,包含兩個概念,分別為「父親」

105

「自我形象」，而「調查」把父親角色和第二概念結合，構成一個有待操作化的概念：父親自我形象。在概念操作化之前，我們必須先明確一個更基本的問題，即有關研究的目的和背後的理念。

例子中的「調查」沒有詳細解釋設計邏輯或清楚界定每個概念，因此首先要探討研究背後的一些假設：「一個和諧的家庭，父親的自我形象認知對促進家庭融洽有著重要的作用，因此，進行這一調查以瞭解已為人父的男性對自我形象的認識和意見。」如果我們從此假設出發，便應在設計問題時集中收集和父親角色與家庭關係有關的資料，我們需清晰瞭解自己所研究的特定概念的定義，並遵循這一方向把概念轉化為變量並形成指標，否則設計的問題就會問非所需，資料得而無用。

1. 概念的定義

表3-3 父親與自我形象的概念界定

概念	概念定義
父親	父親是一個社會角色，是關係結構「家」下的一個身份。家是一種社會建制，這個結構內有一套互動的角色：夫妻、父母、子女。每個角色都附帶社會價值觀下認可的功能。例如，中國傳統父權社會強調父親的養家和權威的角色，這些觀念隨著社會變遷，在不同背景的階層中有所不同。在這一調查中，父親不應是生物學上的定義，而應從社會學上定義，即家庭中養育與教養子女成長的男性。
自我形象	根據Coopersmith.S1967年的界定，自我形象是一個自我評估的概念，是關於個人的能力、價值和對他人重要性的反思審定。

我們在界定概念的過程中，要儘量涵蓋相關的維度，確保能夠收集足夠的資料去驗證推論的關係。例如，階層、教育程度等因素可能影響到家庭價值觀，從而影響到父親的觀念，如下圖 3-8 所示。

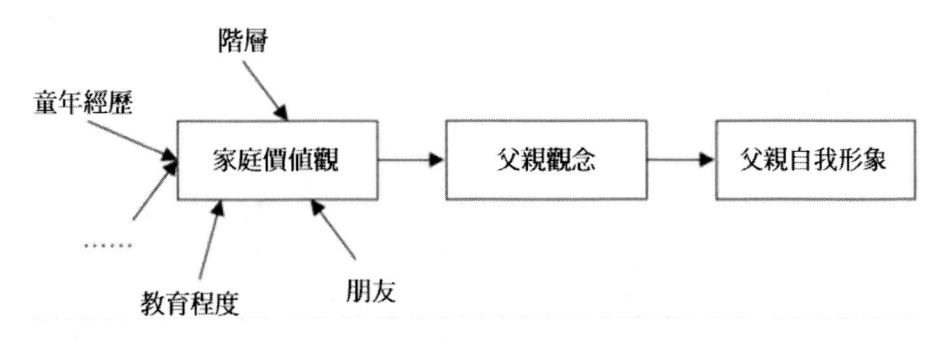

圖3-8 「父親自我形象」的概念推理簡析

2.設計測量指標

　　資料數據豐富與否，在於我們如何界定概念。以自我形像這個概念為例，我們可以先分三個維度：能力、價值和重要性。再做不同層面的次級分類，如圖 3-9 所示。

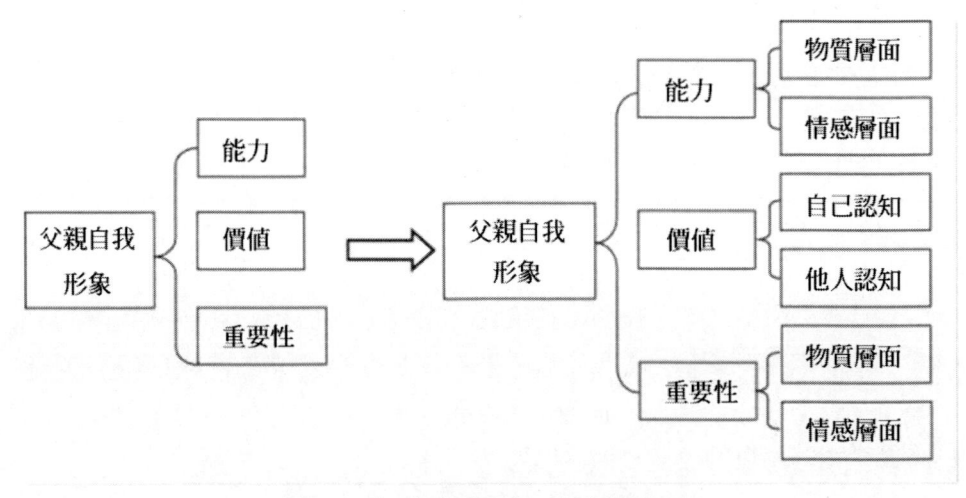

圖3-9 「父親自我形象」概念維度分析

　　如此類推，我們可以把以上導圖所示的思路操作化為以下的問卷問題，這些問題的答案就是我們用來測量父親自我形象的測量工具，如下表 3-4 所示。

107

表3-4 父親自我形象調查問卷簡表

概念			測量問題
自我形象	能力	物質	1.在過去一年中,你覺得自己是否有能力提供子女在物質上的需求? 非常有能力　有能力　基本滿足　不太有能力　毫無能力
		情感	2.在過去一年中,你覺得自己能否在子女情緒低落時提供關懷和支持? 非常有能力　有能力　基本滿足　不太有能力　毫無能力
	價值	對自己的整體評價	3.整體來說,你覺得自己是一個: 超級好父親　好父親　合格的父親　差強人意的父親　差勁的父親
		覺得別人如何評價自己	4.整體來說,你覺得自己是親友心目中一個: 超級好父親　好父親　合格的父親　差強人意的父親　差勁的父親
			5.整體來說,你覺得自己是妻子心目中一個: 超級好父親　好父親　合格的父親　差強人意的父親　差勁的父親
			6.整體來說,你覺得自己是子女心目中一個: 超級好父親　好父親　合格的父親　差強人意的父親　差勁的父親
	重要性	物質	7.在提供子女的物質需求上,你認為自己扮演的角色是否重要? 非常重要　重要　一般　不太重要　毫不重要
		情感	8.在對子女提供情感上的關懷和支持上,你認為自己扮演的角色是否重要? 非常重要　重要　一般　不太重要　毫不重要

(資料來源:香港中文大學社會學系教學資訊,http://www.cuhk.edu.hk/soc/ies2009.)

第四節 信度與效度

在社會科學研究中,特別是在定量調查中,都會涉及這樣一些基本問題:測量所得的數據或資料是否正是人們所希望測量的東西;當這種測量的時間、地點及操作者發生改變時,測量的結果將會受到什麼樣的影響。這就涉及我們下面介紹的測量的信度和效度問題。

一、測量的信度

1.信度的含義

信度(RELIABILITY)即可靠性,它指的是採取同樣的方法對同一對象重複進行測量時,其所得結果相一致的程度。換句話說,信度是指測量結果的穩定性,即測量工具能否穩定地測量所測的事物或變量。比如,用同一台

磅秤去稱一本書的重量，如果稱了幾次都得到相同的結果，則可以說這台磅秤的信度很高；如果幾次測量的結果互不相同，磅秤本身必定有問題，說明這台磅秤是不可靠的，或者說這一測量工具是不可信的。在社會調查研究中，調查數據資料必須是真實可信的，而且經得起反覆的檢驗，這樣的調查才有價值，因此，信度是社會調查成功的基本條件。

同一個問題，在不同的時間詢問相同的受訪者，是否會得出不同的答案？這就是信度問題。假設我們用兩台磅秤稱同一袋米的重量，得到如下的數據（如表3-5）。

表3-5 同一袋米的重量測量結果

測量次數	重量(kg)	
	甲磅秤	乙磅秤
1	12.0	10.0
2	12.2	12.5
3	11.9	11.0
4	12.0	7.9
5	12.1	9.5
平均數	12.04	10.18

比較兩個磅秤稱量的結果，甲的信度明顯較高，平均數與每次測量的差異有限，徘徊於0.04～0.16之間；而乙磅秤的測量結果極不穩定，信度極低。

信度的大小可以用信度係數（R）來表示。信度係數，即用同一樣本所得到的兩組資料的相關係數作為測量一致性的指標。信度係數可以解釋為在所測對象實得分數的差異中有多大比例是由測量對象本身的差別決定的。信度係數高表明測量的一致性程度高，測量誤差少。

例如，當 R = 0.90 時，可以認為實得分數中有90%的差異來自測量對象本身的差別，只有10%來自測量誤差；當 R = 1.00 時，則表示無測量誤差，所有的差異都來自測量對象本身，這是理想的狀況，實際是辦不到的；R = 0，

則所有的差異均反映了測量誤差。一般來說，R ≥ 0.80，即可認為該測量達到了足夠的信度。

2·信度的類型

信度指標一般都以相關係數（R）來表示，其基本的類型主要有以下三種：

（1）再測信度

對同一群對象採用同一種測量，在不同的時間點先後測量兩次，根據兩次測量的結果計算出相關係數，這種相關係數就叫做再測信度。這是一種最常用、最普遍的信度檢查方法。使用這種方法時，兩次測量所採用的方法、所使用的工具是完全一樣的。再測信度的缺點是容易受到時間因素的影響，即前後兩次測量之間的某些事件、活動會導致後一次測量的結果客觀上發生改變，使兩次結果的相關係數不能很好地反映兩次測量的實際情況。

（2）複本信度

複本信度採取的是另一種思路：如果一套測量可以有兩個以上的複本，則可以根據同一群研究對象同時接受這兩個複本測量所得的分數來計算其相關係數。比如，學校考試時出的 A、B 卷就是這種複本的一個近似的例子。在社會研究中，研究人員可以設計兩份研究問卷，每份使用不同的項目，但都用來測量同一個概念或事物，對同一群對象同時用這兩份問卷進行測量，然後根據兩份問卷所得的分數計算其複本信度。

複本信度可以避免再測信度的缺點，但是，它的要求是：所使用的複本必須是真正的複本，即二者在形式、內容等方面都應該完全一致。然而，在實際研究中，真正使研究問卷或其他類似的測量工具達到這種要求往往是一件十分困難的事情。

（3）折半信度

將研究對象在一次測量中所得的結果，按測量項目的單雙號分為兩組，計算這兩組分數之間的相關係數，這種相關係數就叫做折半信度。例如，假設你設計好一份問卷，其中有 20 個有關女性歧視的問題，可以隨機地將這

20 個問題分成兩組,每組有 10 個問題。若是這兩組問題測量出來的結論不同,你的這份問卷的變量指標測量就有信度上的問題。

通常,研究者為了採用折半信度來檢驗測量的一致性,需要在他的測量表中,增加一倍的測量項目。這些項目與前半部分的項目在內容上是重複的,只是表面形式不同而已。如果被研究者在前後兩部分項目上的得分之間高度相關,則可以認為這次測量是可信的。這種方法與複本信度的情況類似,它要求前後兩部分的項目的確是在測量同一個事物或概念。一旦二者所測量的並不是同一個事物或概念,那麼,研究者就無法用它來評價測量的信度了。

二、測量的效度

1.效度的含義

效度 (VALIDITY),也稱作有效度或準確度,即測量結果的正確性程度。它是指測量工具或測量手段能夠準確測出所要測量的變量的程度,或者說能夠準確、真實地度量事物屬性的程度。假設一袋米的真實重量是 10KG,下表 3-6 是兩個磅秤的測量結果。

表3-6 同一袋米的重量測量結果

測量次數	重量(kg)	
	甲磅秤	乙磅秤
1	8.0	10.0
2	8.2	12.5
3	8.0	11.0
4	8.0	7.9
5	7.8	9.5
平均數	8.0	10.18
信度	好	不好
效度	不好	好

從上表的結果分析，甲磅秤的測量結果相當穩定，但卻一致偏離實際重量2KG；乙磅秤的結果雖欠穩定，但卻比甲磅秤更接近真實值。兩者相比較，前者信度高、效度低，後者則相反。

因此，效度指調查結果說明調查所要說明問題的正確程度。一般來說，在選擇測量工具和設計問卷、表格時，首先要考慮其效度。也就是說，要考慮「我所測量的正是我希望測量的嗎」，所測得的結果是否能正確、有效地說明所要研究的現象。

2·效度的檢查

效度具有三種不同的類型，即表面效度、準則效度和構造效度。它們分別從不同的方面反映測量的準確程度。同時，人們在評價各種測量的效度時，也往往採用這三種類型作為標準。

(1) 表面效度

表面效度也稱為內容效度或邏輯效度，它指的是測量內容或測量指標與測量目標之間的適合性和邏輯相符性。也可以說，表面效度是指測量所選擇的項目是否「看起來」符合測量目的和要求。評價一種測量是否具有表面效度，首先必須知道所測量的概念是如何定義的，其次需要知道這種測量所收集的訊息是否和該概念密切相關，做出這一測量是否具有表面效度的結論。

比如，用問卷去測量大學畢業生的「就業趨向」，那麼，首先要弄清「就業趨向」的定義，然後看問卷中的問題是否都與學生的就業觀念有關。如果這些問題的確涉及的都是有關大學生就業趨向方面的內容，而看不出它們是在測量無關的其他內容，則可以說這一測量具有表面效度。因此，檢查內容效度就是檢查由概念到指標的經驗推演是否符合邏輯、是否有效。

(2) 準則效度

準則效度也稱為實用效度或經驗效度。準則是被假設或被定義為有效的測量標準，符合這種標準的測量工具可以作為測量某一特定現象或概念的效標。對同一概念的測量可以使用多種測量工具，其中每種測量方式與效標的一致性稱為準則效度。它是用一種不同以往的測量方式或指標對同一事物或

變量進行測量時,將原有的一種測量方式或指標作為準則,用新的方式或指標所得到的測量結果與原有準則的測量結果做比較,看二者的相關程度,並用這種特定的相關係數(稱為效度係數)來反映測量工具或手段的效度。如果新的測量方式或指標與原有的作為準則的測量方式或指標具有相同的效果,那麼,其效度係數就高,我們就說這種新的測量方式或指標具有準則效度。準則效度分為預測效度、共變效度、實用效度。

第一,預測效度。它將已經得到的測量結果與未來實際發生的情況進行比較,以檢查兩者的一致性。例如,設計一種預測學生學習成績的測驗,用它來測量學生畢業時的學習成績。如果在學生畢業時,實際的成績確實與預測相一致,那麼,這一測驗就具有預測效度。

第二,共變效度。它可以判斷其他的測量工具是否可以取代作為效標的測量工具。例如,假如有一種新的心理測驗方法能高度精確地鑒別出某種精神疾病,但與現有的測驗方法相比較,這種測驗太費時、費力,在短期內不可能完成檢查。如果能夠設計出另一種簡單的量表,而且這一量表的測量結果與心理測驗的結果高度相關的話(即具有共變效度),那麼,它就可以替代原先的心理測驗方法。

第三,實用效度。它通常用來檢查測量工具的實際效果。例如,學生雅思成績應該與其在國外的語言表達能力相關,國外的語言表達能力測量有無效度可以用雅思成績來確定。

(3) 構造效度

構造效度也稱為結構效度,它透過利用現有的理論或命題來考察當前測量工具或手段的效度。結構效度涉及一個理論的關係結構中其他概念(或變量)的測量。假定我們設計了一種測量方法來測量人們的「婚姻滿意程度」,為了評價這種測量方法的效度,我們需要用到與婚姻滿意程度有關的理論命題或假設中的其他變量。

假定我們有下列理論結構或命題:婚姻滿意程度與主動做家務的行為有關;婚姻滿意程度越高,越是主動承擔家務。那麼,如果我們的測量在婚姻

滿意程度與承擔家務方面的結果具有一致性，則稱我們的測量具有結構效度。如果婚姻滿意程度不同的對象在承擔家務方面的行為都是一樣的，那麼，我們測量的結構效度就面臨挑戰。

閱讀材料2：關於構造效度的舉例

◆理論結構或命題：婚姻滿意程度與主動做家務的行為有關（或與婚姻忠誠度有關——是否欺騙對方）；婚姻滿意程度越高，越是主動承擔家務。

新設計的工具：婚姻滿意度量表。

其他的相關概念（或變量）：承擔家務的主動程度。

新工具的效度檢驗：量表的測量結果與相關概念的測量結果是否高度相關。

◆理論結構或命題：男子對女子的愛情深度與為她花錢、花時間的行為有關；是否有愛，看是否願意為她花錢；愛得深不深，看是否願意為她花時間。

新設計的工具：愛情深度測量量表。

其他的相關概念（或變量）：花錢多少與陪伴的時間多少。

新工具的效度檢驗：量表的測量結果與相關概念的測量結果是否高度相關。

◆理論結構或命題：人們的衝動性格與和人吵架的行為有關；越是衝動的人，越容易和他人吵架。

新設計的工具：性格測量量表。

其他的相關概念（或變量）：與他人吵架的次數多少。

新工具的效度檢驗：量表的測量結果與相關概念的測量結果是否高度相關。

需要特別注意的是，測量的效度與信度都是一種相對量，而不是一種絕對量，即它們都是一種「程度事物」。對於同一種對象，人們常常會採取各種不同的測量方法，常常會採用各種不同的測量指標。也許這些方法和指標

都沒有錯，但它們相互之間一定會在效度與信度這兩方面存在程度上的差別。我們對它們進行評價和選擇的標準是：越是在準確性和一致性上程度越高的方法和指標，就越是好的測量方法，就越是高質量的測量指標。

3.內在效度和外在效度

如果在一項具體的研究中，對上述三種效度的檢查沒有發現問題的話，就可以認為這一研究具有內在效度，即它的資料和結論可以有效地解答所研究的問題。但是，這一研究結論的有效性是否可以適用於其他時間、地點和對象呢？這就涉及外在效度的問題了，即這種研究結論的普遍有效性。內在效度指測量的自變量和因變量之間存在明確因果關係或相關關係的程度。它表明因變量的變化在多大程度上來自自變量──有效性。外在效度指測量研究結果的概括程度，它表明實驗結果的可推廣程度。

效度是研究設計必須考慮的問題。效度只是程度上的問題，是高與低的問題。效度不會全有或全無。內在效度是研究設計的基本要求，是研究質量的根本保證，是外在效度的先決條件。沒有內在效度便無所謂外在效度，因為一個研究本身不科學、不精確，內在效度很低，即使它再容易推廣、再現，外在效度再高，也不能正確解釋問題現象，也不可能有什麼實際意義。一般來說，內在效度越充分，結果的可推廣度越大，研究就越有價值。正如一位研究者所說：「知道原因的失敗，優於不知道原因的成功。」

三、提高信度與效度的途徑

1.信度與效度的關係

測量的信度與效度之間存在著某種既相互聯繫，又相互制約的關係。一般來說，缺乏信度的測量肯定也是無效度的測量；而具有很高信度的測量並不意味著同時也是高效度的測量，即它也許是有效度的，也許仍然是無效度的。研究者在追求測量的信度時，往往會在一定程度上損害或降低測量的效度；反之，當研究者努力提高測量的效度時，其測量的信度則同樣會受到影響。

信度與效度的關係可大致表述為：缺乏信度肯定無效度；有信度不一定有效度；有效度肯定有信度（如圖 3-10 所示）。

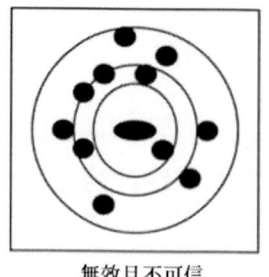

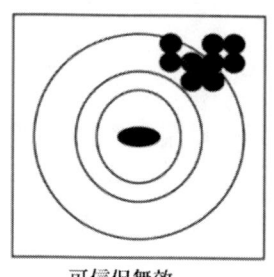

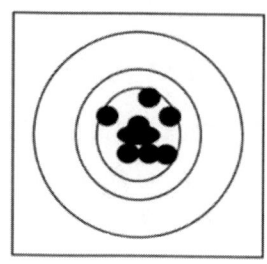

無效且不可信　　　　可信但無效　　　　有效且可信

圖3-10 信度與效度的比喻

2.影響信度與效度的因素

影響測量信度與效度的因素是多種多樣的。一般而言，調查者、測量工具、調查對象、環境因素等原因較為常見。

第一，調查者進行調查時的人為因素影響。由於社會調查研究往往涉及人與人之間的相互溝通，調查者對某一問題的看法可能會透過語言、語氣甚至是面部表情影響到受訪者的判斷，也就是說，研究工具不侷限於問卷的問題本身，也包括操作工具的研究員或調查員。

第二，測量工具本身存在問題。

其一，所設計的問卷中測量內容的措辭是否含糊不清、不易理解，使調查對象感到模稜兩可；

其二，問題的答案並不是互相排斥的，而是有交叉重合的現象，這樣，回答者就較有可能做出前後不一致的回答；

其三，問題的答案數目過少，不能清楚地區分各調查對象意見之間的差異；

其四，問卷的容量太大，所用時間太長，使調查對象產生了疲勞或厭倦的感覺等。

第三，調查對象的原因。例如，受訪者由於受教育水平、理解能力等因素的限制，導致回答問題時產生偏離本意的答案；另外，也存在受訪者由於種種原因不如實作答的現象。

除了上述因素外，影響測量信度與效度的因素還有很多，包括對概念的構建定義、指標的種類、收集資料的方法、樣本的大小、問卷回覆率、樣本的本質、問題的數量、問題的困難度、測量的環境、量表的使用等，都能對測量的信度和效度產生影響。

3.提高信度和效度的主要途徑

第一，科學設計調查指標和調查方案是基礎。要提高測量的信度和效度，需鄭重提出研究假設，力求使研究假設有較高的科學性；認真對待概念的操作化處理，明確研究對象的相關概念及其定義，設計好調查指標，形成完整的指標體系。在設計調查方案時，需要分析哪些資料需要從問卷獲得，需要向誰調查等。要分析調查對象的各種特徵，擬定問題並反覆推敲，必須對問題的類別和方法仔細考慮，根據調查目的和具體情況完善方案。

第二，認真培訓調查人員和選擇調查對象是關鍵。首先，確定調查對象是社會研究中一項重要的初始工作。社會研究的對象通常是一定數量的人群。由於研究的目的不同，所涉及的範圍和調查對象也不相同。如果調查對象不正確，就會出現「南轅北轍」「緣木求魚」的結果。

其次，要認真培訓調查人員。透過集中講授法、以老帶新法、模擬訓練法、實習鍛鍊法等方法培訓調查人員，有效提高調查人員的業務素質。優秀的調查員能夠在調查工作中實事求是，工作認真細緻並具有敏銳的觀察能力、良好的溝通表達能力和隨機應變能力。

本章小結

社會研究必須解決的重要問題之一，就是明確提出概念的定義，分清概念（包括命題和假設）層次，並將抽象概念一步步化解為具體的和可操作的指標，而且最理想的目標是將概念化解為可測量的指標，以實現社會調查研究的定量化。這一過程就叫做概念的具體化和操作化。

概念的操作化和各項調查研究指標的確定，實際上是明確了「測量什麼」的問題。在此基礎上，我們還應進一步確定主要的測量方法，即明確「怎樣測量」的問題。社會調查研究中的測量，是指對所確定的調查指標進行有效的觀測與度量的方法。它是運用一定的測量工具，根據一定的測量規則，對調查研究對象的特徵（變量）進行觀測與度量並賦予一定數值的過程。

社會調查研究中定量分析的過程，實際上就是對各項調查研究指標進行測量的過程。測量有四個要件：測量客體、測量內容、測量法則、數字和符號。其中，確定測量規則是測量中最基本的和難度較大的工作。有效的測量規則必須符合三個條件：準確性、完整性和互斥性。測量按照由低到高的順序，分成四個層次，即定類測量、定序測量、定距測量和定比測量。這四種測量層次分別對應於概念中的四種變量，即定類變量、定序變量、定距變量和定比變量。

在選擇測量層次時需要注意：

第一，要「量體裁衣」，根據測量對象的特徵選擇測量層次；

第二，要根據研究條件選擇適當的測量層次；

第三，要根據調查研究對準確度的要求和實現它的可能性來選擇測量層次；

第四，用較低層次測量收集的資料不能用較高層次測量的數學運算來處理，反之則可以。

為了保證測量的質量，在確定測量方法時，還應當確定對測量信度和效度的檢驗方法。信度是指測量的可靠性。這種可靠性一是測量方法的可靠，二是測量結果的可靠。檢驗測量的信度，通常有再測法、複本法和折半法。效度指的是測量的有效性，即一個測量的準確程度，包括兩方面內容：

第一，測量方法的效度；

第二，測量結果的效度。檢驗效度的方法目前被廣泛採用的是表面效度、準則效度和構造效度三種。

信度和效度之間的關係可大致表述為：缺乏信度肯定無效度；有信度不一定有效度；有效度肯定有信度。其表現形式有三種：無效且不可信；可信但無效；有效且可信。

　　影響測量信度和效度的因素很多，其中影響較大的因素有：調查者的問題；測量工具存在問題；調查對象的因素。要提高信度和效度，就要切實做好各個階段、各個環節的工作：慎重提出研究假設，形成一個能正確說明調查主題的完整的指標系統，對每一個調查指標，設計出相對稱的操作定義，認真培訓調查人員和選擇調查對象。

關鍵術語

　　概念

　　變量

　　指標

　　測量

　　層次

　　操作化

　　信度

　　效度

　　信度係數

　　內在效度

　　外在效度

問題與思考

　　1.對人們的「婚姻狀況」「受教育年限」的測量屬於哪一層次的測量？為什麼？

　　2.簡要說明概念、變量、指標三者之間的區別與聯繫。

3.請對概念「越軌行為」「上進心」進行操作化。

案例分析

醜小鴨實驗

1968 年，美國著名社會心理學家羅森塔爾教授和他的助手賈可布森來到一所小學，他們從一年級至六年級中各選 3 個班，在學生中進行了一次煞有介事的「未來發展測驗」。然後就在學生名單上圈了幾個名字，告訴他們的老師說這幾個學生智商很高、很聰明。8 個月後，他們又來到這所學校進行複試，奇蹟發生了。那幾個被他們選中的學生現在真的成為班上的佼佼者，他們的成績有了顯著進步，而且性格更為開朗，求知慾望強，敢於發表意見，與教師關係也特別融洽。

這時，老師們都紛紛上前請教心理學家如何才能具有這種慧眼識得千里馬的技能。這時羅森塔爾教授緩緩道出了真相：他們進行的是一次關於期望的心理實驗，而之前他們提供的名單純粹是隨便抽取的。

這個實驗之所以具有這樣神奇的效果，就在於「期望」這一神奇的魔力在發揮作用。羅森塔爾教授是著名的心理學家，在人們心中有很高的權威，老師們對他的話都深信不疑，因此對他指出的那幾個學生產生了積極的期望，像對待聰明孩子那樣對待他們；而這幾個學生也感受到了這種期望，也認為自己是聰明的，從而提高了自信心，提高了對自己的要求和標準，最終他們真的成為優秀的學生。

在羅森塔爾實驗中，「權威性的謊言」起著關鍵作用。透過暗示，教師對名單上的學生充滿堅定的信心，並從眼神、笑貌、音調中流露出喜愛和熱情。學生潛移默化地受到影響，於是他們在行動上就不知不覺地更加努力，結果理所當然地取得了飛速的進步。

討論：

1.本案例是如何把「權威性」和「期望」操作化的？

2.本案例有著怎樣的管理啟示？

第二篇 方法篇

第四章 調查研究法

學習目標

- ●瞭解調查研究法的含義和特點
- ●瞭解調查研究法的分類
- ●掌握調查研究的組織與實施
- ●掌握問卷法和訪談法的含義和特點
- ●掌握問卷法和訪談法的設計
- ●瞭解調查法的優點和缺點

知識結構

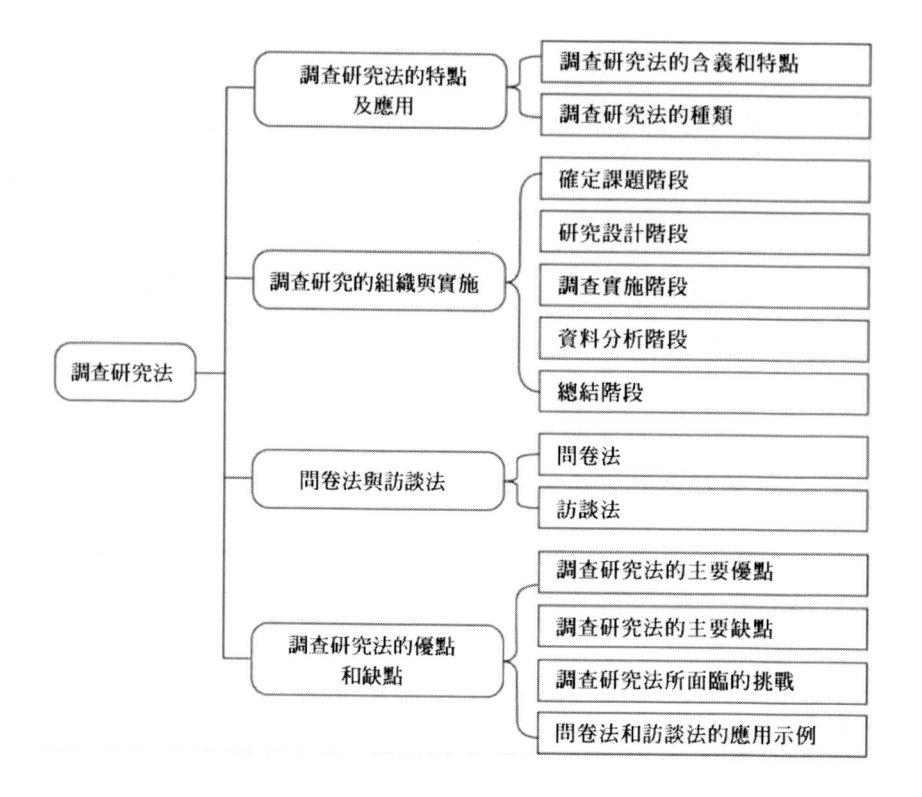

```
調查研究法
├── 調查研究法的特點及應用
│   ├── 調查研究法的含義和特點
│   └── 調查研究法的種類
├── 調查研究的組織與實施
│   ├── 確定課題階段
│   ├── 研究設計階段
│   ├── 調查實施階段
│   ├── 資料分析階段
│   └── 總結階段
├── 問卷法與訪談法
│   ├── 問卷法
│   └── 訪談法
└── 調查研究法的優點和缺點
    ├── 調查研究法的主要優點
    ├── 調查研究法的主要缺點
    ├── 調查研究法所面臨的挑戰
    └── 問卷法和訪談法的應用示例
```

引入

2015 年 10 月 5 日，中國藥學家屠呦呦榮獲諾貝爾生理學或醫學獎，向全世界證明了她在治療瘧疾方面的歷史性貢獻。瘧疾作為一種古老的疾病，是威脅人們生命健康的主要殺手，也一直是近代醫學研究急需突破的重點課題。

屠呦呦決定從系統整理歷代醫籍開始，四處走訪老中醫，她整理了一本 640 多種包括青蒿在內的草藥《抗瘧單驗訪集》。在最初的實驗中，青蒿的效果不是最好的。她再次翻閱古代文獻，《肘後備急方·治寒熱諸瘧方》中的幾句話引起了她的注意：「青蒿一握，以水二升漬，絞取汁，盡服之。」原來青蒿裡有青蒿汁，它的使用和中藥常用的煎熬法不同。

她用沸點較低的乙醚在攝氏 60 度的溫度下制取青蒿提取物，1971 年 10 月 4 日，她在實驗室中觀察到這種提取物對瘧原蟲的抑制率達到了 100%。這項研究成果為每年數百萬感染相關疾病的人們提供了「強有力的治療新方式」，在改善人類健康和減少患者病痛方面的貢獻無法估量。從屠呦呦的成功中我們可以得到很多有益的啟示：

啟示一：對科學事業本身的熱愛與執著應是一個真正科學工作者的終身追求。

啟示二：在科學技術高度發達的今天，調查研究仍是認識世界的基本手段。

作為科學研究的常用方法，調查研究最早可以追溯到古埃及時代和古代中國以徵兵和課稅為目的的人口統計調查，但較系統的調查研究是從近代開始發展的。20 世紀 40 年代到 70 年代是調查研究的量化方法發展最為迅速的時期，這些技術和方法來源於社會學、統計學、人類學、心理學、經濟學、政治學、人口學等多個學科，多學科的共同努力，使得調查研究的程序更加標準化，方法更加規範化。

如今，調查研究在抽樣、測量、問卷設計、量表製作以及統計分析、電腦應用等技術上，都朝著越來越科學化、精密化的方向發展。調查研究法成為各門社會科學和社會各個具體領域中廣泛運用的研究方法和手段。

思考：調查研究法有何特點？如何使用調查研究法？

第一節 調查研究法的特點及應用

調查研究法即通常所說的調查研究，也簡稱調查，是社會科學研究中經常使用的一種研究方式。由於調查研究法應用的廣泛性，以及對定量研究內容的集中體現，因此，掌握調查研究法是社會科學研究者不可忽略的一項基本研究技能。

一、調查研究法的含義和特點

調查研究法是一種描述研究，是透過對原始材料的觀察，有目的、有計劃地收集研究對象的材料，從而形成科學認識的一種研究方法，是社會研究中最常見的研究方式。調查研究以其特定的方式滿足了社會研究者探討各種社會行為、社會現象和社會問題的需要。

同時，定量研究的諸多內容也十分集中地體現在調查研究的方式之中，比如，抽樣、操作化、測量、統計分析等。因此，掌握調查研究法對於社會研究者來說，顯得更為重要。

調查研究法著重研究的是現實情況，因而區別於以過去發生的歷史事實為研究對象的歷史研究法；同時，它收集的是自然狀態下反映實際情況的材料，對研究對象不加任何干涉，從而區別於實驗研究法（對研究對象加以一定的控制，然後觀察其變化以研究因果關係）。

從這個意義上說，調查不是對事實的簡單堆砌，而是一種經過精心設計與規劃的科學研究，有著其自身的顯著特點。

1. 調查研究內容的廣泛性

在實際調查中，社會生活的各個方面都能成為調查的內容。從人們的生活狀況、社會問題、輿情民意、市場動態到學術問題等，調查涉及各個領域；從某一群體客觀的社會背景、社會行為和活動到其主觀的意見和態度，調查關注各個層面的社會成員的各個方面。

2. 調查手段的多樣性

調查研究法可以透過多種手段、多種途徑來收集材料，既可以對少數對象進行全面、細緻、深入的研究，又可以在眾多的調查對象中找出一般的規律和趨勢；既可以從事件當事人那裡瞭解具體的訊息和感受，又可以從第三者或社會公眾那裡瞭解旁觀者的看法；既可以採用訪問、座談等面對交流方式，又可以採用問卷和網上調查等間接交流方式。

這些不僅是實驗法、觀察法等其他研究方法所無法比擬的，而且有些問題也是實驗法和觀察法等無法解決的，諸如青少年網路成癮的問題、中小學生近視眼發病原因等。

3.資料收集方法的靈活性

在調查研究中，研究者常常用間接的方法，從幾個側面對事物進行考察瞭解，從事件當事人或其他人那裡獲得事件訊息和資料，因而不必在現場進行即時的觀察，也不會受到現場條件及時間的限制；同時，只要研究課題需要，調查研究法可以突破空間上的界限，在一個廣泛區域內，甚至是在一個或多個國家內收集相關的事實和訊息。

另外，有些現象不能全部被我們直接觀察到，這就常常需要用間接的、靈活的方法去收集材料。例如，研究學生的思想道德狀況、師生關係、家長對孩子的教育、家長對學校工作的意見，以及學校教育如何為社區服務、社會如何參與學校教育等，大都採用調查研究法。

4.調查研究系統的嚴密性

調查研究法是透過各種方式，有計劃、有目的地瞭解教育工作中某一方面的現實問題，有著系統的程序和嚴密的步驟。調查計劃的制定、調查工作的實施、調查對象的選擇、調查結果的處理分析，都是建立在科學論證基礎上的，調查時對可能遇到的情況和可能參與進來的外來因素都有一定的預見和估計，保證了調查結果的準確性和科學性。

5.調查方法的可操作性和實用性

在進行調查研究時，要設計詳細、具體的調查方案。在調查方案中，有各種研究變量的操作指示；有根據各種調查方法設計出的調查工具，如問卷、訪談提綱、測量表及試卷等；也有供分析資料用的整理訊息和統計的方法；等等。這樣，在開展調查研究時，調查者就可以依據調查方案進行具體操作，所以具有較強的可操作性。

另外,調查研究法在設備條件的控制環境上沒有太多的要求,特別是對於數據資料的收集,可以在較大的範圍內進行,從而在較短的時間內收集到大量的數據資料,因此有較大的實用性。

以上這幾方面的特徵,既讓調查研究法與其他研究方式區別開來,也使得調查研究法成為在社會科學研究及其他眾多研究領域中廣泛使用的、強有力的研究方法。

6.調查結果的自然性和延時性

調查研究法不像實驗研究法那樣需要人為地創設實驗情境、人為地控制實驗條件和因素才能進行研究,它是在自然的狀態下,透過考察、收集研究對象的真實狀況來進行研究,因而有利於瞭解研究對象的「本來面目」,真實自然,而且其結果的普適性也會相應地提高。

利用調查手段和方法獲得的結果,一般是透過書面或口頭語言等形式表達出來的關於事實的報告,具有延時性的特點。相對來說,其所得資料的信度、效度不及觀察研究所得的資料。

二、調查研究法的種類

調查研究法這種研究方式廣泛地應用於社會生活的各個領域,種類多樣,其中最主要的有以下幾種。

1.依據調查研究目的的不同,可以把調查研究分為現狀調查、關係調查、發展變化調查、比較調查和原因調查

(1) 現狀調查

現狀調查是一種描述性調查,主要是調查某一類社會現象目前的狀況、基本特徵和存在的主要問題。其目的是對社會現象的真實情況進行具體描述,或尋找一般數據,為改變現狀、解決問題和促進發展提供依據和幫助。如「中小學學生網路使用情況的調查」「農村中小學教師繼續教育需求的調查」「邊遠地區義務教育普及情況的調查」等。這類調查是最基本的調查,往往能提供第一手的材料,其調查結果也受到社會和廣大教育工作者的極大關注。

(2) 關係調查

關係調查是一種相關性的調查，它主要調查兩種或兩種以上現象的性質和程度，分析與考察它們是否存在相關關係、是否互為變量。其目的是尋找某一現象的相關因素，以探索解決問題的辦法。如「家庭因素與學業成績關係的調查」「教師態度與學生心理健康關係的調查」「教師入職時的學歷與繼續教育動機關係的調查」等。這一類調查往往能為教育工作者提供最直接的材料和理論依據，故經常為教育工作者採用。

(3) 發展變化調查

發展變化調查是一種預測性調查，它主要調查某一現象隨著時間的變化而表現出的特徵、趨勢和規律，從而以此為依據推斷未來某一時期的發展趨勢與動向。如「年齡階段與思維發展特點的調查」「兒童語言能力發展最佳期的調查」「社會轉型期教育事業發展特徵的調查」等。

這類調查難度較大，其結果相對來說準確性不是很高，因此，在採用這類調查結果時，特別是依此做出預測時，要持謹慎態度。

(4) 比較調查

比較調查是一種對比性的調查，它主要調查兩個或兩個以上群體、地區、時期的情況，對比分析不同對象間的差異特點及規律。其目的是弄清不同類型的對象、不同性質現象之間的差異性、相似性及其內在聯繫。如「城鄉之間開展新課程改革情況的調查」「東、中、西部地區教師收入情況的調查」「優秀教師與新手教師教學參考資料使用情況的調查」等。這類調查往往能造成總結經驗、吸取經驗教訓的作用，為落後者提供先進的經驗。

(5) 原因調查

原因調查是一種因果性的調查，它主要調查產生某一現象的可能原因。這種調查法在教育實踐中應用得較多。如「農村女童輟學原因的調查」「影響中學教師專業發展的因素調查」「中小學學生網路成癮的原因調查」等。這類調查相對來說比較直接，有利於迅速發現問題，儘早解決問題，但由於它是一種無干預的自然調查，沒有對相關的變量與因素進行控制，其因果關

係推論的可靠性不高，容易出現原因混淆或原因不明的情況，在使用其結果時一要慎重，二要不斷驗證。

2.依據調查範圍的不同，可以把調查研究分為全面調查和非全面調查

（1）全面調查

全面調查又稱普遍調查，是指對某一範圍內所有被研究對象都進行調查的一種重要的宏觀調查方法。全面調查可以是單位性的或地區性的，也可以是全國性的，它能夠得到有關調查對象的全部情況，為制定重大的方針、政策和規劃提供必要的依據。

例如，我們要調查某個地區普及九年制義務教育的情況，就可以對這個地區全部學齡兒童的入學率、在校生的年鞏固率、畢業班學生的畢業率以及12～15歲少年中的非文盲率等初等教育的指標進行調查統計，從而摸清這個地區普及九年制義務教育的現狀。其優點是具有普遍性，能全面地反映教育的許多現象及其變化發展情況，收集的資料比較全面。但是調查所得到的材料往往比較膚淺和簡單，有些問題無法深入瞭解，只能用填表等書面方法去進行調查，這樣就難以得到許多生動的材料；同時，由於調查範圍廣，往往耗資大、費時長。

（2）非全面調查

第一，典型調查（重點調查）。典型調查是在調查範圍內選擇部分具有代表性、典型性的對象進行調查。一般說來，人類認識世界的過程不是對現實世界中所有的具體事物都認識和瞭解之後才去概括它們的共同本質，而常常是透過對某一類事物中的一個或幾個具有代表性事物的認識來把握和概括該類事物的共同本質。

例如，要瞭解某個省基礎教育發展的情況，就可以選擇經濟發展和人口數量等與基礎教育發展密切相關的指標在該省中處於中等的市（或地區）進行調查，這樣就可以以點帶面，大致瞭解該省基礎教育的發展狀況。典型調查的優點有二：一是調查範圍縮小，容易組織，易於實施，節省人力和財力。二是能夠在較短時間內對某一教育現象進行深入細緻的瞭解，既能收集數字，

又能瞭解情況；既能查明過去，又能分析現狀，所獲得的調查材料生動具體。但是，輕易地把典型調查的結果推論到總體上去，有可能出現以偏概全的錯誤。

第二，抽樣調查。抽樣調查是從被調查對象的全體範圍（總體）中，用科學的取樣法抽取一部分單位（個體）進行調查，並以樣本特徵值推算總體特徵值的一種調查方法。例如，要瞭解某個省基礎教育發展的情況，就可以選擇經濟發展和人口數量等與基礎教育發展密切相關的指標在該省中處於上、中、下等的三個市（或地區）進行調查，這樣就可以用三個樣本的調查結果來推斷該省的基本狀況。

抽樣調查以統計學為基礎，具有較高的科學性和準確性，並能大大節省人力、財力、物力和時間，是教育調查中使用最多的一種調查方法。抽樣的方法一般有隨機抽樣、分類抽樣、整體抽樣、有意抽樣等，但在抽樣之前，首先要清楚界定研究的總體，然後才能確定樣本單位。至於樣本多少才算合適，要根據總體的性質、抽樣的方法及推論所需的正確程度而確定，要儘可能抽取足夠大的樣本，這樣才能更好地代表總體。

第三，個案調查。個案調查是典型調查的一個特例，它是在對被調查的社會現象或對象進行具體分析的基礎上有意識地從其中選擇某個社會現象或對象進行調查與描述。例如，某一班級的學生積極性很高，實踐活動開展得有聲有色，學校就可以抓住這個現象，進行有目的、有計劃的調查研究，把這一經驗總結出來，推廣到全校以及其他的學校或地區。

個案調查的重要意義在於能透過深入實際解剖麻雀，對某一社會現象進行具體、細緻的調查研究，可以詳細觀察事物的發展過程，具體瞭解現象發生的原因，並掌握多方面的聯繫。但由於個案調查的代表性最小，因此，它更多的是具有啟發意義，在推廣經驗時要極為慎重、穩妥。

3.依據調查研究內容的不同，可以把調查研究分為綜合調查和專題調查

(1) 綜合調查

綜合調查是為瞭解與掌握被調查事件或現象的全貌與整體而進行的一種調查研究，它要涉及與調查事件或現象密切相關的多類問題或某個問題的各個方面。例如，「西部地區基礎教育發展狀況調查」就是一項綜合性調查，它要涉及西部地區的經濟發展、文化傳統、教育經費投入、師資隊伍狀況、教學設施、教學方法、課程體系、學生的學習動機、入學率、畢業率等與教育發展相關的方方面面。

(2) 專題調查

專題調查是針對一個具體的專題或現象而進行的調查研究，其目的是為了對這個專題或現像有一個深入、細緻的瞭解。專題調查又可分為事實調查和徵詢意見調查。

第一，事實調查。事實調查與前述的現狀調查有很大的相似性，都是針對現狀而進行的調查，但事實調查只要求調查對象提供現成的事實或數據，而不需要其發表自己的看法、見解和意願等。如「西部地區中小學教師學歷達標狀況的調查」「2004年教師教育專業大學畢業生就業情況的調查」「邊遠地區義務教育普及情況的調查」等。

第二，徵詢意見調查。徵詢意見調查是將調查的內容從事實轉向調查對象對事實和發展的意見、看法和建議。如「農村中學如何實施新一輪課程改革的調查」「農村中小學教師繼續教育需求的調查」「關於如何處理學生意外事故的調查」等。

當然，綜合與專題都是相對的概念，一個專題並不是不可再分的最小單位，往往含有比它更小、更具體的小專題；一個綜合性的專題也並不是最宏觀、最綜合的專題，往往還有比它更宏觀、更綜合的專題存在。

4·依據調查研究方式的不同，可以把調查研究分為調查表調查、問卷調查和訪談調查

這三種調查方式，我們將在下面幾節中進行具體的介紹。

第二節 調查研究的組織與實施

調查研究作為社會科學研究的一種基本方法，符合科學研究的基本程序。也就是說，它是從理性認識出發，經由研究假設、經驗觀察、歸納概括或檢驗假設這幾個階段，再返回到新的理性認識。其具體程序可以概括為：確定課題階段、研究設計階段、調查實施階段、資料分析階段、總結階段五個主要步驟。

一、確定課題階段

確定研究課題，提出理論設想，建立研究假設，這是調查研究的第一步，是進行調查研究的起點。研究課題的選定，不僅能確定調查活動的目標和方向，而且體現出研究者的研究水平，因為選擇和確定課題的過程，是研究者的專業理論知識、研究方法知識以及研究視野、洞察力、判斷力、個人生活經驗、客觀環境條件等方面綜合作用的過程。課題選擇得如何，在一定程度上決定著整個調查的成敗，決定著調查成果的好壞與優劣。這一階段的主要目標是：首先，選取調查主題，提出理論設想。

也就是在現實社會中存在的大量現象、問題和領域中，根據調查者的興趣、需要和動機確定調查主題，如離婚問題、農民工問題、越軌行為等。當然，有時調查的主題也可以由某些委託者確定。其次，建立研究框架，即進一步明確調查的範圍，集中調查的焦點，將比較籠統、寬泛、模糊的調查主題具體化、精確化，圍繞調查主題形成由理論假設組成的理論框架。

二、研究設計階段

研究設計階段是以調查目的為方向進行的選擇和工具準備階段，它涉及調查的思路、策略、方式、方法以及具體技術工具和調查員等各個方面。研究設計是對調查課題具體化操作的設計，從確定分析單位、調查指標、設計問卷初稿、制定抽樣方案、制定時間進度計劃、調查員的培訓組織，直到具體的調查研究方案的確定。

三、調查實施階段

該階段的主要目標就是具體貫徹研究設計所確定的思路和策略，按照研究設計中所確定的方式、方法和技術收集調查資料。在這一階段，調查者要進入調查區域，接觸被調查者，填寫調查問卷；或者間接發放問卷，正式實施調查；也可以結合座談、訪問，收集調查資料。由於調查研究以大規模的樣本為前提，因而，在整個調查實施中資料的收集上需要做很好地組織和實施。概括地說，一項具體調查在資料收集階段的組織與實施工作主要包括下述幾個方面。

1.調查員的挑選

無論是自填問卷法還是訪問法，常常少不了調查員的參與。換句話說，調查員往往是調查研究中資料收集工作的主要承擔者，因此，挑選和培訓調查員也是研究者在調查研究中的一項重要目標。

（1）調查員的一般條件

一般條件是對調查員的一些基本要求，最主要的有四個方面：誠實與認真、興趣與能力、勤奮與負責、謙虛與耐心。

（2）調查員的特殊條件

特殊條件主要是依據研究的主題、社區的性質、被訪對象的特點來考慮的。比如，從研究主題來考慮，調查有關政治、經濟問題時，選擇男性調查員比較合適；而調查婚姻、家庭問題時，選擇女性調查員更合適。又如，從被訪者的特點來考慮，當被訪者為青年時，應儘量選擇青年調查員；而當被訪對象主要為年齡較高、資歷較深、影響力較大的人時，則應選擇年齡較大的調查員。

這即是說，所選的調查員在年齡、職業、社會地位等背景條件上與被訪者越接近越好。再如，從社區的角度來考慮，所選擇的調查員最好是當地的、同民族的、同宗教的人，這樣的調查員由於熟悉被訪地區的風俗習慣、文化傳統、語言特點等，往往能夠順利地開展訪問調查。

除了性別、年齡與地區幾個方面外,教育程度也是一個十分重要的條件。一般來說,教育程度越高的調查員,理解問題、表達問題的能力也越高,應用各種調查技巧的能力也越強,但這不是絕對的。比如,受教育程度高但缺乏社會生活經驗的調查員,往往不如那些受教育程度稍低但社會生活經驗豐富的調查員。

2.培訓調查員

對調查員的培訓常常包括下列步驟和內容:

第一,研究人員要向全體調查員介紹該項調查研究的計劃、內容、目的、方法,及其與調查項目有關的其他情況,以便調查員對該項工作有一個整體性的瞭解。同時,還要就調查訪問的步驟、要求、時間安排、工作量、報酬等具體問題進行說明。

第二,介紹和傳授一些基本的和關鍵的調查訪問技術。

第三,進行模擬調查或訪問實習。

第四,建立起相互聯繫、監督和管理的辦法及規定,以保證正式調查工作的順利開展,包括組織管理措施、指導監督措施、覆核檢驗措施、總結交流制度等。

3.聯繫被調查者

調查的實施要求調查員同樣本中的每一位被調查者都建立起暫時的聯繫。如何順利地使調查員為調查對象所接受,是每一項調查研究都必須面臨和解決的問題。可以考慮以下各種不同的途徑。

(1) 透過正式機構

研究者如果有條件取得某政府機構或有關部門的認可,透過其從上到下的組織系統來聯繫和接觸被調查對象,那麼,調查工作就會十分順利。

(2) 透過當地部門

並不是每個研究者都有如此好的條件或機會得到正式組織的認可和支持，一種替換的方式是儘可能取得當地某些部門的許可和幫助。

(3) 透過私人關係

正式機構和當地部門雖然都有很便利的條件，但是，一方面他們並不歡迎涉及某些特定主題和內容的調查研究；另一方面，即使調查研究的主題或內容並不敏感，但也總是個「多餘的事」或「額外的事」，因此，這些途徑走不通也是十分正常的情況。在此情況下，研究者只得設法去尋找各種熟人、朋友、同學、親戚，甚至透過熟人的熟人、朋友的朋友，以打通與調查對象聯繫的途徑。

(4) 直接與被調查者聯繫

這也許是在其他方法都走不通時，所剩下的唯一途徑。

4·調查的質量監控與補充調查

在調查的實施階段中，除了要求調查員嚴格按照調查計劃的要求和調查進展安排開展調查工作外，作為實地調查工作管理者、指導者和質量監控者的研究人員，必須對這一階段中各個方面的工作進行全面的、及時的把握。其主要目標包括：定期召集調查員會議，聽取調查員每天的調查工作匯報；建立方便實用的管理和聯繫方式，及時解決調查中遇到的新情況和新問題；認真抽查和審核每天完成的調查問卷，發現疑問及時核對；及時總結階段工作，進一步明確後續目標；適時調整調查進度安排，並根據實際情況進行調查人員的重新組織和調查目標的重新分配等。

在調查進行的後期，要特別注意防止調查員因疲勞、熟練、枯燥感等因素而出現厭倦情緒和馬虎、隨意的工作態度，及其給調查質量帶來的影響。此外，在調查實施進度結束前，要及時根據調查中出現的問題進行再次調查或補充調查。作為調查實施中的最後一個步驟，補充調查和訪問對於完善調查資料具有特別的作用。

四、資料分析階

料分析階段在有的書中也被稱為研究階段。這一階段的主要目標是：對調查收集到的原始資料進行系統的審核、整理、歸類、統計和分析。這裡主要進行的是對原始數據資料的整理、轉換和錄入電腦等工作，對數據資料進行各種定量分析。當然，也有對原始文字資料、圖片資料、音像資料等的整理、分類和加工等工作。

五、總結階段

這一階段的目標主要有：撰寫調查報告、評估調查質量、交流調查成果。撰寫調查報告是對整個調查研究工作進行全面的總結。從調查目的、方式，到資料的收集、分析方法，到調查得出的結論、調查成果的質量，都要在調查報告中進行總結和反映。同時，還要將社會調查的成果以不同的形式應用到社會實踐中去，真正發揮調查研究在認識社會現象、探索社會規律方面的重要作用。

在調查研究中，研究框架、調查問卷、資料收集和資料分析這幾個步驟是密切聯繫的。調查問卷是依據研究框架設計的，資料收集是以調查問卷為主的，資料分析主要是對調查問卷中的數據進行彙總、統計的，而統計結果又是對研究框架進行檢驗的。

第三節 問卷法與訪談法

一、問卷法

問卷法因其使用方便、格式統一、較為經濟、訊息量大等優點，成為目前社會科學研究中最常用的方法，美國社會學家巴比將問卷法稱為「社會調查的支柱」。問卷法除了用於調查研究外，還經常被用於實驗研究，很多實驗的前測和後測都是用問卷的形式來進行的。

1.問卷的主要類型

（1）按照填寫主體的不同，問卷可以分為自填問卷和訪問問卷

所謂自填問卷,就是由被調查者本人填寫和回答的問卷。訪問問卷則是由調查者在對被試者進行訪談的過程中,根據被試者的回答來填寫的問卷。訪問問卷可以看作訪談的一種流程提綱和結果記錄。本節所討論的問卷主要是指自填問卷。

自填問卷按發送到被試者手中方式的不同,可分為發送問卷、郵寄問卷和電子問卷三類。發送問卷是由調查者將問卷送到被試者手中,被試者填答完後再由調查者收回。郵寄問卷則是調查者因時間、經費、距離等原因無法來到被試者所在的地方,將問卷透過郵局寄送的方式發放給被試者,被試者填答完成後又透過郵局寄回。目前,互聯網的發展和普及,郵寄問卷有逐漸被互聯網問卷取代的趨勢。

網路發送問卷目前主要有兩種方式:一種是以電子郵件形式發送問卷文件,被試者填答完成後用電子郵件進行回覆,這實際上是郵寄問卷的電子化;另一種是在線調查,即利用已有的問卷調查網站,將設計好的問卷按網站的要求錄入到網站上,然後把網址發給調查對象,被試者只需點擊進入調查者發送的網址,即可對問卷進行填答。被試者回答完成後,網站會自動統一存儲答卷的數據、回答時間、耗時長短等訊息,一些網站還提供進行簡單數據分析的功能。這樣的網站如問卷星、問卷網等。

(2)按照問卷中問題形式的不同,可以分為封閉式問卷、開放式問卷以及兩者的結合

封閉式問卷在問卷設計時就列出可能的答案,被試者按照已列出的答案選擇最符合自己情況或想法的一個選項即可。封閉式問卷因其回答方式簡單,便於統計分析等優點,在調查研究中的正式調查環節被廣泛運用。但封閉式問卷不便於深入獲取訊息,難以獲取研究者事先未想到的材料。封閉式問卷的題項設計形式包括選擇式、排列式、比較式、順序式、定距式等。

與封閉式問卷相反,開放式問卷不事先設置答案,被試者可根據自己的情況自由地進行回答。開放式問卷常用於研究者對某些問題尚未完全掌握的探索性研究中或初始研究中。與封閉式問卷相比,開放式問卷由於對回答基

本沒有限制,所以更便於獲得豐富、深入的材料。但開放式問卷一般很難應用統計技術進行研究。

很多研究會將開放式問卷與封閉式問卷結合使用。通常先用開放式問卷進行前期研究,深入收集大量的訊息和材料後,再以此為基礎設計選擇性問題,編制封閉式問卷,進行更加精確的定量研究。

2.問卷設計

問卷設計是問卷研究中最重要的一個步驟,很大程度上決定了研究的質量。通常,問卷需要包含標題、前言與指導語、問題與答案、結束語等部分。此外,定量研究需要將問卷進行數字化處理,即編碼。

(1) 標題

每份問卷都是根據特定的研究目的而設計的,標題可以一目瞭然地反映問卷的目的和內容。例如,「員工滿意度調查問卷」「大學生創業政策實施效果調查問卷」等。編制標題時要注意用語正式,簡潔明了。

(2) 前言和指導語

標題之後,要對問卷目的及填答要求進行說明,這部分稱為前言和指導語。前言和指導語的格式與信件類似,包含稱呼、問候和正文。其中,敘述調查目的的稱為前言,對問卷填答方法進行介紹的稱為指導語。

前言是對問卷研究目的、內容以及保密措施的說明。前言能夠讓被試者瞭解研究的意義和目的、調查的大致內容、保密措施,以及研究人員的基本情況等。前言不僅體現了對被試者的尊重,也能增強被試者對此次調查的理解和參與度,從而更認真地填答問卷。

對於保密措施的說明,關係到被試者是否能如實填寫自己的真實想法。保密措施常見的表述如「本問卷為匿名填寫」「您的回答僅用於研究目的」「我們會對您的回答嚴格保密」等。

指導語則是對問卷填答方法和要求的說明，有的指導語還附上一兩個例題，幫助被試者正確地填寫問卷。常見的指導語如「請根據自己的真實情況在選項上劃√」「請不要漏掉題目」等。

前言和指導語常常寫在一起，用語儘量簡潔、明確、謙虛和誠懇。有的前言中還會包括感謝被試者的語句。例如：

---

xx問卷

各位xx，您好！

我們正在進行一項有關xx的研究課題。本調查採取匿名填寫，對您的工作和生活沒有任何影響，所獲得的數據資料僅為科學研究之用。

表格左邊是有關xx的描述性語句(請注意：包含正性的和負性的描述)，右邊為1~5個等級的程度性評價。請根據自己的真實體會，在相應的數字上劃「√」。如果是電子版，請在相應的數字上標記下劃線，如「1」，或改為斜體「*1*」

回答無對錯之分，請注意不要漏答。請各位xx盡量客觀回答。感謝您的大力支持！

xx課題組

xx年xx月

---

(3) 問題與答案

問題與答案是問卷的主體部分，問卷的訊息收集就是透過這一部分進行的。問題與答案一般包括兩個部分：

第一部分是被試者的基本情況，又稱為人口學變量，包括性別、年齡、學歷，以及其他和研究有關的需要收集的被試者本人訊息。這部分內容不固定，根據研究需要進行設置。例如，要比較某大學各專業的就業情況，就需要被試者填寫自己所在專業，以及自己就業單位的類型；如果要研究大學生在大學期間的成長情況，可以要求被試者填寫自己的年級。

關於這部分應放在問卷的哪個位置，目前大多數問卷將其放置於引導語後，主體的開始部分。這些變量往往是研究的自變量，放在題目的開頭容易引起被試者的重視，有利於被試者認真作答。也有部分學者認為基本資料可以用於鑒別被試者身份，容易增加被試者的不安全感，比較敏感，應放置在問卷最後。

第二部分是研究所設置問題的主體。這部分根據研究需要的不同，可以設置多種題型和回答方式。關於這一部分的設計將在後面「問卷問題的具體編制」小節中詳細說明。

(4) 結束語

結束語放在問卷的最後，通常有兩種形式：

一種是向被試者表達感謝。如在問卷的末端寫上「再次感謝您的回答！」「謝謝您的大力支持！」等話語。

另一種是設置一個或幾個開放性問題，以收集被試者對所調查問題的深入看法，或者對研究的建議。常見的問題如「對於本問題，您還有需要補充的嗎」或者「對於該問題，您是否還有其他看法」，以收集封閉式問卷中可能未考慮到的訊息。

(5) 編號和編碼

問卷與被試者是一一對應的，即使是匿名調查，也需要給每一份問卷分配一個「身份證號」，以便接下來的數據錄入和回溯檢查。問卷的編號一般在問卷封面的左上方用「編號」的形式出現。問卷回收後由研究者在該處填上問卷的編號。也有一些研究者不設計此項內容，而在問卷回收後直接用筆在問卷上方寫上編號，這種方法可以避免給被試者造成身份洩漏的感覺。

編碼是將問卷答案數字化的過程，其目的是便於錄入電腦，利用統計軟體進行統計分析。如今，各類統計分析軟體廣泛應用，研究者們通常在設計時就會同時考慮如何在問卷回收後能方便地錄入電腦。關於問卷內容編碼的具體方法，在第八章第一節「定量資料的整理」部分詳細敘述。

3. 問卷設計的基本原則

(1) 明確性原則

問題的表述要明確，不能太過模糊、籠統和抽象。如「您所在企業的員工是否助人為樂」，這一問題以所有的員工為對象，過於籠統，不如「與您搭檔的員工是否助人為樂」具體。又如「您認為大學畢業生的工資要求是否

過高」也過於籠統，大學生作為一個數量龐大的群體，難以一言概之地做出統一的判斷。

(2) 單一性原則

一個問題只包含一個內容，不要將兩個甚至兩個以上的問題合在一起來問。如「您與領導、同事是否相處良好」這個問題包含了兩個訊息，若被試者對兩個訊息的反應不一致，如與同事相處好而與領導相處不好，則這個問題無法進行回答。又如「您是否打算另找一份工作以追求更高的薪酬」這個問題看似邏輯合理，如果被試者有另找工作的打算，但原因是離家更近，則也很難回答這個問題。

(3) 非導向性原則

若非因為某種目的，問卷中應儘量設置中性的問題，避免隱含某種假設、提示或者期望，避免題目中體現出某種思維定式。如「運動有利於身體健康，您是否經常鍛鍊」就不如「您是否經常鍛鍊」客觀。對於第一種問法，被試者可能因為前一句話的誘導而做出偏離自己真實情況的回答。

(4) 通俗易懂原則

問卷中的問題在表達清楚的基礎上，儘量用簡潔的、通俗易懂的語句，避免拗口的語句、過於專業化的詞語。如「您的組織承諾中持續性承諾的程度有多大」，非專業人士對此不知所云，不如「你繼續留在現在的單位工作在多大程度上是基於物質上的考慮」明確。

(5) 準確性原則

問卷中表述問題的語言要準確，避免模稜兩可或容易產生歧義的語言。如「您最近購買過香煙嗎」，這個問題的「最近」是指多久以內？三個月？一週？被試者無從知曉，只能靠自己的理解來回答，使得回答不夠準確和統一。

不過，一些關於心理主觀體驗的問題，難以設計得很精確，常常需要用到一些模糊的詞語，如「您是否感到時間過得很快」，這類問題是調查主觀體驗的，相比調查客觀事實的問題要顯得模糊一些。

4.問卷設計的主要步驟

（1）探索性工作

在確定問卷調查的主題以後，問卷具體包含哪些問題，必須經過一段時間的探索性工作之後再決定。問卷編制前通常開展的探索性工作有文獻收集、訪談、開放式問卷等。

文獻收集即透過搜索和閱讀前人對相關主題的研究文獻，從理論上對問卷可能包含的訊息進行收集和界定，來幫助研究者全面、準確地編制問卷的問題。相關方法可參閱第七章中的「文獻法」。

訪談即研究小組深入到問卷調查可能的對象中，圍繞所要研究的問題，與被試者進行開放式的交談。被試者各種各樣的回答可以豐富和深化研究者對研究主題的認識，收集研究者之前尚未掌握的情況，以及幫助研究者對可能的回答形成初步的印象。開放式的訪談對於研究者形成封閉式的問題有十分重要的作用，可以幫助研究者儘量全面地設置封閉式問題的選項。

在一些研究中，該步驟也可用開放式問卷代替，開放式問卷將面對面交流的同樣問題轉變為紙筆的交流。訪談由於更加自然和可進一步追問，從而容易收集到更多、更深入的訊息。而開放式問卷則比較節省時間和人力，可以大量進行。研究中可以將訪談與開放式問卷相結合，取長補短，對重要、典型的調查對象採用訪談的方式，對其他的、數量較多的對象採用開放式問卷的方式，來收集編制初始問卷所需要的訊息。

（2）初始問卷的設計

在探索性工作收集到足夠的訊息之後，就可以設計初始問卷了。初始問卷的編制通常可以從兩個方向進行：

第一個方向是自上而下，即從已經建構的理論出發來編制問卷。這類方法將研究主題層層分解，分解為一級指標、二級指標甚至三級指標，直到可以成為被試者容易進行回答的具體問題。自上而下的方法對應的前期探索性工作通常以文獻法為主，其優點是設計的問卷體系較為完整，理論比較嚴謹，但可能存在對一些新穎的訊息關注不夠的問題。

第二個方向是自下而上地編制問卷，對應的前期探索性工作除了文獻收集，通常還包括訪談和開放式問卷。自下而上的方法通常將訪談所收集到的零散訊息進行彙總，剔除掉重複的、與研究主題關係不大的或者不適合進行問卷調查的訊息後，將留下的與研究主題相關的訊息變成表述簡單明瞭的條目，然後把這些條目編製成封閉式的問題。自下而上編制問卷的優點是充分利用了從研究對象處收集得來的訊息，常常能得到一些研究者事先沒有想到的新訊息，有利於在研究中創新。

但這種方法編制問卷也存在缺點：自下而上編制問卷的質量很大程度上有賴於研究者前期訪談的質量，以及訪談對象的代表性、表達能力、對研究的配合程度等；另外，這樣編制的問卷題項的數量常常比較大，在理論結構上也不是很明晰，還需要後期進一步建構理論框架。自下而上的問卷編制流程主要應用於一些相關研究還很缺乏、理論架構尚未形成的研究領域。

(3) 試測和修改

初始問卷編制好後，要對其進行一次試測。問卷調查作為很多調查研究的核心步驟，如果問卷本身存在缺陷和錯誤，一旦問卷發出，所有潛在的缺陷都將直接展現在被試者面前，然後又帶著使研究者十分遺憾的缺陷回到研究者手中。在這一過程中，即使研究者發現了所存在的缺陷，也無法進行糾正。所以，問卷的設計不應該省略試測這一步驟。

試測的具體方法通常是將設計好的問卷初稿印幾十份，然後在正式調查的總體中選擇一個小樣本來進行試用。這樣，如果問卷存在問題，通常也會在這種小規模試測中出現，這種方法造成了對問卷進行客觀檢查的作用。

此外，也可以將設計好的初始問卷印若干份，分別送給該研究領域的專家、學者、同行以及典型的被調查者等，請他們根據自己的專業經驗和認識，對問卷的質量進行評價和指正。

5.問卷問題的具體編制

按照問題的形式，可以將問卷問題分為開放式問題和封閉式問題。

（1）開放式問題

所謂開放式問題，即只給出提問，而不事先預設答案，被試者根據自身情況進行較為自由的回答。開放式問題一般在某個問題答案種類較多，或者需要廣泛收集調查者尚未完全掌握的訊息時使用。研究早期階段，往往需要用開放式問卷廣泛收集與研究主題相關的訊息。

由於並不預設答案，所以形式比較簡單，只需提出問題，然後留出空白即可。唯一需要考慮的是空白留多大比較合適，空白的大小會給被試者一個印象，即調查者希望其回答多少。開放式問題如：

> 你認為影響學習態度的因素有哪些？
>
> 您對自己的外表滿意嗎？為什麼？

（2）封閉式問題所謂

封閉式問題，即在設計提問的同時，預設好可能的答案，被試者只需在答案中選擇符合實際情況的一項即可。封閉式問題主要用於研究者已經對可能的回答掌握得比較全面的情況。

封閉式問題的優勢是能夠增加問卷的標準化程度，回答的效率，易於運用各種統計方法來進行分析。封閉式問題是調查研究的正式問卷中常見的形式。由於既有問題又有答案，所以，封閉式問題的設計形式較為多樣。

第一，單項選擇問題，即在題項的答案中選擇唯一的選項。例如：

> 您的學歷是：A.小學及以下　B.初中　C.高中　D.大專及以上

　　第二，多項選擇問題，即在答案中選擇一項或多項，其中，有些題對選擇的選項數量沒有限制，有些則有。例如：沒有限制的多選題：

> 您購買飲料時通常基於哪些考慮(多選)：
> A.口感
> B.包裝
> C.品牌
> D.營養成分
> E.價格
> F.朋友的介紹
> G.其他

有限制的多選題：

> 您在選擇工作時最看重的是以下哪些因素(限選三項)：
> A.薪酬
> B.針對專業
> C.企業名聲
> D.工作氛圍
> E.發展潛力
> F.企業文化
> G.作息時間

　　第三，LIKERT式量表。由美國社會心理學家LIKERT於1932年所開發，這種問卷的特點是每一個問題都以陳述句的方式來表述，每一陳述句後設置5個選項（也有學者將3個、7個選項的形式歸入LIKERT量表），包括「非常符合（或同意、贊成）」「比較符合」「不一定」「比較不符合」「非常不符合」5種回答，分別記為5，4，3，2，1。題項中的陳述句以行為描述為主的常用「符合」一詞，態度陳述偏多的可用「贊成」或「同意」。

在被試者填答完之後,研究者對量表各因素得分和整體得分進行計算和分析。需要注意的是,若量表存在反向問題,需將反向問題的分數進行簡單轉換後再加總。反向問題例如:在考察誠信程度的問卷中,可設置題目「我經常撒謊」。

對於此題,選「5——完全符合」,反而得分最低;選「1——完全不符合」,得分最高。這時需要把此題的得分進行**轉置**,5 轉化為 1,4 轉化為 2,3 不變,2 轉化為 4,1 轉化為 5,然後再與其他正向題的得分加總。

由於 LIKERT 問卷適合進行較為高級的統計分析和數據挖掘,如因素分析、回歸分析等,所以,在當今的社會科學研究中應用較多。根據選項的數量,有 LIKERT 三點、五點、七點等形式。

LIKERT 三點形式的問題,例如:

我喜歡聽節奏感強的音樂
1.是 2.不一定 3.否

LIKERT 五點形式的問題,例如:

我經常因為不重要的事而分心
1.完全符合 2.比較符合 3.不一定 4.比較不符合 5.完全不符合

為了實現正當的目的可以通過規則以外的手段
1.完全同意 2.基本同意 3.不一定 4.基本不同意 5.完全不同意

很多量表使用 LIKERT 形式,如著名的心理健康測試量表 SCL − 90(部分):

注意：以下表格中列出了有些人可能會有的問題，請仔細閱讀每一條，然後根據最近一星期以內（或過去）下述問題影響你或使你感到苦惱的程度，在5個方格中選擇一格，劃一個「√」。請不要漏掉問題。

	沒有 1	很輕 2	中等 3	偏重 4	嚴重 5
頭痛	□	□	□	□	□
神經過敏，心中不踏實	□	□	□	□	□
頭腦中有不必要的想法或字句盤旋	□	□	□	□	□
頭昏或昏倒	□	□	□	□	□
對異性的興趣減退	□	□	□	□	□
對旁人責備求全	□	□	□	□	□
感到別人能控制你的思想	□	□	□	□	□
責怪別人製造麻煩	□	□	□	□	□
忘性大	□	□	□	□	□
擔心自己的衣飾整齊及儀態的端正	□	□	□	□	□
容易煩惱和激動	□	□	□	□	□
胸痛	□	□	□	□	□
害怕空曠的場所或街道	□	□	□	□	□
感到自己的精力下降，活動減慢	□	□	□	□	□
想結束自己的生命	□	□	□	□	□

（3）封閉式問題與開放式問題相結合

還有一種問題的設計方法是將封閉式與開放式相結合，即在封閉式問題的基礎上增加了讓被試者能夠自由填寫的部分，以彌補封閉式問題可能造成的訊息遺漏。這種形式常常是封閉的多項選擇與開放式的填空相結合。如：

> 你購買飲料時通常基於哪些考慮(多選)：
> A.口感
> B.包裝
> C.品牌
> D.營養成分
> E.價格
> F.朋友的介紹
> G.其他：　　　　(請填寫)

6·問卷設計中的常見錯誤

問卷研究的初學者常常會出現一些問題設計上的偏差，由於問卷研究一次調查大量的對象，小的差錯會因此被放大，所以，問卷的設計者應該儘可能地避免各種差錯的產生。問卷設計中常犯的錯誤有如下一些。

（1）問題含糊

問題的含義不清楚，不明確，或有歧義。例如，一道對工資狀況進行調查的題目：

> 您目前的工資：A.很高　B.較高　C.一般　D.較低　E.很低

這個問題的各個選項並沒有一個客觀標準，被試者只能按照主觀感受來進行概略的作答。

（2）概念抽象

問題使用的概念籠統而不具體，讓被試者難以進行準確的選擇。例如：

> 您認為中國人的素質：A.很高　B.較高　C.中等　D.較低　E.很低

「素質」是一個複雜的概念，可以包括身體素質、文化素質、心理素質等方面，每個方面還可以繼續劃分為更細的維度。不同的理解，做出的回答就會有所不同，即使被試者做出回答，研究者也難以分辨回答的真實含義。

（3）問題帶有傾向性

好的問卷中的問題應該是中立的、客觀的，不應帶有某種傾向性，否則容易引導被試者往「正確」而非「真實」的方向來回答，這種傾向稱為社會讚許性反應 (SDR)。例如，下面這個問法：

> 「中國式過馬路」是一種違反《道路交通安全法》的行為，您是否有過這種行為？
> A.有　B.沒有

這道題首先對「中國式過馬路」進行了明確的否定，被試者更可能選 B。正確的問法應該去掉前半句，用「您是否有過『中國式過馬路』的經歷」，被試者的回答可能客觀很多。

（4）雙重含義

一個問題應該只包含一個需要被試者判斷的訊息。如果問題包含了兩個或更多訊息，被試者往往難以回答。例如：

> 您的同事 A 的態度和能力是否能滿足崗位的需要？
> A.能　B.不知道　C.不能

這個問題實際上包含了兩個問題，即「態度是否能滿足崗位的需要」和「能力是否能滿足崗位的需要」。如果回答者認為 A 的態度可以滿足，能力不滿足；或能力滿足，態度不滿足，就無法回答這道題。正確的做法是將這一問題分為兩個問題，分別詢問態度和能力是否能滿足崗位的需要。

（5）答案不窮盡

這種錯誤在如今的網路調查中常常發生。例如：

> 您認為目前人們應該主要致力於(單選)：
> A.締造人類未來的美好生活
> B.改善人們今天的生活和福利
> C.繼承和發揚過去的優良傳統

這三個選項顯然不能概括人們各種不同的生活目的和行為目標，人們可能在所列選項中找不到符合自己想法的答案，於是要麼放棄回答，要麼選擇一個接近但不能完全反映自己想法的答案。此題可以在選項的後面再增加一個「其他（請寫明）」選項，來反映被試者另外的想法。此外，該題目還犯了另外一個錯誤，第三個選項實際上與前兩個選項並不能並列，A、B選項描述的是目標層面，C選項是手段、方法層面。

答案不窮盡問題的另外一種表現形式是在答案裡包含了多個訊息，卻又沒有將各種組合列舉完整。例如：

```
您對於韓劇的態度是：
A.很喜歡，經常看
B.有點興趣，有時看看
C.毫無興趣，從不看
```

這道題的答案設置看似合理，卻存在答案不窮盡的問題。如果被試者是「很喜歡，但沒有時間，只能偶爾看」，或者「毫無興趣，但經常陪女朋友看」，則在上述答案中找不到符合的選項。

(6) 問卷中錯字、漏字、多字等文字錯誤

這些錯誤雖然是低級失誤，但研究者一不小心就很容易犯。現在問卷都是用電腦輸入排版，經常發生同音字、同音詞的錯誤。如果一些重要的關鍵字詞出錯而未被發現，問卷發出後造成的損失便難以彌補。

二、訪談法

調查法是社會科學研究方法中最基本的、常用的一種研究方法，在實際運用這一方法時，又有書面的問卷調查和實地的訪談、座談等具體方法。問卷調查、訪談、座談共同體現了調查法的特點和要求，在實際調查中，不能靠其中的一種方法，而應綜合運用，它們之間也可相互印證調查訊息和結果。

1.訪談調查法的含義

訪談調查法又稱訪談法、談話法或訪問法，是指調查者透過與研究對象交談收集所需資料的調查方法，是一種研究性交談。也就是兩個人（或更多人）之間一種有目的的談話，其中由訪談員一方透過詢問來引導被訪者回答，以此瞭解調查對象的行為或態度，最終達到調查目的。

從本質上說，訪談和問卷都是溝通的過程，其目的都在於獲取研究所需的第一手資料。不同的是訪談是以口頭語言的問答來收集訊息，被訪者是先聽後說；問卷則是以書面語言的問答來收集訊息，被訪者是先讀後寫。

訪談通常是面對面的直接言語接觸；問卷則是紙與筆的間接言語接觸。在調查中所用的訪談和一般情況下的談話不同，它是研究性的談話。研究性的訪談與一般的談話最本質的區別是：研究性的訪談是一種有目的、有計劃、有準備的談話，它的針對性很強，談話的過程緊緊圍繞著研究的主題展開，而一般情況下的談話，是一種非正式的談話，它沒有明確的目的，隨意性較強。

2.訪談調查法的特點

訪談調查不同於問卷調查，它是調查者與被調查者面對面直接交談，獲取訊息的方法。一般用於調查對象較少的情況，也可與問卷、測驗調查配合使用。這種方法可以直接觀察到調查對象的非語言行為，獲得感性材料。因此，對較深層次的探索性研究及文化程度低的調查對象有很重要的意義。這種方法的最大特點有二：

第一，它是一種研究性的訪談，是一種有目的、有計劃、有準備的談話，在談話的過程中有非常強的針對性，始終圍繞著研究的主題而進行。這與日常的談話有很大的區別，日常的談話是一種非正式的談話，沒有明確的目的，也不需要進行相關的準備，談話方式也比較鬆散，隨意性很強。

第二，訪談調查是以口頭提問形式來收集資料的，整個訪談過程中調查者與被調查者直接見面，並相互影響，相互作用，形成互動，而以書面提問形式來收集資料的問卷調查法卻不需要調查者與被調查者的直接接觸，它們也由此形成了各自的特點與優勢。

3.訪談調查法的類型

訪談一般以面對面的個別訪談為主，也可採用小型座談會、調查會的形式進行團體訪談，還可以進行電話訪談。訪談既可以作為一種獨立的研究方法，也可以作為其他研究方法中收集資料的輔助方法。

訪談調查法依據不同的分類標準，可以分為多種類型。

（1）按訪談員對訪談的控製程度劃分，有結構性訪談、非結構性訪談和半結構性訪談

①結構性訪談

結構性訪談也稱標準式訪談，它要求有一定的步驟，由訪談員按事先設計好的訪談調查提綱依次向被訪者提問並要求被訪者按規定標準進行回答。這種訪談嚴格按照預先擬訂的計劃進行，它最顯著的特點是訪談提綱的標準化，可以把調查過程的隨意性控制到最小限度，能比較完整地收集到研究所需要的資料。這類訪談有統一設計的調查表或訪談問卷，訪談內容已在計劃中做了周密的安排。訪談計劃通常包括：訪談的具體程序、分類方式、問題、提問方式、記錄表格等。

②非結構性訪談

非結構性訪談也稱自由式訪談。非結構性訪談事先不制定完整的調查問卷和詳細的訪談提綱，也不規定標準的訪談程序，而是由訪談員按一個粗線條的訪談提綱或某一個主題，與被訪者交談。這種訪談是訪談雙方相對自由和隨便的交談。這種訪談較有彈性，能根據訪談員的需要靈活地轉換話題，變換提問方式和順序，追問重要線索，所以，這種訪談收集的資料深入、豐富。通常，質的研究、心理諮詢和治療常採用這種非結構性的「深層訪談」。

③半結構性訪談

在調查中採用的訪談形式，還有一種是介於結構性訪談和非結構性訪談之間的半結構性訪談。在半結構性訪談中，有調查表或訪談問卷，它有結構性訪談的嚴謹和標準化的題目，訪談員雖然對訪談結構有一定的控制，但給

被訪者留有較大的表達自己觀點和意見的空間。訪談員事先擬訂的訪談提綱可以根據訪談的進程隨時進行調整。

(2) 按調查對象的數量劃分，有個別訪談和集體訪談

①個別訪談

個別訪談是指訪談員對每一個被訪者逐一進行單獨訪談。其優點是訪談員和被訪者直接接觸，可以得到真實可靠的材料。這種訪談有利於被訪者詳細、真實地表達自己的看法，訪談員與被訪者有更多的交流機會，被訪者更易受到重視，安全感更強，訪談內容更易深入。個別訪談是訪談調查中最常見的形式。

②集體訪談

集體訪談也稱為團體訪談或座談，它是指由一名或數名訪談員親自召集一些調查對象就訪談員需要調查的內容徵求意見的調查方式。集體訪談是調查研究中一種很好的方法，透過集體座談的方式進行調查，可以集思廣益，互相啟發，互相探討，而且能在較短的時間裡收集到較廣泛和全面的訊息。參加座談會的人員要有代表性，一般不超過 10 人。主持人一般不參加爭論，以免干擾與會者的思路。另外，還要做好詳細的座談記錄。

(3) 按人員接觸情況劃分，有面對面訪談、電話訪談和網上訪談

①面對面訪

談面對面訪談也稱直接訪談，它是指訪談雙方進行面對面的直接溝通來獲取訊息資料的訪談方式。它是訪談調查中一種最常用的收集資料的方法。在這種訪談中，訪談員可以看到被訪者的表情、神態和動作，有助於瞭解更深層次的問題。

②電話訪談

電話訪談也稱間接訪談，它不是交談雙方面對面坐在一起直接交流，而是訪談員借助某種工具（電話）向被訪者收集有關資料。電話訪談可以減少人員來往的時間和費用，提高訪談的效率。電話訪談與面對面訪談的成功率

相差不多,對於學校系統的成員(教師、校長等)而言,透過電話訪談比透過個別訪談更容易成功(據估算,與面對面的訪談相比,電話訪談大約可節約 1／2 的費用)。電話訪談也有它的侷限性。比如,它不如面對面訪談那樣靈活、有彈性,不易獲得更詳盡的細節,難以控制訪問環境,不能觀察被訪者的非言語行為等。

③網上訪談

網上訪談是訪談員與被訪者,用文字而非語言進行交流的調查方式。網上訪談也屬於間接訪談,它甚至比電話訪談更節約費用。另外,網上訪談是用書面語言進行的,這便於資料的收集和日後的分析。但是,網上訪談也有侷限,如無法控制訪談環境,無法觀察被訪者的非語言行為等。同時,由於網上訪談對被訪者在是否熟悉電腦操作以及是否有電腦配備、通訊和寬帶等物質條件有一定的要求,所以,一定程度上也限制了訪談的對象。

(4) 按調查次數劃分,有橫向訪談和縱向訪談

①橫向訪談

橫向訪談又稱一次性訪談,它是指在同一時段對某一研究問題進行的一次性收集資料的訪談。

這種研究需要抽取一定的樣本,被訪者有一定的數量,訪談內容是以收集事實性材料為主,研究一次性完成。橫向訪談收集內容比較單一,訪談時間短,需要被訪者花費的時間較少。橫向訪談常用於量的研究。

②縱向訪談

縱向訪談又稱多次性訪談或重複性訪談,它是指多次收集固定研究對象有關資料的跟蹤訪談,也就是對同一樣本進行兩次以上的訪談以收集資料的方式。縱向訪談是一種深度訪談,它可以對問題展開由淺入深的調查,以探討深層次的問題。縱向訪談常用於個案研究或驗證性研究,這種訪談常用於質的研究。按照美國學者塞德曼的觀點,深度訪談至少應進行 3 次以上。

訪談調查法的類型多種多樣，一個訪談可能同屬於兩種類型，比如，有時面對面訪談也同時是縱向訪談或非結構性訪談，集體訪談也同時是結構性訪談，訪談員可根據研究的具體需要揚長避短，靈活運用。

4.訪談調查法的實施程序與技巧

訪談是一種互動的社會交往過程，在這種互動過程中，調查者只有與調查對象建立起基本的信任與一定的感情，並根據對方的具體情況進行訪談，才能使被訪問者積極提供資料。這就要求訪談人員必須具備良好的訪談技能，並能掌握和靈活運用訪談的各種技巧。一般來說，訪談大體分為訪談準備、訪談過程的控制、結束訪談等幾個階段。

（1）訪談的準備

①準備詳細的訪談提綱

要根據研究的目的和理論假設，準備詳細的訪談提綱，並將其具體化為一個個訪談問題。訪談的問題既要能涵蓋研究主題所涉及的範疇，又要有層次性，提問的方式、用詞的選擇、問題的範圍要適合被訪者的知識水平和習慣，簡單明瞭，通俗易懂。問題編制完成後，最好請有經驗的研究者或同行提修改意見，有條件的話可進行小範圍的「預訪」。

②瞭解被訪者

訪談前儘可能收集有關被訪者的材料，對其經歷、個性、地位、職業、專長、興趣等有所瞭解，瞭解得越清楚，訪談時就會越有針對性；要分析被訪者能否提供有價值的材料；要考慮如何取得被訪者的信任和合作。

③確定訪談的方式與進程

為了使訪談規範，能獲得實效，需事先安排訪談行程，將訪談人員、被訪者、訪問日期及時間做適當的安排。訪談時間最好是被訪者工作、學習不太繁忙，並且心情比較舒暢的時候。訪談的地點和場合的選擇要從被訪者方便的角度考慮，要有利於被訪者準確地回答問題，要有利於形成暢所欲言的訪談氣氛。

④準備訪談所需的材料與工具

訪談前要對訪談內容所涉及領域的相關知識有充分的瞭解，對有關材料做充分的準備，如訪談記錄表、各種證明材料、證件、錄音機、錄音筆、攝像機等。

(2) 訪談過程的控制

訪談調查是人與人之間的交往活動，是社會互動的一種形式。通常，被訪者不會隨意向「陌生人」提供資料。訪談的關鍵在於訪談員的言語表達藝術和交談技巧。

提問、傾聽、回應被認為是訪談中的三項主要工作。在訪談中，這三項工作是相互依存、密不可分的。

①提問

提問要儘可能清楚明確，用口語表達，語氣婉轉。如果採用結構性訪談，就要按事先準備好的訪談問卷，依次提問，不可任意增刪文字或更換題目順序。如果採用非結構性訪談，則要求所提問題短小、具體，避免使用含混、抽象的專業術語。訪談員事先要熟悉訪談問卷的內容，熟悉每一個問題。發問的語氣和態度不要咄咄逼人，要以平等的態度提問。

②傾聽

傾聽是訪談員收集訊息的主要途徑之一，傾聽方式會影響到被訪者的談話內容。常見的傾聽方式有以下幾種：

第一，對回答不做任何評價的聽，包括「接受的聽」和「建構的聽」。

「接受的聽」指的是訪談員主動接受和捕捉被訪者給予的訊息，注意他們談話的實質和探詢其所說語言背後的含義。這是開放型訪談中最基本的傾聽方式，是訪談員理解被訪者需要掌握的基本能力。訪談員要給予對方積極的反饋，讓被訪者明白自己的角色。如不時地使用「嗯」「是」「懂了」「明白了」等非指導性的話語，或用點頭、目光和手勢等非語言訊息鼓勵被訪者繼續講下去。

「建構的聽」是指訪談員在傾聽時積極地與被訪者進行對話，在平等的交流中訪談員和被訪者共同建構新的「現實」。在這種情況下，訪談員用自己的觀點影響對方，得到了對方的接受和認可，從而使訪談的內容成為雙方共同探討的結果。

「建構的聽」需要訪談員有較高的素質，有自我認識和反省的能力，能夠與對方共情，透過雙方互動達到對「現實」進行重構的目的。「建構的聽」是以「接受的聽」為基礎的。

第二，情感層面上的「聽」，包括「無感情的聽」「有感情的聽」和「共情的聽」。

「無感情的聽」指的是訪談員在訪談過程中不僅不流露自己的感情，而且對被訪者的感情表露也無動於衷。這樣被訪者就不會進一步敞開自己的思想。

「有感情的聽」指的是訪談員在訪談過程中能對被訪者所說的話表露自己理解和認同的感情。在這種情況下，被訪者往往會因為受到對方的感染，願意表達自己的情感。被訪者感到自己的情感可以被對方接納，就會比較自由地表達自己的思想和情感。

「共情的聽」指的是訪談員在傾聽中與被訪者在情感上達到了共鳴，雙方同歡樂，同悲傷。這種聽並不是訪談員居高臨下的理解，而是從心底體會到了對方的哀樂，產生了心靈的共鳴。這種聽需要訪談員有較高的素質，能用寬廣的胸懷去接納其他人的不同情感。

③回應

回應指的是訪談員對被訪者在訪談過程中的言行所做出的反應，包括言語反應和非言語反應。回應的目的是使自己與對方建立起一種對話關係，及時地將自己的態度、意向和感覺傳遞給對方。回應會影響到被訪者的談話內容和積極性。常用的回應類型有以下幾種：

第一，認可。認可指的是訪談員對被訪者所說的話表示已經聽見，希望對方繼續說下去。其方式包括言語行為：「嗯」「對」「是的」「是嗎」「很

好」；非言語行為：點頭、微笑、鼓勵的目光。認可是為了維持談話，使對方感到自己被重視、被接受、被欣賞，從而造成鼓勵對方多說話的作用。

第二，重複、重組和總結。重複指的是訪談員將被訪者所說的事情重複說一下。重組指的是訪談員將對方所說的話換一個方式說出來。總結指的是訪談員將對方所說的內容用一兩句話概括出來。這三者雖然形式不同，但都有類似的功能：為對方釐清所談的內容；檢驗自己對對方所談內容的理解是否準確；表明訪談員在注意傾聽並滿懷興趣，從而鼓勵和促使對方繼續往下說。

第三，澄清。澄清是指如果訪談員不能確知被訪者的意思，可請被訪者重複描述一番，以澄清回答內容。如，「我不完全懂您的意思，請您再解釋一下」。澄清是訪談員對被訪者談話的反應，以弄清楚是否理解了對方的陳述。

第四，追問。追問指的是訪談員就被訪者前面所說的某一個觀點、概念、事件或行為進一步探詢。當被訪者的回答不清楚、不完整或不合乎題目的意思時，需要訪談員接著提出一些問題，以獲得滿意的回答，這就是追問。追問的目的是為了更多地瞭解事情的細節或對方的看法。追問要適時，不要打斷對方的思路，還要適合，不要追問對方表現出為難的問題。

第五，自我暴露。成功的訪談員在訪談中並不總是聽和點頭微笑，在適當的時候也應該以適當的方式暴露自己。自我暴露指的是訪談員就對方所談的內容，透過述說自己的經歷或經驗做出回應。這可以使被訪者瞭解到訪談員曾有過與自己一樣的經歷和感受，從而拉近雙方的心理距離，使訪談關係變得比較輕鬆、平等。如「我小時候也很調皮，常常挨老師的批評」。但是這種自我暴露要適當，避免喧賓奪主。

(3) 結束訪談

結束訪談是訪談的一個十分重要階段和步驟，而絕不是無足輕重的一個細節。一般情況下，被訪者保持注意力的時間為：電話訪談 20 分鐘左右，結構性訪談 45 分鐘左右，團體訪談和無結構訪談不要超過 2 小時。以上這

些數據可供訪談人員實施訪談時參考。至於一次訪談究竟花多少時間為宜，應根據訪談的實際情況靈活控制，以不妨礙被訪者的正常工作和生活秩序為原則。

該結束談話的時候，訪談者可有意地給對方一些語言和行為上的暗示，表示訪談可以結束了。如「您還有什麼想說的嗎」「對今天的訪談您有什麼看法」；或斷開話題問對方「您今天還有什麼安排」；或做出準備結束訪談的姿態，如開始收拾錄音機、合上記錄本等。

訪談結束時，不要忘了對被訪者的支持與合作表示感謝，應該向被訪者表示透過訪談獲得了很多有價值的材料和訊息，學到了很多知識。如果這次訪談尚未完成目標，還需進一步調查的話，那麼，必須與被訪者約定下次再訪的時間和地點，最好還能簡要說明再次訪問的主要內容，讓被訪者有個思想準備。

第四節 調查研究法的優點和缺點

一、調查研究法的主要優點

與實驗研究、實地研究等方式相比，調查研究法具有下述主要優點：

第一，調查研究法可以兼顧到描述和解釋兩種目的。

第二，調查研究法嚴格、規範的操作程序，使得其研究結果具有較高的精確性，即描述和概括事物的精確性較高。

調查研究法可以迅速、高效地提供有關某一總體的豐富的資料和詳細的訊息，在瞭解和掌握不斷變動的社會現象方面具有很大的優越性。

調查研究法所具有的定量特徵透過樣本反映總體的特徵，使得其應用範圍十分廣泛，受到廣大社會研究者、政府決策部門人員、市場研究人員以及大眾傳媒的高度重視。

二、調查研究法的主要缺點

儘管調查研究法具有眾多的優點，但其也並不是萬能的。與其他幾種研究方式一樣，它也存在著力所不能及的地方。比如，在探討和分析變量之間的因果關係方面，它不及實驗研究那麼有力。而在對事物理解和解釋的深入性方面，以及在研究的效度方面，它又不及實地研究。在研究的反應性方面，它也不及文獻研究。

特別是調查研究法收集資料所依據的主要是被調查者的自我報告，這種被動的、間接的行為測量方式，往往難以真正瞭解社會現實中人們的行為。同時，它所採用的自填式問卷或結構式訪問的形式，無形中都限制了被調查者對問題的回答，使所得的資料比較表面化、簡單化，很難深入被調查者的思想深處，很難感受到回答者思想和行為的整體生活背景。

三、調查研究法所面臨的挑戰

1. 抽樣隨機性的挑戰

要在實際調查研究過程中切實貫徹隨機原則並不十分容易，研究者將遇到規模與效率之間的矛盾。在大多數情況下，調查研究對樣本規模的要求往往大大超過單純統計學的要求。可是，從實踐上看，調查研究的樣本每擴大一步，研究者為此所付的代價就越大。

2. 自我報告方式的挑戰

一方面，自我報告方式的可靠性依賴於一個前提，即被調查者的回答是真實的。只有所有被調查者都如實向調查者報告他們的實際情況，調查所得到的資料才能用來反映社會現象，探索社會規律。然而，由於調查常常是在被調查者知道自己正在接受調查的情況下進行的，因而，有眾多因素影響、阻礙他們真實回答調查者的詢問。

另一方面，即使被調查者真實回答問題，自我報告方式所得到的資料與實際情況之間，依然有可能存在一定距離。這是因為自我報告方式隱含了另一個潛在的假定：對於任何一個問題來說，回答者都具有共同的理解、共同的衡量標準。然而，這一假定對實際調查研究中的有些問題卻是不成立的。

越是概念比較抽象、含義比較廣、界定模糊、指稱籠統的問題，不同人理解的差別就越大。

3.解釋力的挑戰

對於解釋現象發生的原因來說，調查研究法就有一定的侷限。這是因為，調查研究法所收集的往往是社會現像在某個時間點上的橫切資料，這種單時間點資料造成的一個直接後果就是：調查研究被普遍看作某種相關性的研究方式，而不是因果性的研究方式。

四、問卷法與訪談法的應用示例

案例一：中小學教師環境教育能力的調查

1.調查目的

環境保護是基本國策，加強環境教育是貫徹基本國策的基礎工程，在中小學進行環境教育，是提高學生素質、解決環境問題、實施可持續發展戰略的需要。

聯合國教科文組織跨學科項目「環境、人口與發展」（以下簡稱「EPD」）的研究工作，強調環境、人口和發展等問題應透過一種綜合的方法解決，以便能達到以人為中心的、平等的可持續發展，特別提出教育界的行動對於動員全社會的支持尤其重要。

其中，「探究中小學環境教育、人口健康教育促進社會可持續發展的途徑與方法」是研究重點之一。為了瞭解 EPD 實驗、在校教師環境教育能力的現狀，並以此作為確定今後教師培訓內容與方法的依據，進行了有關實驗學校教師環境教育能力的調查。

2.調查方法及內容

（1）方法及對象

採用問卷的方式進行調查，調查對象為 EPD 實驗學校的教師。

（2）調查內容

①基本情況

教師的學歷、職稱、職務、教齡、任教科目、參加職前和在職環境教育培訓情況。

②環境教育能力

教師對中小學進行環境教育的認識與態度（包括環境教育對提高學生素質的作用、環境教育與現有課程教材的關係）；

教師對環境教育概念的認識（包括環境教育的基本內容）；

教師進行環境教育的基本教學技能（包括分析本學科教學大綱和教材中有關環境教育內容的能力、收集資料的能力、帶領學生開展環境教育活動的能力）；

教師進行環境教育的跨學科合作能力與評價能力（包括與其他學科教師合作開展環境教育的能力、與校外機構合作開展環境教育的能力、對開展的環境教育教學活動的總結與評價能力）。

3.調查指標

教師對環境教育概念的認識：1，3，7題；

教師對中小學環境教育的認識與態度：2，4，5，8題；

教師對繼續教育中進行環境教育的認識與態度：10題；

教師環境教育的基本技能：12，14，15，19，20題；

教師跨學科合作、制定和實施環境教育計劃的能力：13，17，18，21題；

教師環境教育教學與活動的評價能力：16題；

教師的環境意識：6，9，11題。

中小學教師環境教育能力調查問卷

老師：

您好！

本調查是為了開展「環境、人口與發展」項目研究,明確教師培訓方向而進行的。本調查不記姓名,無所謂對錯,為使研究結果真實可靠,我們希望得到您的真實想法。衷心感謝您的合作!

您的基本情況:

單位:　　　　　學歷:　　　　　畢業學校:

職稱:　　　　　職務:　　　　　教齡:

目前所教年級:　　　　　任教科目:

職前是否接受過系統的環境教育培訓(是　否)。

是否參加過在職的環境教育系統培訓(是　否)。

以下問題請根據您的觀點選擇(只選一項,在所選項上打「√」)。

1.環境教育是解決環境問題最基本的、綜合的、有效的措施。

A.贊成　B.基本贊成　C.沒想過　D.不太贊成　E.不贊成

2.環境教育為中小學教育注入了新的內容,對提高學生素質有重要作用。

A.贊成　B.基本贊成　C.沒想過　D.不太贊成　E.不贊成

3.環境教育主要是進行愛護自然環境的教育。

A.贊成　B.基本贊成　C.沒想過　D.不太贊成　E.不贊成

4.環境教育會影響現有課程的教育,影響升學考試。

A.贊成　B.基本贊成　C.沒想過　D.不太贊成　E.不贊成

5.環境教育與我現在所教的課程關係不大,而與別的課程關係更密切。

A.贊成　B.基本贊成　C.沒想過　D.不太贊成　E.不贊成

6.下一代人肯定會找到解決環境問題的辦法,我們現在不必為環境問題過分擔憂。

A.贊成　B.基本贊成　C.沒想過　D.不太贊成　E.不贊成

7·為了適應當前及未來社會的發展,每個公民都應該受到面向可持續發展的環境教育。

　　A·贊成　　B·基本贊成　　C·沒想過　　D·不太贊成　　E·不贊成

8·每位中小學教師都必須瞭解環境教育的原則、內容和方法。

　　A·贊成　　B·基本贊成　　C·沒想過　　D·不太贊成　　E·不贊成

9·環境保護是國家大事,靠個人努力無助於解決環境問題。

　　A·贊成　　B·基本贊成　　C·沒想過　　D·不太贊成　　E·不贊成

10·應該在教師繼續教育中開設有關環境教育的課程。

　　A·贊成　　B·基本贊成　　C·沒想過　　D·不太贊成　　E·不贊成

11·目前改善環境問題最主要的是:

　　A·每個人的努力　　B·公民自發的環保運動　　C·政府制定法律　　D·其他

以下問題請根據您的教育教學實際選擇(只選一項)。

12·備課時注意分析大綱及教材中有關環境教育的要求,以便在教學中滲透環境教育。

　　A·經常　　B·較經常　　C·一般　　D·偶爾　　E·從未做過

13·參加有關環境教育的教學及課外活動專題討論。

　　A·經常　　B·較經常　　C·一般　　D·偶爾　　E·從未做過

14·找出所教課程中與環境教育有關的所有要求和內容。

　　A·經常　　B·較經常　　C·一般　　D·偶爾　　E·從未做過

15·注意收集並自學環境教育有關材料。

　　A·經常　　B·較經常　　C·一般　　D·偶爾　　E·從未做過

16·對於所開展的活動進行總結評價,提出改進意見。

　　A·經常　　B·較經常　　C·一般　　D·偶爾　　E·從未做過

17·與其他科目的教師共同探討開展環境教育的有關問題。

A·經常　　B·較經常　　C·一般　　D·偶爾　　E·從未做過

18·與學校領導、其他教師、環保部門和其他組織等共同設計環境教育和教學活動。

A·經常　　B·較經常　　C·一般　　D·偶爾　　E·從未做過

19·帶領學生在校內校外開展實地環境調查。

A·經常　　B·較經常　　C·一般　　D·偶爾　　E·從未做過

20·充分利用校園環境開展各種環境教育教學活動。

A·經常　　B·較經常　　C·一般　　D·偶爾　　E·從未做過

21·指導學生向學校及有關部門提出環保或改善環境的建議。

A·經常　　B·較經常　　C·一般　　D·偶爾　　E·從未做過

22·您認為在今後的課題培訓中，培訓重點應放在（請排出順序）：（　）

A·環境知識

B·如何選擇、制定教學計劃和策略以實現普通教育和環境教育的目的

C·如何設計環境教育活動

D·如何進行環境教育教學評估

23·您認為在環境教育中遇到的或將要遇到的最大問題是什麼？

問卷到此結束，請您再從頭到尾檢查一次是否有漏答與錯答的問題，衷心地感謝您對我們調查的熱情支持！

案例二：訪談調查實例選段

1·談話目的

調查父母如何對待兒童的侵犯性行為,以及父母對待男女孩侵犯性行為的態度是否一致。

2.準備工作

(1) 將父母對侵犯性行為的一般控制方式分為三類:嚴格制止;放任縱容;有時制止,有時放任。

必要時可設計更多的類型。

(2) 設計談話時所提出的問題,使之能達到獲取所需資料的目的,並現實可行。

(3) 預試,即先找少數父母試問各個問題,看問題是否明確,措辭是否恰當,是否易於理解,會不會產生誤會等。

(4) 根據預試結果,修改談話計劃,制定記錄表格,與談話對象取得聯繫,約定或排定談話時間與順序。

3.談話內容及可能的反應選例

(E 表示談話者的問題,R 表示受談者的反應,括號內是編著者加的說明)

選段1:

E:有些父母認為男孩應當學會保護自己,不受別人侵犯;也有父母認為,男孩應學會自我控制,避免和人打架。您怎麼看這個問題?

(這個問題中對兩種觀點都提出了接受的理由,從而可平衡「社會認可效應」,談話者沒有提供可選擇的答案,故此項為開放式問題。)

R:嗯。我看這兒附近有些孩子挺夠嗆,常見有打架的。我們小時候可不允許這樣的。

(受訪者並未答到點子上,故未能提供可以記錄的反應。)

E：哦。嗯⋯⋯現在有些父母覺得男孩應學會自衛，保護自己不受侵犯；也有些父母認為男孩應該學會自我控制，不要和別人打架。你對這個問題怎樣認為呢？

（談話者只是重複了問題，除語氣詞之外，未加其他含意。）

R：我認為，孩子們應多學會一點自我控制。老是打架，又危險，又讓人看了討厭。

（受訪者講出了自己的態度。如果我們預先規定了一個記錄系統，如規定「不要打架」記為「0」分，「反擊」記為「2」分，二者之間的中性回答記為「L」分的話，此時按該受談者的反應可記「0」分。）

選段2：

E：平時您對兒子說話時，下面的哪種可能性較大：是對他說「要保護自己，不要讓人家打你」，還是說「人家打你你就打他」，還是說「不要和別人打架」呢？

（注意：上例中的問題是針對一般人的態度和行為而說的，而本例中是針對受訪者本人的態度，要求受訪者報告本人行為。由於父母不可能記錄下自己每一次對兒子說的話，故這種對行為的報告可能並非完全準確。此處提出該問題只是為了瞭解父母一般的態度與信條。）

R：嗯，有時我們實在很難做出選擇。在沒有辦法的時候，孩子只好學會自衛。比方說吧，上星期有3個男孩追打他，我真不明白這些孩子的父母怎麼會讓他們這麼幹。最後我沒辦法，只好教他留起長指甲，只要他們來打，就摳他們。這樣果然不敢打了。其實我並不願這麼做，但沒辦法。

（此回答可記作「2」分。）

選段3：

E：要是在學校裡，有個男孩想跟小敏打架，您會對他說什麼呢？是對他說「想辦法打過他」，還是想個另外的什麼辦法來處理這件事呢？

（注意：如果是自由式談話，就可接著再問下去，瞭解那個孩子後來具體怎麼打的，後果如何，等等。）

R：哦，那沒用。我曾跟他去過幾次學校，他們才不會和好呢。

（又是未針對問題直接作答，無法記錄。）

E：那您怎麼辦呢？您會對他說什麼呢？是對他說「想辦法打過他」，還是想個另外的什麼辦法處理呢？

R：我想……兩種可能都有。我告訴他不要惹出麻煩來，不過我也說過，人家要打你，那你就跟他打！

（此處應記「1」分。在談話之後，將受訪者的反應分數累計起來，除以問題數，便可得出該受談者在關於孩子是否應當反擊問題上的均分。）

本章小結

　　調查研究法是社會科學中最常用的定量研究方法之一，具有調查研究內容的廣泛性、調查手段的多樣性、資料收集方法的靈活性、調查研究系統的嚴密性、調查方法的可操作性和實用性、調查結果的自然性和延時性等特點。調查研究法種類多樣靈活，依據調查研究目的的不同，可分為現狀調查、關係調查、發展變化調查、比較調查和原因調查；依據調查範圍的不同，可分為全面調查和非全面調查；依據調查研究內容的不同，可分為綜合調查和專題調查。調查研究的具體程序可以概括為：確定課題階段、研究設計階段、調查實施階段、資料分析階段和總結階段五個主要步驟。

　　問卷法和訪談法是調查研究資料收集的兩種主要方法。問卷作為調查研究方法的基礎，是收集資料的主要工具，按照填寫主體的不同，可分為自填問卷和訪問問卷兩類；按照問卷中問題形式的不同，可分為封閉式問卷、開放式問卷以及兩者的結合。問卷設計是本章的重點內容。通常，問卷的基本結構包括標題、前言與指導語、問題與答案、結束語等部分。在設計問卷過程中要遵循明確性原則、單一性原則、非導向性原則、通俗易懂原則和準確性原則。

總之，問卷的基本結構、設計原則、問題與答案的形式、問題的數量和順序等都具有一套規律。訪談法指的是調查者透過與研究對象交談收集所需資料的調查方法。按訪談員對訪談的控製程度劃分，有結構性訪談、非結構性訪談和半結構性訪談；按調查對象的數量劃分，有個別訪談和集體訪談；按人員接觸情況劃分，有面對面訪談、電話訪談和網上訪談；按調查次數劃分，有橫向訪談和縱向訪談。

一般來說，訪談大體分為訪談準備、訪談過程的控制、結束訪談等幾個階段。訪談人員只有具備良好的訪談技能，掌握和靈活運用訪談技巧，才能使受訪者積極提供資料。調查研究是一個完整的過程，其組織實施、資料的整理分析、調查報告的撰寫都有特定的要求。

與實驗研究、實地研究等方式相對比，調查研究法可以兼顧描述和解釋兩種目的，同時，調查研究法嚴格、規範的操作程序，保證了實驗結果的精確性。但是，這種調查法也存在不可避免的缺點，並受到隨機抽樣、自我報告方式和解釋力等多方面因素的挑戰。

關鍵術語

  調查研究

  問卷法

  封閉式問題

  開放式問題

  訪談法

  結構性訪談

  非結構性訪談

  半結構性訪談

  個別訪談

  集體訪談

面對面訪談

集體訪談

網路訪談

討論題

1.舉例說明挑選調查員時應考慮的一般條件和特殊條件有哪些？

2.在問卷設計中，對問題的表達和提問的方式有哪些常用的規則？為什麼要儘量簡單？

3.安排問卷中題項的順序應按照什麼樣的規則？說明這樣做的理由何在。

4.找幾份實際社會調查中所用的問卷，結合本章的內容，對這些問卷進行分析和評價。

5.結合實際說明問卷法和訪談法各有什麼優缺點。

6.訪問前的準備工作應包括哪些主要內容？

7.試談訪談法的含義、特點和個別訪談的技巧。

案例分析

1960 年，袁隆平從一些學報上獲悉雜交高粱、雜交玉米、無籽西瓜等，都已廣泛應用於外生產中。這使袁隆平認識到：遺傳學家孟德爾、摩爾根及其追隨者們提出的基因分離、自由組合和連鎖互換等規律對作物育種有著非常重要的意義。於是，袁隆平跳出了無性雜交學說圈，開始進行水稻的有性雜交試驗。

1960 年 7 月，他在早稻常規品種試驗田裡，發現了一株與眾不同的水稻植株。第二年春天，他把這株變異的種子播到試驗田裡，結果證明了上年發現的那個「鶴立雞群」的稻株，是地地道道的「天然雜交稻」。於是，袁隆平立即把精力轉到培育人工雜交水稻這一嶄新課題上來。從 1964 年發現「天然雄性不育株」算起，袁隆平和助手們整整花了 6 年時間，先後用 1000 多

個品種，做了 3000 多個雜交組合，仍然沒有培育出不育株率和不育度都達到 100%的不育系來。袁隆平總結了 6 年來的經驗教訓，並根據自己觀察到的不育現象，認識到必須跳出栽培稻的小圈子，重新選用親本材料，提出利用「遠緣的野生稻與栽培稻雜交」的新設想。

在這一思想指導下，袁隆平於 1970 年在海南島的普通野生稻群落中，發現一株雄花敗育株，並用「廣場矮」「京引66」等品種測交，發現其對野敗不育株有保持能力，這就為培育水稻不育系和隨後的「三系」配套打開了突破口，給雜交稻研究帶來了新的轉機。1973 年 10 月，袁隆平發表了題為《利用野敗選育三系的進展》的論文，正式宣告秈型雜交水稻「三系」配套成功。這是水稻育種的一個重大突破。緊接著，他和同事們又相繼攻克了雜種「優勢關」和「製種關」，為水稻雜種優勢利用鋪平了道路。

1995 年 8 月，袁隆平鄭重宣布：曆經 9 年的兩系法雜交水稻研究已取得突破性進展，可以在生產上大面積推廣。到 1999 年，專家對 48 畝實驗田的超級雜交水稻晚稻的實測結果表明：水稻稻穀結實率達 95%以上，稻穀千粒重達 27%以上，每畝高產 847 公斤。這表明「雜交水稻之父」袁隆平又取得「四大突破」：目前超級雜交水稻晚稻畝產量高；稻穀結實率高；稻穀千粒重高；篩選出適合種植的兩個新型香米新品種。

討論：

分析案例，談談袁隆平的成功帶來的研究啟示。

第五章 實驗研究法

學習目標

● 瞭解實驗研究法的特點

● 掌握實驗研究法的應用

● 理解實驗研究法的原理

● 掌握實驗研究法的設計與步驟

●瞭解實驗研究法的優點與缺點

知識結構

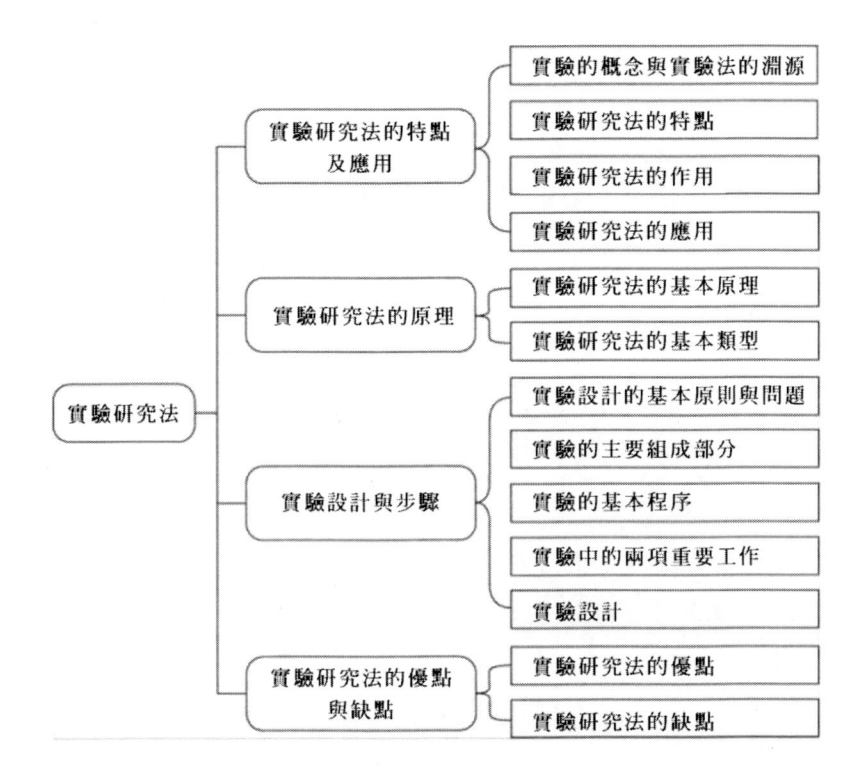

```
實驗研究法 ─┬─ 實驗研究法的特點      ┬─ 實驗的概念與實驗法的淵源
           │   及應用               ├─ 實驗研究法的特點
           │                        ├─ 實驗研究法的作用
           │                        └─ 實驗研究法的應用
           │
           ├─ 實驗研究法的原理      ┬─ 實驗研究法的基本原理
           │                        └─ 實驗研究法的基本類型
           │
           ├─ 實驗設計與步驟        ┬─ 實驗設計的基本原則與問題
           │                        ├─ 實驗的主要組成部分
           │                        ├─ 實驗的基本程序
           │                        ├─ 實驗中的兩項重要工作
           │                        └─ 實驗設計
           │
           └─ 實驗研究法的優點      ┬─ 實驗研究法的優點
               與缺點               └─ 實驗研究法的缺點
```

引入

霍桑實驗

1924 年，西方電器公司在芝加哥的霍桑工廠做了一個實驗 (HAWTHORNE STUDIES, 1927-1932)，這個實驗目的在於找出是否有「疲勞」之外會降低生產力的因素。

工人被分成兩組：一組為控制組，所有工人都在環境不變的情況下持續工作；另一組為實驗組。實驗本身是為了觀察工作環境經過各種改變時，工人的反應情形，並比較兩組之生產力。

霍桑實驗的工作環境改變是透過改變照明亮度來實現的。結果是：亮度增加，生產力增加，但亮度逐漸下降時，生產力仍然繼續升高。更奇異的是：控制組的照明其實一點都沒改變，但生產力仍會上升。甚至，實驗人員延長工時或減少休息時間，生產力也會上升。許多工人都比實驗前更滿意自己的工作。

1927 年，喬治·埃爾頓·梅奧 (GEORGE ELTON MAYO) 應邀去解釋這些不合常理的實驗結果，也被請求做進一步相關實驗來驗證。例如，休息時間自定，或實驗組加薪、控制組不加薪。很有趣的是，實驗組與控制組的產能都提升了。經過幾年的研究，梅奧與同僚終於發現金錢激勵並不影響產能，因為在實驗中加薪或不加薪產能都提升了。進一步瞭解後才知道，這些工人被選出參與實驗時，本身即感到是一種個人的光榮，這種心態又形成整個團隊的榮譽感，而導致「情緒性的連鎖反應」。

換言之，這個實驗結果並未如原先所預期，看來是近乎失敗的實驗。但梅奧與同僚由霍桑實驗中領悟到，團隊歸屬感也能滿足個人的心理需求。賦予員工個人或團隊對某項任務決策的責任，使得個人或團隊更願意將該任務視為己任而全力以赴。

此外，負責該任務的經理人對於整個事件的肯定與關懷，使員工明白他們對組織有獨特而重要的貢獻。霍桑實驗對管理理論有相當的貢獻：它讓工人瞭解自己不僅僅只是機械的延伸；它引發產業界與學術界做了一系列的相關措施與研究；它替管理學開了一扇通往社會科學領域的門；它也令研究者檢討在開展實驗研究時不能與標的物太接近，否則會影響實驗的結果（此稱之為霍桑效應，HAWTHORNE EFFECT）。梅奧與同僚發現經營者要對管理的人性社會面與行為面有更深入的瞭解。

思考：什麼是實驗法？實驗法有什麼作用？我們要怎麼運用實驗法呢？

第一節 實驗研究法的特點及應用

一、實驗的概念與實驗法的淵源

一直都在說實驗，那什麼是實驗呢？實驗就是為瞭解決文化、政治、經濟及其社會、自然問題，而在其對應的科學研究中用來檢驗某種新的假說、假設、原理、理論或者驗證某種已經存在的假說、假設、原理、理論而進行的明確、具體、可操作、省數據、有算法、有責任的技術操作行為。

社會研究中的實驗方法是指經過精心設計，並在高度控制的條件下，透過操縱某些因素，進而研究各變量之間因果關係的一種方法。通俗地講，就是我們有意識地改變變量 A，然後看變量 B 是否隨著變化；如果變量 B 隨著變量 A 的變化而變化，就說明變量 A 對變量 B 有影響，即 B 的變化是由 A 的變化引起的。

從上面對實驗概念的描述可以看出，實驗研究與其他研究方式相比具有明顯的特點：首先，實驗研究需要根據研究目的，有計劃地強化或創造實驗對象所處的環境，在經過加工的環境中對實驗對象進行調查，以便得到在自然條件下難以得到的資料。沒有對環境的一定控制，也就不能稱其為實驗研究。

其次，既然實驗環境是可以控制的，那麼，就可以透過創造相同或大致相似的環境使實驗活動得以重複進行，重複性是實驗研究最典型的特徵。另外，實驗對象的動態性是實驗研究的另一個典型特徵。在社會科學領域的實驗調查中，實驗對象是具有主觀能動作用的人，是參與社會發展的社會成員。

由於社會實驗活動不斷進行，社會環境也在不斷變化，實驗對象本身也必然發生不斷的運動和變化，他們在實踐中不斷地適應和改變自己存在的條件，因此，實驗對象的動態性導致了對實驗環境控制的艱難性。由於這樣的特點，使實驗研究的運用受到限制，但實驗研究的邏輯思想和操作程序使實驗研究在社會科學研究中仍然有重要的作用。

閱讀材料 1：實驗法的淵源

今天我們說物理學、生物學是實驗的科學，應該不會有人再持異議了，然而，連物理學這樣的學科在歷史上也並非一開始就是實驗科學。在兩千多年以前的亞里士多德 (ARISTOTLE) 時代，眾人都認為物理學是非實驗性質的。物理學成為實驗科學是從伽利略開始的，此前的物理學只能算是哲學的一個分支，多數只是對亞里士多德的著作做詮釋，稱不上是實驗科學。

例如，亞里士多德認為，物體在自由下落時重的比輕的落得更快些。長久以來從直觀感覺出發，世人對此一直深信不疑，而伽利略透過在比薩斜塔上做的自由落體的實驗推翻了這個「真理」，使人們認識到自然規律的發現不是靠智者的苦思冥想，而是靠實驗，沒有經過實驗驗證的物理學命題只能算是假設，從而使物理學開始走上了實驗科學的正道。所以，實驗方法並不是哪一門科學所特有的方法，也不是哪一門科學從一開始就有的方法，當一門科學發展到一定程度時，當原有的理論無法說明實際存在的事實時，實驗方法的引入就水到渠成了。

實驗法就是根據一定的研究目的與假設，人為地控制某些因素、突出某些因素，在一種「純化」的狀態下尋求社會現象的因果關係。具體來說，首先將與我們的研究課題有關的各種因素篩選出來，分析這些因素之間的關係，建立我們要驗證的假設或因果模型。

例如，要研究工資制度與工人勞動積極性之間的關係，工資制度就是自變量，工人勞動積極性就是因變量，這是我們要突出的因素，而企業性質、工人素質、工作環境等都是我們要加以控制的變量。然後在嚴格控制其他變量不變的條件下，測量自變量的變化與因變量的變化。最後透過定量分析，就可以發現自變量與因變量之間的因果關係是否存在，或在多大程度上存在。實驗方法的主要特點也就與這種人為控制的「純化」狀況有關。

實驗法對於自然科學來說一點也不陌生，近代科學的發展在很大程度上要歸功於文藝復興以來實驗方法的發展。在社會科學研究中，如果要達到因果解釋的層次，就只有兩種方法：一是相關分析，二是實驗法。相關分析在很大程度上又分享了實驗法的優點，可以說是一種間接實驗。由於社會科學

研究本身的複雜性，實驗方法的應用還不是很普遍，甚至還遠不及其他方法普遍。

二、實驗研究法的特點

關於試圖建立變數間關係的社會研究，有兩種方法：相關分析法 (CORRELATION ANALYSIS) 和實驗法 (EXPERIMENTATION)。在兩項關於人口密度對社會行為影響的研究中，都有相同的研究結果：高密度使人彼此之間不喜歡或導致侵犯性的傾向增長。但這兩項研究採用的方法並不相同。1971 年，格里菲特和維奇的研究採用的是實驗法，他們在控制實驗對象（隨機分派）、控制實驗環境（實驗期間實驗對象關在實驗室內，避免外部因素影響）、控制自變量（密度和溫度）的條件下，觀察人口密度和溫度對社會行為的影響。

而 1972 年，加勒、戈夫等研究者使用的是相關分析法，他們利用芝加哥全部 75 個區的文獻資料，觀察人口密度較高的區域是否也有較高程度的有害影響，例如，死亡率、生育率、青少年無效照管、自私性和侵犯性的行為、精神錯亂等，但他們對自變量（人口密度）無法控制，並且不能排除有害影響的結果。

可以看出，在相關研究中，研究人員對研究環境一般很少控制，往往依靠收集其他資料的方法來對此進行分析，並且許多分析方法僅容許建立變量間的相關關係，而不能試圖建立因果關係。而實驗法的資料是在研究現場進行收集的，對研究環境有一定程度的控制，實驗者要設法建立因果關係，而不僅只建立相關關係，通常因果關係的建立就是實驗的目的。

作為一種收集資料的方法，實驗法的主要特徵和最大優點就是：透過引入或控制某些變量（自變量）來觀察和分析它對另一變量（因變量）產生的影響，可以在社會科學研究中建立類似於自然科學的變量間因果關係。這主要依賴於實驗中的控制實驗對象、控制實驗環境、設置實驗組與控制組，使自變量的作用獨立出來。由於多數實驗可以重複進行，這就使得實驗結果的可靠性和準確性能得到檢驗，尤其是實驗室實驗更是如此。實驗法作為一種認識方法，還具有它本身的一些特點。

(1) 實驗可以使被研究對象以純粹的狀態出現

自然界和社會的事物、現象都是錯綜複雜且又普遍聯繫的，這就給認識帶來了困難。在實驗中，人們可以利用各種手段，把事物現象從複雜的關係中分離出來，排除各種偶然的、次要的因素干擾，人為地控制一些現象發生，另一些現象不發生；一些條件發生變化，另一些條件保持不變。這樣就能使現象的發展過程以純粹的狀態出現，從而認識到一些在自然狀態下難以觀察到的特徵，便於研究它們之間的因果聯繫。

(2) 實驗可以改變或強化被觀察的條件

在實驗中，人們可以利用各種實驗手段，強化某種條件，以便認識在自然狀態下不能或不易遇到的新現象、新事實。在社會實驗中，如果能對某一事物變化的前因後果有所瞭解，對於同類事物，不僅可以根據原因去預測結果，而且也可安排原因去產生預期的結果（此處「安排原因」一語，改用實驗法的用語來說，就是「控制」，也即改變或強化有關條件，由此發現並確定其變化的因果關係）。

(3) 實驗可以使被觀察對象重複出現

在自然條件下發生的現象，由於受時間或其他各種因素的影響，觀察對象往往無法反覆地被人們觀察到。在科學實驗中，人們可以透過一定的手段，使被觀察對象及其結果重複出現。

三、實驗研究法的作用

實驗研究法是社會科學研究方法之一。社會科學研究中的實驗方法就是考察社會客體因受某些可管理因素和可控制因素（變量）的影響而在活動上與行為指標上所發生的數量和質量的變化。列寧曾寫道：「唯物主義明確地把這個尚未解決的問題提出來，從而促進了這一問題的解決，推動人們去做進一步的實驗研究。」社會實驗是社會科學研究的一種高級形式，它根據科學研究的目的，利用科學儀器和設備人為地控制和變革被研究對象，以便在最有利的條件下進行實驗。所以，實驗是認識社會的必要手段，是科學方法中發展較為精密、應用廣泛且成效顯著的一種研究方法。

社會研究要瞭解社會的變化「是什麼」，進而探究「為什麼」，並從中發現原理原則，最後建立某種理論。自然觀察和調查訪問往往只能解釋「是什麼」的問題，而不能回答「為什麼」的問題。為此，人們需要採用實驗法，以進一步瞭解社會存在和變化的各種機制及其關係，因為透過實驗，在研究了各個係數和因果關係之後，就能查明該現象的結果和各個係數的作用。

四、實驗研究法的應用

實驗的方法特別適用於概念和命題相對有限的、定義明確的研究項目以及假設檢驗。在以解釋或描述為目的的這兩類研究中，它更適用於解釋性研究。假定我們想研究對黑人的種族歧視及克服這種偏見的途徑。我們首先假設瞭解黑人在美國歷史中的貢獻將會減少對黑人的偏見，然後對這一假設進行實驗的檢驗。在實驗的開始，我們先瞭解一組實驗對象的種族偏見程度，然後給他們放映一部描述黑人在科學、文學、政治和社會發展上對國家做出的貢獻的紀錄影片。最後，透過度量實驗對象種族偏見程度的變化，確定放映這部電影是否造成了降低種族偏見程度的作用。

實驗的方法還被大量運用於小群互動的研究中，而且相當成功。例如，交給實驗對象小組一項任務，如對某事做出評價，然後觀察這個小組是以何種方式組織起來完成這一任務的。在多個類似的實驗中，可設計不同的任務和報酬，透過觀察各個小組在這些不同條件下如何行動，我們可以瞭解到大量有關小群互動的訊息。

一般認為，實驗就應當在實驗室進行。有一部分實驗確實如此，但不是全部。社會科學家經常進行所謂的「自然性實驗」，即在社會事件的一般過程中進行的「實驗」。

第二節 實驗研究法的原理

一、實驗研究法的基本原理

一般來說，在實驗過程中，研究者透過引入或操縱自變量，以觀察和分析它對因變量所產生的效果，這個過程基本都要遵循一定的分析邏輯。可以把這種分析邏輯簡化為如圖 5-1 所示的一個過程。

在上述過程中，我們先建立假設：X與Y兩個變量之間存在因果關係，推測X現象是造成Y現象的原因，即X→Y。為了證明這一假設，首先我們觀察Y的變化情況，即先測量在沒有受到X的影響之前，Y的情況如何。然後，透過操縱某些條件，引入被看作自變量原因的實驗刺激，即引入X。

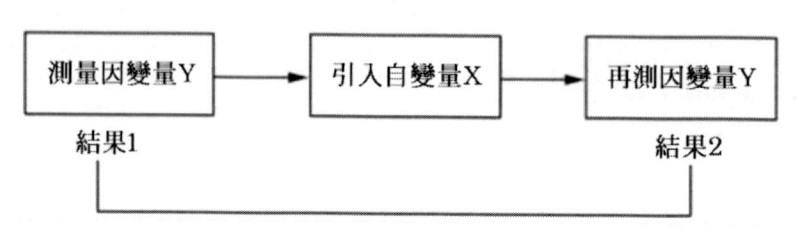

```
測量因變量Y  →  引入自變量X  →  再測因變量Y
   結果1                            結果2
```

圖5-1 實驗法基本原理

接著，再對引入X以後Y的情況進行測量，並比較前後兩次測量的結果。如果前後兩次的情況發生變化，則可以初步認為X是導致Y變化的原因，即可以認為X→Y。

關於這個邏輯過程，我們還可以用一個案例來加以說明，如圖5-2所示。

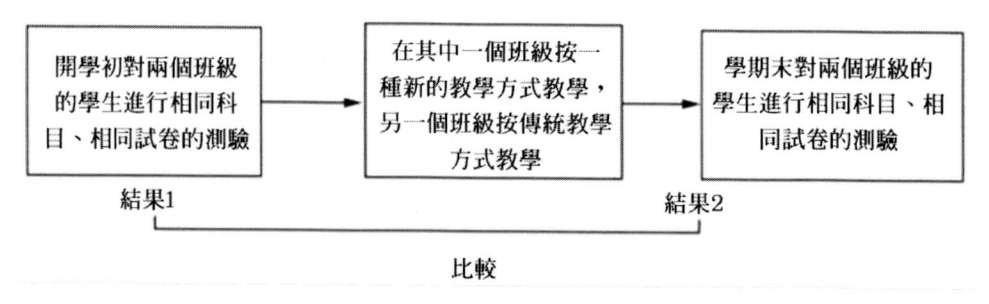

```
開學初對兩個班級    在其中一個班級按一    學期末對兩個班級的
的學生進行相同科 →  種新的教學方式教學， → 學生進行相同科目、相
目、相同試卷的測驗   另一個班級按傳統教學    同試卷的測驗
                    方式教學
   結果1                                    結果2
              比較
```

圖5-2 實驗法基本原理案例

在這個案例中選擇了兩組情況差不多的學生，一組為實驗組，一組為控制組，並在開學初對這兩組學生進行了相同科目和內容的測驗。然後，對其中的實驗組按一種新的教學方法進行教學，控制組按原來的教學方法進行教學。學期末，再對這兩個組的學生進行相同科目和內容的測驗，並對測量結果進行比較。

如果兩組學生後來的學習成績相差無幾，則說明新的教學方式並沒有起作用；如果只有實驗組的學生成績提高了，而控制組的學生成績沒變化，則我們可以將此看作新的教學法所起的作用和產生的影響。

當然，一般情況下，由於任何兩種事物或現象之間的關係，都會同時受到若干其他事物或現象的影響，所以，實際的實驗研究過程要比這複雜得多。

二、實驗研究法的基本類型

1.雙盲實驗

雙盲實驗 (DOUBLE-BLIND EXPERIMENT) 是指在實驗中，實驗人員以外的某個人把實驗對象分派到實驗組和控制組，實驗人員和實驗對象都不清楚哪一組是實驗組，哪一組是自變量組。這一實驗設計可以排除因變量變化是實驗對象「積極配合或有意不配合」的結果，排除實驗人員的「期待」對實驗階段和結果解釋產生的影響。下面，我們透過幾個實驗來說明。

1924—1932 年，美國管理學家以提高生產率為目的，在芝加哥西部電力公司的霍桑工廠進行了一次現場實驗。實驗的基本假設是：工作條件的改善有利於工作效率的提高。實驗對象是該廠負責裝配電話中繼器的女工。實驗透過改善照明條件、增加工間休息時間、允許提前下班、上班時間供應一頓熱餐、改變原來的工資形態等方法，工作效率的確有較大程度的提高。

但當這些措施取消後，生產率不但未下降反而繼續上升。研究者後來才考慮到這是由於女工受到研究者的觀察和重視而造成的。因而，在社會研究中，將由於調查者對調查對象的注意或關注而引起調查對象的變化，稱為霍桑效應，它在除文獻法以外的其他資料收集方法中都會出現。

羅森塔爾和雅各布森在一次對全體學生的測驗中，隨機抽取 20% 的學生交給教師，並告訴教師說這些學生會比其他學生更有發展潛力，其實這些抽取的學生和其餘學生在能力上、發展潛力上沒有任何差別。8 個月後對全體學生的再次測驗發現，被抽取學生的成績顯著提高，並且教師對他們的評語也好於其他學生。他們還進行了多次類似實驗，結果都表明：對他人行為的

期待，可導致他人向期待方向發展或改變。或者說，實驗人員的期望影響實驗結果。

在新藥效果實驗中，研究者可以按經典實驗設計方法，新藥只給予實驗組而不給予控制組，將兩組治療效果進行比較以得出新藥效果。但是，這種設計不能排除某種心理因素產生的影響，如因為被給予新藥而產生的心理寬慰對病人的治療效果也是非常積極的。為此，研究者先採用「單盲實驗」，即實驗組給予新藥，給予控制組「寬心丸」，兩組病人並不清楚自己所吃的到底是新藥還是「寬心丸」，這樣他們受到的心理作用是相同的，此時比較兩組效果應該能清楚新藥的治療效果。

但是，醫務人員的期待對實驗結果也會產生影響。當醫務人員知道哪一組是實驗組後，就可能在語言、表情、動作等方面不自覺地「期待」這一實驗組發生變化，甚至將微小變化誇大為明顯效果；而同時期待控制組不要發生任何變化，甚至對控制組發生的變化也置之不理。

以上實驗說明，實驗人員的態度和行為也會影響實驗進行、行為測量、結果解釋，因而就有必要設計「雙盲實驗」。如在新藥效果實驗設計中，醫務人員並不清楚哪一組給予的是新藥或「寬心丸」，這樣，醫務人員的觀察就會更加客觀，從而對新藥實際效果的解釋就更準確、更加科學。

2.標準實驗與準實驗

根據對實驗環境、變量的控制及實驗設計的嚴格程度，實驗法可以分為：標準實驗與準實驗 (QUASI-EXPERIMENT)。標準實驗即經典實驗，一個完備的標準實驗應當具備以下幾個要素：兩個或多個相同的組、前測和後測、封閉的實驗環境、實驗刺激的控制和操縱等。

在社會研究中，由於研究對象的性質與自然科學的研究對象有很大差別，社會科學不能像自然科學那樣，在設備良好的實驗室中，嚴格控制各種條件進行實驗，因而，社會研究多採用準實驗的方法。準實驗與標準實驗在基本原理、實驗程序上並沒有很大區別，只是在對實驗對象、實驗環境、自變量、

外部因素等影響因變量變化的各種因素上難以加以控制，或者不如後者控制得那麼嚴格。

準實驗的假設並不一定是因果關係的假設，也可能是相關關係的假設；它的實驗對象很少採用嚴格的隨機抽樣，通常缺乏前測和控制，多在研究現場進行；它常常依據現場的條件和可能性來設計實驗方案，並對標準實驗設計予以簡化。

由於種種限制，準實驗常常不能隨機分派實驗對象到實驗組和控制組，造成兩組對象在基本特徵上有較大差別，即「非等同的」(NON-EQUIVALENT)。準實驗主要有下列幾種形式。

(1) 相關設計 (CONNECTIONAL DESIGNS)

它通常指相互分類設計，它的形式近似於兩組無前測實驗 (POSTTEST-ONLY DESIGN WITH NONEQUIVA-LENT GROUPS)，即實驗組和控制組都沒有前測，實驗組中引入自變量，兩組都進行後測，但兩組實驗對象是根據自變量的要求選取的。海斯 (HEISS) 使用了這一方法分析美國黑人的婚姻持久性（因變量）與其父母家庭婚姻持久性（自變量）的關係，實驗組成員的父母都離過婚，控制組成員的父母都沒有離過婚。實驗結果為實驗組和控制組的離婚率分別為 39·2% 和 31·2%，似乎證明了假設。

但實驗存在兩個缺陷：一個是沒有對實驗對象進行控制，無法排除年齡、文化程度、職業、父母離婚時間等因素對研究的影響，因此，我們通常採用統計分析中控制變量的方法來解決此問題；另一個缺陷就是缺少時間序列的比較，解決方式是增加事後回溯設計，即在引入自變量進行後測之後，詢問他們過去的情況，以與後測值比較，但人們的回憶常受目前狀況影響而產生記憶不清或無意識的選擇性回憶的現象。

(2) 時間序列設計 (TIME-SERIES DESIGNS)

它是對相關設計的補充，也是一種交互分類設計。不過，前測與後測包括多個時點，由此組成了一個較長時間序列的觀測值，從這些因變量的變化趨勢可以發現自變量的影響程度和影響過程。如分析物價改革（自變量）與

人們對政府信任程度（因變量）之間的因果關係，從物價變動很大的城市選取一個實驗組，從物價變動不大的城市選取一個控制組，然後收集和比較不同時點上兩組對政府的信任程度的資料。

時間序列分析實際是歷史研究中的趨勢研究，一般用於研究較長時期內人們態度和價值觀念的變化，但應注意：第一，它需要較多的人力與經費支撐；第二，它無法確認在這一時期發生的其他社會事件是否對因變量造成影響；第三，測量態度與價值觀的變化比較困難，因為它要不斷地觀測社會變化和新的社會現象，很難利用現成的量表和問卷，因而無法確定測量工具的正確性。

(3) 非等組前後測設計 (PRETEST AND POSTTEST DESIGN WITH NONEQUIVALENT GROUPS)

它的形式與經典實驗設計相同，即實驗組與控制組都進行前後測，但兩組實驗對象是不等同的。如果研究加入了共青團（自變量）對青少年思想和行為的影響，那麼，青少年違法率為因變量，以團員為實驗組，非團員為控制組，兩組都進行前後測。這種實驗不僅可以得到兩組後測的差異，也可以知道前測的差異。

它還可以獲得更多的訊息，如發現違法率是隨年齡的增長而增長的，就需要對實驗結果的解釋再加上考慮年齡因素，並重新調整原來的假設。但是由於兩組是不等同的，因此，只能推論它們之間的相關關係，而不能推論其因果關係。

3·實驗室實驗和現場實驗

根據實驗場所的不同，實驗可以分為兩類：實驗室實驗和現場實驗。

實驗室實驗 (LABORATORY EXPERIMENT) 是在有專門設備的實驗室中進行的，實驗環境、變量都相對容易控制，實驗者能夠比較確切地觀察到自變量對因變量的影響。但是，在研究內容上侷限性較大，許多研究者感興趣的課題無法在實驗室中進行，並且它所獲得的結果難以推及至非實驗對象和社會環境之中，所以，它多應用於心理學等領域。

例如,經濟學家卡門斯、哈雷森、羅斯特龍姆利用實驗室方法(包括經濟刺激)來測試人們是否願意為環境的改善或風險的規避支付費用。一些經濟學家還嘗試在實驗室裡測量行為參數,或者是在實驗室中模擬現實的經濟過程。

例如,豪格特就展示了能測量寡頭壟斷廠商的「反應函數」,而加曼也嘗試模擬紐約股票交易的過程。著名的實驗室實驗之一是阿希的從眾性研究:實驗對象要求對幾根線的長短做出判斷,每次實驗只有一個真正的實驗對象,其餘三個都是研究者的同事。這名實驗對象常常面臨這樣一種困境:他的眼睛告訴他的是一回事,而在他前面回答的其他三位都一致認為另外一些是正確的。研究發現,前面參與回答的其他三位實驗對象都一致認為另外一些是正確的,只有少數實驗對象能始終堅持自己的意見。

在社會研究中,更多的是使用現場實驗,而不是實驗室實驗。現場實驗(FIELD EXPERIMENT)在實際場所中進行,實驗對象並不與他們所生活的自然環境相分離,研究者可以在真實的社會生活背景中觀察到人們自然的反應。它也遵循實驗法的基本程序,但與實驗室實驗相比,研究者常常難以對影響因變量的許多因素和環境加以控制,從而難以孤立出自變量的影響程度。因而對實驗設計要求並不很嚴格,它實際上是一種準實驗。以下透過實例來說明現場實驗設計。

社會學家設計了多種實驗,以觀察人們的行為與態度。在「偷啤酒案」中,兩名實驗人員在售貨廳分別扮演售貨員和進行盜竊的顧客。在這一實驗中,盜竊者進入售貨廳,然後詢問售貨員:「你這裡最值錢的啤酒是什麼?」售貨員回答是「羅溫布勞」後,就藉口到庫房查看貨物而離開。然後,盜竊者就會抬走一箱啤酒,並對在場的其他顧客說:「他們永遠不會發覺丟失這一箱啤酒的。」等售貨員回來時,在場顧客的反應是這項實驗的目的,從這種反應可以瞭解人們對盜竊行為的態度以及對他人利益的關心程度。

實驗發現:當只有一名顧客在場時(48 例),有 20% 的人會立刻向售貨員報告,有 45% 的人是經售貨員詢問之後才開始報告的,兩者合計 65%。當有兩名顧客在場時(48 例),有 56% 的人會立刻報告或在被詢問後報告。

這說明：在其他顧客在場的情況下，實驗對象更可能採取與己無關的態度和行為，第二名顧客的在場起了抑制報告的作用。實驗也發現：增加盜竊數量並不會增加報告率，實驗對象的性別對實驗結果也沒有影響。

謝爾夫使用實驗法研究了群體衝突，他首先提出一系列的假設：

第一，如果兩個群體彼此競爭，那麼，便會逐漸產生敵意；

第二，如果兩個群體彼此間有敵意，那麼，僅僅只讓他們相互接觸並不能有效地減少群體間的衝突與緊張；

第三，如果有敵意的兩個群體強烈需求某物，而只有共同努力才能得到的時候，那麼，他們就會聯合起來達到這一個目標；

第四，如果有敵意的兩個群體透過共同努力達到目標，那麼，彼此間就會變得非常友好。

於是，他與同事設計了一個單組無前測實驗（下一節會有介紹），以一些具有相似社會背景的十一二歲的男孩組成的夏令營作為研究背景。

在第一個階段，研究者隨機地將這些男孩分成兩組，彼此分隔開來，透過外出野餐、改進游泳設施、尋寶遊戲等活動，每一組內部都形成了明確的等級、群體規範和凝聚力。這樣，該實驗的前提條件（兩個相似的、具有很強凝聚力的群體）就形成了。

在第二個階段，研究者透過以組為單位的競爭性比賽（籃球賽、橄欖球賽等），發現群體間的辱罵、扭打以及發生襲擊的事件增多。透過社會距離尺度心理測量和群體行為的問卷調查，證實兩個群體間存在對抗性，這樣就證實了研究的第一個假設：群體競爭產生敵意。

在第三個階段，研究者安排兩個群體一起看電影、放爆竹、共吃晚飯等愉快性社會活動，但是這些活動不但沒有減少衝突，相反還提供了他們相互責罵、相互攻擊的機會。對這些行為的觀察和第二次問卷調查的結果證實了研究的第二個假設：愉快地接觸並不能有效地減少敵意。

在第四個階段，研究者設計了一些緊急情況以引入具有共同目標的活動這一自變量。其中一個是切斷水源，而成功修復則需要兩組的每一個成員的大量工作才能完成。當他們在抱怨時，已經在一起工作了。當水源修復成功，他們要求再放一場電影以示慶賀。但研究者利用這一次機會，再次引入需要共同努力才能實現的活動這一自變量，他告訴孩子們現在已經無錢購買這部電影，如果一定要看的話，他們需要共同進行支付。最後孩子們投票選擇觀看影片，共同支付費用。這一階段的心理測量和研究者觀察都證實了研究的第三、四個假設：共同需要導致群體聯合，群體合作成功增進群體友誼。

研究結果表明：社會交往並不一定能夠產生友誼，反而可能提供加劇衝突的機會。但當群體為共同目標而一起工作的時候，群體間敵意與衝突便會消失，從而達到一種和諧的境界。這樣，謝爾夫透過相對控制實驗環境、利用各種機會成功引入自變量，驗證了研究假設。

第三節 實驗設計與步驟

一、實驗設計的基本原則與問題

對任何一項科學實驗來說，應遵循的基本原則都包括以下四個方面：

第一，必須能夠使實驗再現，凡是不能重複的實驗，就不能算是成功的實驗，偶然的結果，往往不能說明任何問題；

第二，先進行整體實驗，然後再進行部分實驗，並按步驟排除各種可能性，這樣，可以在初始階段就明確所考慮的假說是否正確、技術路線是否可取等，從而使實驗少走彎路；

第三，做實驗時，必須在技術上採取謹慎的態度，儘量孤立因素和固定條件；

第四，估計所需要使用的器材是否準備齊全，當方案中所需的器材確實無法解決時，應適當地修改設計方案。

作為社會科學的實驗研究，其核心的問題是對自變量與因變量之間的關係做出客觀、準確的反映，所以，上述原則中實驗的可重複性和可控制性顯

得尤其重要。從某種程度上來說，缺乏可重複性是任何需要觀察卻不能重複觀察的實驗研究的嚴重問題，因為自然數據往往是在特殊的、不可重複的時間和空間背景下取得的，一些不可觀測的因素也一直處於變化之中。

所以，在進行實驗研究時，可能存在內在無效度(INTERNAL INVALIDITY)和外在無效度(EXTERNAL INVALIDITY)兩種情形，這是社會科學實驗設計需要解決的基本問題，這些問題的解決是實驗設計所必須遵循的原則。下面我們來瞭解什麼是內在無效度和外在無效度。

1·內在無效度

內在無效度是指實驗的結論沒有正確地反映實驗本身。在任何時候，只要實驗以外的因素影響了因變量，就會造成內在無效度。內在無效度的主要來源有：

（1）歷史事件

在實驗過程中發生的歷史事件將導致實驗結果的模糊。比如，突發的地震災害可能導致正在試行的公共醫療改革方案發生目標偏離。

（2）實驗對象的逐漸成熟

由於人的心理、生理狀況總是在不斷發生變化，所以，一項長期或短期的實驗結果會或多或少地受到這些因素的影響。

（3）實驗本身的影響

實驗過程本身會影響人們的行為，從而影響實驗結果。

（4）不同的度量尺度

如果事件的前測和後測度量的尺度不一致，則會影響到實驗結果。

（5）極端值的影響

如果因變量是一個極端值，即不可能再低或者再高了，那麼，無論自變量是否發揮作用，結果都將變化，即變高或者變低，從而會導致研究結論的錯誤。這稱之為向平均值的回歸。

（6）選擇的偏差

分組時產生的偏差，導致組與組之間缺乏可比性。

（7）多種交互作用

有時多種原因的交互作用會影響實驗結果。

（8）實驗處理中的傳播與模仿

假如實驗組和控制組之間可以進行相互溝通，那麼，實驗的受試者就可能把一些實驗刺激的因素傳遞給對照組的受試者，從而影響實驗結果。

（9）補償心理

在現實生活中所做的實驗，有時會給對照組和控制組的對象帶來利益或者損失，於是產生了補償心理的問題。在這種情況下，控制組就不是真正的控制組了。實驗結論就不能真正反映實驗本身。

2.外在無效度

內在無效度說明的是可能導致實驗內部失真的因素，除此之外，實驗者還會遇到外部失真的問題，即實驗結果能否推廣應用到現實生活當中去。我們把這些外部失真稱作外在無效度。

影響實驗結果概括性的原因之一是實驗本身與實驗刺激之間的相互作用。例如，在一個測試看電影對於人們對精神病人偏見的影響的實驗中，發現看電影的受試者對精神病人的偏見程度確實降低了。但是我們需要反思的是，在現實生活當中，人們在電影院看完這部影片之後，能夠產生同樣的效果嗎？顯然，僅僅包括實驗組和控制組在內的古典實驗設計（也稱簡單實驗設計）難以解決這一問題。於是，人們採用多組實驗設計（所羅門三組和四組設計，下文會有介紹）來解決這個問題。

以上談到的內在無效度和外在無效度是社會科學實驗設計需要解決的基本問題，其解決的方法以及需要注意的問題構成了實驗設計的基本原則。所有的實驗設計方法的分類都是以這些基本原則為依據的。

二、實驗的主要組成部分

無論是在自然科學中，還是在社會科學中，大多數實驗都包括三對主要組成部分：自變量與因變量、實驗組與控制組、前測與後測。不同的實驗設計實質是這三對組成部分的不同組合形式。

1.自變量與因變量

無論是在自然科學中，還是在社會科學中，大多數實驗都包括三對主要組成部分：自變量與因變量、實驗組與控制組、前測與後測。不同的實驗設計實質是這三對組成部分的不同組合形式。

1.自變量與因變量

實驗的基本目標就是建立因果關係，基本內容是檢驗自變量對因變量的影響：自變量 (INDEPENDENT VARIABLE) 是引起其他變量發生變化的變量，又稱為原因變量 (CAUSAL VARIABLE) 或者實驗刺激 (EXPERIMENTAL STIMULUS)；因變量 (DEPENDENT VARIABLE) 就是結果變量，往往是實驗研究所要測量的變量。

2.實驗組與控制組

實驗組 (EXPERIMENTAL GROUP) 是實驗過程中接受自變量刺激的一組對象。即使在最簡單的實驗設計中，也會有一個實驗組。控制組 (CONTROL GROUP) 是實驗對象的基本方面都與實驗組相同，但在實驗過程中不給予自變量刺激的一組對象。

設計它的主要目的是：將研究本身（如前測和後測）對實驗對象的影響與自變量的影響區分開。在實驗設計過程中，研究者不僅要觀察引入自變量的實驗組，同時也要觀察沒有引入自變量的控制組，並透過比較觀察結果，分析說明自變量的作用與影響。

事實上，在社會研究中設置控制組來源於羅易斯里斯伯格 (F. J. ROETHLISBERGER) 和迪克遜 (W. J. DICKSON) 在 20 世紀 30 年代初的研究。在他們的一項研究中，他們試圖發現提高工人勞動生產率的辦法是否與

工作條件改善有關。在研究過程中，他們發現某些工作條件的改善，如增加照明設備可以提高工人的勞動生產率，當照明繼續增加時，勞動生產率繼續上升。

為了從反面證明這一發現，他們降低了照明度，期望勞動生產率會相應下降，但令他們驚訝的是：勞動生產率仍然上升。事實證明，實驗期間勞動生產率的上升是由於工人們發現有人在觀察他們，而不是由於勞動條件的改善，這一現象就是有名的「霍桑效應」。從這一實驗開始，研究人員在進行實驗研究時都要考慮實驗本身所產生的影響，所以，設置控制組在實驗研究中是一種較好的辦法。

3.前測與後測

在實驗設計中，通常需要對因變量進行前後兩次完全相同的測量：第一次是在引入自變量之前，稱為前測 (PRETEST)；第二次則在引入自變量之後，稱為後測 (POSTTEST)。研究者透過比較前測、後測的結果來衡量因變量在引入自變量前後所發生的變化，反映自變量對因變量所產生的影響。

對實驗對象進行前後測，可能產生一些問題：

第一，由於前後測通常相隔一段時間，因而在這一期間內可能會發生種種事情，影響假設的檢驗。例如，社會重大事件的影響，實驗對象在生理、心理上的成長、成熟及其所帶來的變化的影響。

第二，實驗邏輯要求前後測的形式、內容完全相同，但實驗對象可能更加熟悉測量方式，瞭解調查目的，明白他們的角色，從而有意改變他們的回答，以迎合實驗者的意圖，或故意唱反調、影響結果的客觀性。

第三，前後測環境不一致所造成的影響。比如，實驗者和實驗對象在前後測時的心理狀態不同，對實驗者和實驗對象的指示不同，對實驗說明的方式不同，實驗的物質設備、工具不同，實驗時間的控制、要求不同。

第四，實驗對象缺損產生的影響。由於需要進行前後測，並且兩次都是同一群人，所以會有因為實驗對象自願退出、工作調動、住所搬遷、臨時外出等情況而無法對他們進行後測的可能。

種種原因造成的實驗對象缺損可能與能繼續參加實驗後測的對象存在差異，從而影響實驗結果，如自願退出的可能反映出實驗對象對研究意義的不關心、對研究內容的敏感不安以及自己感覺文化程度、表達能力不如其他人等。

三、實驗的基本程序

與其他社會研究方法一樣，實驗法也遵循著從選題直到得出研究結論的基本邏輯過程。只是由於在對象選擇、研究設計、變量測量、資料收集等方面的獨特性，實驗法在具體研究程序上有所不同。完整的實驗一般應有以下步驟：

第一，查閱文獻，確定研究問題、研究目的及其可行性。

第二，建立兩變量因果關係的簡明假設，它是實驗法的起點。明確自變量、因變量，它們越清楚明確，越便於實驗設計和實施。

第三，根據實際條件進行實驗設計來檢驗假設。如選擇實驗場所、設備、觀測工具等，如何引入自變量或創造引入自變量的實驗背景，如何對因變量進行有效的和可信的測量。實驗設計有多種形式，它們的複雜程度、嚴格程度、結果準確程度、實施的難易程度、存在的侷限程度都不同，研究者應根據客觀條件來決定採用哪一種實驗設計。同時，實驗背景建立的目標是避免除自變量以外的其他因素影響因變量，為檢驗因果關係假設提供條件。

第四，根據實驗設計，建立實驗環境，對自變量和因變量進行預實驗。

第五，選取實驗對象，採用隨機、指派等手段分組，並對他們進行詳細的指導。兩組相同或相似的實驗對象是實驗的必備條件之一。

第六，對所有組中的實驗對象進行因變量的前測。

第七，在實驗組中引入自變量，進行實驗刺激。這是整個實驗中十分關鍵卻又十分困難的一環。

第八，對所有組中的實驗對象進行因變量的後測。

第九，告訴實驗對象有關實驗的真實目的和原因，詢問他們的實際感受，尤其當實驗對象覺得在某些方面被欺騙時，說明更為重要。

第十，整理與分析所收集的資料，得出實驗結果，判斷假設是否被證實，撰寫研究報告。

需要說明的是，一項實驗所進行的程序應能被其他研究者重複。實驗法是社會科學研究中與自然科學最接近、程序與操作最嚴格的收集資料方式，可重複性是必須具備的，也是實驗結果具有高度確定性、可檢驗性的重要基礎。

四、實驗中的兩項重要工作

在上述實驗步驟中，有兩項工作是完成研究目的的基本工作。

1.實驗組與控制組中實驗對象的選擇

實驗對象通常是透過這三種途徑得到的：自願參加、徵募參加、強制參加。但這三種途徑所得到的實驗對象都不能很好地代表一般公眾。自願參加者往往比一般人更熱衷於科學研究，具有較高的社會參與意識和較強的冒險精神；徵募參加者往往具有經濟比較緊張的特點；強制參加者中研究者能控制的，如學生、犯人與一般人的差異也顯而易見。

在整個實驗過程中，實驗組、控制組的實驗對象必須在基本方面是相同的，否則這兩組對象的前後測所得結果的差異就不具有可比性。或者說，這兩組對象前後測之差並不是自變量的影響，其中可能還夾雜著由這兩組對象本身的差異所造成的結果。為了排除這一影響，實驗設計中必須解決實驗對象的選擇問題。

在實驗法中，解決此問題的常用方法主要有隨機法、配對法、納入法三種。

隨機法是完全按照隨機抽樣的原理和方法將實驗對象分配到實驗組和控制組中。這是最常用的方法，也是理論上最有效的控制實驗對象、影響實驗

結果的方法。因為根據隨機原則,從一個總體中選出兩個群體,各種干擾變量會以同樣的方式對兩個群體產生影響。

即使出現差異,也只能是抽樣誤差引起,而不會造成系統偏差。具體方法:如拋硬幣,硬幣為正面的到實驗組,反面的在控制組;按照單、雙號(實質是等距抽樣),雙號和單號分別到實驗組、控制組;按照實驗對象隨機排列的先後順序,前一半和後一半分別到實驗組、控制組。

配對法是找出兩個各種條件完全相同的或幾乎完全相同的實驗對象進行配對,然後將一個分 120 到實驗組,另一個分到控制組。但是,這在現實中是難以做到的。

第一,實驗者只能對意識到的對因變量可能有影響的變量進行匹配,而實際生活中還有大量研究者沒有意識到但對因變量也有影響的變量。沒有被意識到的變量顯然不會被用來與實驗對象進行匹配。

第二,人們的某些特徵難以操作化為具體的、可觀測的指標,如動機、性格。

第三,隨著需要相同變量數目的增加,現實中符合條件的對象數目將急劇減少。

所以,配對法經常採用的配對標準是:與研究目的密切相關的變量,而暫時忽略和放棄那些與研究目的關係不大緊密的變量。

另一種配對的途徑類似於配額抽樣,直接將實驗組與控制組的總體結構配對一致,然後尋找實驗對象。配對法常與隨機法一起使用,而很少單獨使用,它的做法是先將每個實驗對象予以配對,然後隨機將配對的每一方分派到實驗組和控制組。

納入法是將影響因變量的其他主要變量也作為自變量引入實驗,同時對這幾個自變量進行操作、測量和檢驗,這就需要較複雜的實驗設計,運用統計分析考察各個自變量的影響和它們之間的相互作用。

2·自變量的引入

自變量是引起因變量發生變化的原因變量，為了準確測量兩變量間的因果關係，自變量應具有兩個特點：

第一，自變量必須能夠與其他變量隔離開，或者說，能夠對實驗對象、實驗環境加以控制。這一點決定著實驗結果的準確程度，否則，無法確定因變量所發生的變化是否全部是由自變量所引起的。

第二，自變量應該是可以改變的，也是容易操作的。

最簡單的操作是引入自變量和不引入自變量，更為複雜的操作是程度上的變化，如強、中、弱。如「被教師認為聰明的學生會在隨後的學習中變得更聰明」，這一假設的自變量「教師的期待」就容易操作，分別為「給予期待」和「不給予期待」，也可以為「給予很強期待」「給予一般期待」「不給予期待」。又如「來訪者的頻數與老人健康程度的關係」，可以分別給予「來訪者很多」「來訪者較多」「來訪者很少」。

實驗中對自變量的操作體現在如何恰當地「製造」出這個自變量。如要檢驗「在緊張情境中，吸煙者會抽更多的煙」，「緊張」「抽煙量」分別是自變量、因變量。自變量「緊張」可以定義為人們在心理上、精神上的一種壓力或負擔。在實驗中「緊張」的引入，就是要在實驗中創造出「緊張」，如要求學生「在規定時間內完成一份數量大、難度大，並且要占學期總成績70%的研究設計」。

在實驗中，經常有研究者感興趣的變量不能操作，如探討學生的性別、家庭背景、成就動機是否會影響擇業傾向，而這些個人特徵是無法在實驗法中予以改變的，因而只能使用其他方法來研究這一課題。除此之外，研究者還會出於政治的、倫理的原因，而不能對一些變量進行操作。

如不能為了研究人的社會化過程，有意將部分兒童同社會割裂開，從而製造出「缺乏社會接觸」這一自變量；不能為了研究離婚事件對子女成長的影響而人為地讓一些夫妻離婚等。正是由於很多重要變量不能操作，社會研究者較少使用實驗法收集資料。

五、實驗設計

實驗設計大致可以分為簡單設計和複雜設計。簡單實驗設計是對單項假設進行檢驗,即關於一個自變量和一個因變量的因果關係。它的形式主要有:一組前後測設計、兩組前後測設計(即經典實驗設計)、兩組無前測設計以及一個實驗組和兩個控制組的所羅門三組設計、一個實驗組和三個控制組的所羅門四組設計。

而複雜實驗設計考察的是多個自變量(或一個自變量的多種取值)與因變量的關係、多個自變量引入順序對因變量的影響等,如「來訪者頻數與退休老人健康的關係」「教師期望和採用新教學方法對學生成績的影響」。其實驗設計形式主要有:多因素分析(因子分析)、重複測量分析和拉丁方格設計。下面只從單組實驗設計和多組實驗設計兩方面對簡單實驗設計進行分類說明。

1.單組實驗設計

(1) 單組前後測實驗設計

單組前後測實驗設計是最簡單的實驗設計,它只有一個唯一的實驗組,而沒有一個可以對它測量外部因素影響的控制組,因此又稱為無控制組的前後測實驗。它的模式如下:

	前測	自變量	後測
實驗組	y_1	x	y_2

實驗步驟較為簡單:選擇實驗對象、選擇實驗環境、進行前測、引入自變量給予實驗刺激、進行後測五個步驟。前後測得分的差異就是自變量對因變量的影響。

自變量的影響=實驗組後測-實驗組前測

例如,我們在一項實驗中,先選擇一個車間的工人,測量他們的勞動效率,計算每人每天的產量或整個車間每天的產量,然後實施一項獎勵制度,

實施一段時間以後,比如說半年,再測量該車間的勞動效率,與前測相比較,看獎勵制度對工人勞動積極性的影響究竟有多大。

很明顯,這種簡單的實驗設計必須有一個前提條件,即前測與後測之間的差異全部或主要都是所施加的實驗刺激所引起的。因為沒有控制組,如果有其他原因也導致前測與後測之間的差異,那麼,我們就不知道變化是不是我們所給的刺激產生的,或者在多大程度上是刺激的原因。在上面這個例子中,如果企業在這半年時間內所有制發生了變化,或者經歷了某一次重大事件,使工人的勞動積極性大大提高,那麼,我們就不知道勞動積極性的提高在多大程度上是因為新的獎勵制度的作用。

這種實驗設計的缺陷在於:它不能排除因變量的變化有外部因素影響的作用,有多大的變化是來自自變量的。所以,一般只有研究者能夠確定外在條件對實驗不產生影響或產生很小的影響時,才用這種簡單實驗。當不能排除外部因素的影響時,就應採取兩組前後測實驗(經典實驗)。

(2) 兩組前後測實驗設計(經典實驗設計)

兩組前後測實驗設計又稱為經典實驗設計(THE CLASSICAL EXPERIMENT DESIGN)或古典實驗設計,是最基本同時也是最為標準的實驗設計。由於經典實驗設計中包含了實驗設計的全部要素:實驗組、控制組、前測、後測、自變量(實驗刺激)、因變量,以及隨機指派,所以又被稱為「雙組前後測模式」。經典實驗設計是兩組都進行前後測的模式,其模式如下:

	前測	自變量	後測
實驗組	y_1	x	y_2
控制組	y_3		y_4

它的實驗步驟是:隨機指派實驗對象到控制組或實驗組;接著對兩組對象同時進行前測;對實驗組給予實驗刺激;對兩組對象同時進行後測;比較和分析兩組兩次測量結果的差異,得出自變量對因變量的影響。

自變量的影響＝（實驗組後測－實驗組前測）－（控制組後測－控制組前測）

如果實驗組差異值與控制組差異值相減後得分為正，說明自變量與因變量有正相關關係；若得分為零，說明兩者關係不大或者還需繼續檢驗；若得分為負，說明兩者關係為負相關。

在這一實驗設計中，如果沒有控制組，就無法說明在實驗組的因變量的全部影響因素中，有多少是來自自變量的，有多少是來自其他外在因素的。因為在實驗組差異值中，可能有自變量的影響，還有可能是其他外在因素的影響。因而單有一個實驗組，外在因素影響的大小就無從知道。當在實驗設計中，加入一個控制組，控制組的差異值就是外在因素影響的結果，因為控制組沒有給予實驗刺激。

同時加入控制組還可以排除前測造成的某些影響，如後測分值高是出於對測試比較熟悉的緣故，但兩組都受這一因素影響，就不會影響實驗的內在效度。不過，這仍不能排除實驗對象經過前測而對自變量產生敏感造成的影響，如研究「觀看反種族歧視的電影與個人種族歧視的關係」，就會使實驗對象透析實驗目的，因而在前測會引起實驗對象敏感的情況下，應採用兩組無前測的實驗設計或者所羅門三組實驗設計。下面，我們以一個例子來說明經典實驗設計的方法。

某企業為了提高其產品競爭力，擴大市場占有率，決定對產品的裝潢進行改進，並對改變裝潢的效果進行測定。為此，他們採取試銷的方式。其具體步驟為：

①選擇實驗對象。這裡，實驗對象是改變裝潢以後的商品。

②控制實驗環境。

③前測。統計裝潢改變以前的商品平均銷售額（周、月或季度）。

④實驗刺激。將新裝潢的商品投入市場。

⑤後測。經過一段試銷以後,對新裝潢商品的銷售額進行統計,並計算其平均銷售額。

⑥測定實驗刺激的影響:假設對於實驗組,在前測中,該商品平均每月的銷售額為 26 萬元;在後測中,平均每月的銷售額為 31 萬元。對於控制組,不投放新裝潢商品,只銷售原來未改變裝潢的產品,在前測中,該商品平均每月的銷售額為 26 萬元;在後測中,平均每月的銷售額為 28 萬元。

所以,實驗刺激的影響＝ A － B ＝（3L － 26）－（28 － 26）＝ 5 － 2 ＝ 3 萬元。這一結果說明,對商品裝潢進行改進後,可在一定程度上促進商品的銷售。

兩組前後測實驗設計的主要優點是:

第一,比較實驗組和控制組前測與後測的差異值,不僅可以確定自變量的影響,而且還可以排除外部因素的影響;

第二,可以排除前測造成的某些干擾因素。其主要缺點是:受試者經過一次前測,可能會對自變量的引入產生敏感。這樣,雖然不會影響內在效度,但會影響和降低實驗的外在效度。

(3) 兩組無前測的實驗設計

為瞭解決上述兩組前後測實驗的不足,有人便設計了兩組無前測的實驗,從程序上看,與兩組前後測實驗唯一不同的地方就是沒有前測,直接將兩組的後測之差作為自變量影響的結果。參考上面的公式「自變量的影響＝(實驗組後測－實驗組前測)－(控制組後測－控制組前測)」可知,要使「自變量的影響＝實驗組後測－控制組後測」,則實驗組前測必須與控制組前測相等。

所以,無前測的兩組實驗設計,在分組時必須採取隨機的原則,從而假定兩組各種條件都是一樣的,即兩組前測相同,唯一的不同就是實驗組施加了刺激,而控制組沒有施加刺激,可以將兩組之間的差異視作完全是自變量(即實驗刺激)的作用。

2·多組實驗設計

(1) 交互作用效應

所謂交互作用效應，是指幾個自變量在獨立對因變量發生作用的同時，還會因相互作用而對因變量產生新的影響。也就是說，總體並不等於部分之和，對因變量總的影響並不等於幾個自變量獨立對因變量影響之和。具體到實驗中，交互作用效應是指實驗刺激（自變量）的影響、外部因素的影響以及前測干擾的影響三者之間相互作用所產生的影響。舉個例子來說，設想一個 100 人的總體全部都是同年齡、同性別的，且這 100 人全都吸煙，患癌症的比率是 20%。

又假定一個其他條件完全相同的群體 100 人均不吸煙，但經常居住在工業汙染嚴重的煙霧環境中，患癌症的比率是 10%。那麼，再設想一個其他條件相同的群體都吸煙並且生活在煙霧環境中，根據累積效應應該是 30% 的人患癌症，但假設我們透過一次醫學檢查，既吸煙又居住在煙霧環境中的這 100 人患癌症的比率為 37%，那麼，這額外的 7% 就可以計算如下：交互作用效應＝總效應－（煙霧效應＋吸煙效應）＝37%－（20%＋10%）＝7%。也就是說，煙霧效應與吸煙效應相互作用對人體的侵害更大，產生了 7% 的額外效應。當然，交互作用效應也可能是負的，即幾個自變量的作用在相互作用時抵消了一些。

多組實驗設計主要就是為瞭解決交互作用效應，因為在簡單實驗中沒有考慮交互作用效應，精確性相對就差一些。

(2) 所羅門三組實驗設計（所羅門兩控制組設計）

正是為了避免實驗結果中包含由前測和實驗刺激的交互作用產生的影響，人們設計出所羅門三組實驗設計。它是在經典實驗設計的基礎之上，再加入控制組 2，這個控制組 2 沒有前測，只是引入自變量並進行後測。由於控制組 2 引入了自變量但沒有前測，因而控制組 2 因變量的任何變化只能歸因於自變量，但是要實際計算自變量影響，還需控制組 2 的前測得分，它可

以由實驗組與控制組的前測平均分來代替。有了控制組 2 後，還可以計算出前測與實驗刺激交互作用所形成的影響。

	前測	自變量	後測
實驗組	y_1	x	y_2
控制組1	y_3		y_4
控制組2		x	y_5

自變量影響＝控制組 2 後測－控制組 2 前測

前測影響＝控制組 1 後測－控制組 1 前測

前測與實驗刺激交互作用的影響＝（實驗組後測－實驗組前測）－（自變量影響＋前測影響）

例如，在研究大城市居民的城市身份意識時，假設發現城市居民對農民有偏見，那麼，透過宣傳教育，究竟在多大程度上可以改變這種偏見呢？我們首先找到一個實驗組，用事先制定好的量表測量他們的偏見程度，得分越高表示越有偏見，假設測得的分數為 70 分。然後請他們看一部電影，內容是有關外地人（主要是農民）誠實、勤奮以及對城市所做的巨大貢獻。

休息片刻後讓他們再填一份量表，假設得分為 30 分。如果按照簡單單組實驗來解釋的話，在這裡宣傳教育就起了降低 40 分的作用。但一般來說問題沒有這麼簡單，因為先填了一次量表就是一次刺激，看電影又是一次刺激，第一次填表與看電影兩種刺激之間還要相互作用，比如有的人發現了填表與看電影之間的聯繫，認識到讓其看電影的目的，就有可能在第二次填表時故意表示出無偏見或者故意堅持自己原來的態度。所以，我們就可以同時再選兩組，其中一組填了第一次表後（假設得分也是 70 分），間隔與第一組兩次填表相同的間隔時間後，再填一次表（假設得 50 分）。這樣就是上面的所羅門兩控制組的實驗設計了，根據公式我們就知道第一次填表、看電影以及第一次填表和看電影相互作用三者各自對偏見的改變起了多大的作用。

（3）所羅門四組實驗設計（所羅門三控制組設計）

雖然所羅門三組實驗設計已經考慮了前測、自變量，以及兩者交互作用這些出現在實驗內部結構中影響因變量變化的因素，但是可能還存在實驗外部因素的影響。因此，在所羅門三組實驗設計的基礎上，再加一個控制組 3，它既無前測也不引入自變量，而只有後測。由於控制組 3 只有後測，因而控制組 3 因變量的任何變化就只能是實驗以外的因素影響的結果。控制組 3 前測的得分可由實驗組前測與控制組 1 前測的平均分來代替。

	前測	自變量	後測
實驗組	y_1	x	y_2
控制組1	y_3		y_4
控制組2		x	y_5
控制組3			y_6

外部因素影響＝控制組 3 後測－控制組 3 前測

自變量的實際影響＝（控制組 2 後測－控制組 2 前測）－外部因素影響

前測實際影響＝（控制組 1 後測－控制組 1 前測）－外部因素影響

前測與實驗刺激交互作用影響＝（實驗組後測－實驗組前測）－（自變量影響＋前測影響＋外部因素影響）

從理論上講，這種所羅門四組實驗設計應該是最理想的實驗設計，具有很多優點，離研究目的最近。但它包含很多潛在的前提，例如，找到足夠的實驗對象、實驗環境等其他條件保持不變，而這些前提在實踐中往往難以得到滿足。又例如，尋找足夠實驗對象的困難、缺少足夠的實驗場所和實驗設備、實驗時間不夠（前後測通常要相隔一段或很長一段時間）、經費不足等，再有就是實驗中的道德等問題，限制了這一方法在社會研究中的使用。

第四節 實驗研究法的優點與缺點

一、實驗研究法的優點

與其他研究方法相比，實驗法的優點在於：按照特定的研究目的和理論假設，人為地控制或創設一定的條件，從而驗證假設、探討現象之間的因果關係，並且實驗過程控製程度高，可縱貫整個研究過程。

1.確立因果關係

關於一個人事實上能否根據經驗說明或者證明兩個以上變量之間有一種因果聯繫存在的問題，是有爭議的。然而，實驗法是社會科學中建立因果聯繫的最好方法，這是確定無疑的。它使調查人員能夠測量因變量的值，引進他疑為原因的自變量，並觀察在因變量中是否有任何變化接著發生。因此，實驗研究一般是縱貫的，儘管時間期限可能十分短。就建立因果關係而論，調查法是劣於實驗法的，這有兩個原因：

一因調查法通常是橫剖地進行的而非在整個時期內進行的（定組研究是個突出的例外）；

二因研究人員一般對環境中的干擾因素難以控制。觀察研究常常縱貫地進行，但一般不能控制外部因素對因變量的影響，也不能準確地測量因變量中的變化。文獻研究也常是縱貫的，但也不大可能進行控制。

2.控製程度

一項真正的實驗在控制方面達於極點。控制的能力對資料分析和假設檢驗具有重要的效果。首先，由於實驗法使外部因素造成誤差的機會較少，調查人員一般能取得一個比他在一項較少控制的研究中的樣本更小的樣本數；其次，一次較大的控制實驗，一般意味著調查人員對其實驗結果具有較大的信心。

3.縱貫分析

實驗法為研究整個時期的變化提供機會。在一次實驗中，調查人員一般觀察和收集一段時間內的資料，並在不止一個間距中進行測量。實驗的期限

可能是短的，如一個小時左右或數小時，或可能遷延數月甚或數年，但有時候短期的研究也會使人們有比橫剖研究所進行的調查法等方法更多的研究變化的機會。

二、實驗研究法的缺點

從辯證的角度來看，實驗法的缺點內含於優點中，難以避免。從實際操作來看，純粹的自然環境不易控制變量，實驗難以開展，而人為的實驗環境不可避免會受實驗人員等其他因素的影響，導致實驗數據有誤。同時，社會實驗的對象是人，存在實驗對象受到限制、樣本難以滿足等缺陷。

1.人造的環境

在社會科學中，之所以採用實驗法，主要原因可能是：在一個自然場所中不可能實行充分的控制。所要研究的社會行為必須被置於一個能給予適當控制的人造環境（實驗室）中。遺憾的是，大量不斷發展中的社會行為總是在劇烈變化著，而若脫離它的自然習慣去調查，它根本就不會發生。

例如，一個研究集體行為的學生企圖找出騷亂發生的原因，他決不能期望在一個實驗室裡發生騷亂。試圖在一個實驗室場所裡製造一場騷亂，是不會得出結論的，因為調查人員會知道，自己就是原因，因而仍然不知道在自然場合下騷亂將如何發生。

其他一些例子說明，道德上的考慮或時間上的考慮也使得在一個人造場所裡研究行為成為不可行。以格里菲特和維奇的密度實驗為例，他們將人們帶出日常環境，而投入一個人造環境中，這是一間7英呎寬、9英呎長、9英呎高的房間，研究人員可透過隨時調整房間裡的人數來隨意變換密度。這辦法雖便於測量密度，但使用這樣一個小房間對測量有不好的影響。

該項實驗就其進行的情況而論是適當的，確實表明了密度可能是發生侵犯行為的一個原因。然而，人完全可能只在密度的時間長到了一定程度後才發生侵犯。為了取得更確定的結果，實驗者必須更長久地被禁閉在一個密集的環境裡。這個實驗的一個明顯問題就是：將人們禁閉在這樣一個環境裡，猶如將他們關在監獄裡，那會違反憲法的。另外，若實驗顯示出密度是造成

暴力侵犯的原因，某些實驗者會受傷，則調查人員無疑就會被判犯有不道德地將人們置於危險境地之罪。

2.實驗人員的影響

就實驗人員的期望會影響實驗的結果（羅森塔爾，1966 年；羅森塔爾和雅各布森，1966 年；弗里德曼，1967 年）這一意義而論，實驗法可以肯定是個「反應法」(REACTIVE METHOD)。例如，羅森塔爾和雅各布森 1996 年在一次預測學術成就的測驗中，認為在 18 間教室的每一間中有 20%的孩子是該項測驗的高分獲得者。實際上，孩子們是被隨機地挑選的，但他們的老師被引導相信他們是高分獲得者。

這些孩子事實上在整個時期內確實顯示了比不被認為獲得高分的孩子有較大的成就，這表明老師的期望對學生行為的影響。羅森塔爾在較傳統的實驗場所進行的其他幾項研究已顯示了類似的結果（見羅森塔爾和雅各布森 1996 年的報告）。以不止一個實驗人員做研究工作，羅森塔爾發現，實驗人員中被告知期望發現什麼的與不被告知期望發現什麼的相比，前者所取得的實驗結果較為符合研究假設。

為何實驗人員的期望會影響實驗結果？一個可能的回答是：實驗人員給予（或許下意識地）受實驗者以暗示，而受實驗者又去迎合實驗人員的期望。不過，也有可能是：實驗人員為了使實驗結果與他的假設密切相符，而對實驗結果做了錯誤解釋。例如，羅森塔爾 1966 年曾用不同的實驗人員以老鼠做實驗。他對一些實驗人員說，他們的老鼠是靈巧的；而對另一些實驗人員說，他們的老鼠是笨的。

實際上，沒有一隻老鼠比其他的靈巧，因為全部組群是隨機分配的，但實驗人員並不知情。有「靈巧」老鼠的實驗人員取得了比有「笨」老鼠的實驗人員更好的結果。抵銷實驗人員期望影響的一個方法是：雙盲實驗設計。在此設計中，由實驗人員以外的某個人把被實驗者分派到控制組和實驗組。從而，甚至連實驗人員（以及受實驗者）也不知道哪個組受到真正的實驗處理，哪個組則吃「寬心丸」或不受處理。一個研究人員不能確定哪個組是實

驗組，則他在解釋實驗結果時，就不會像知道哪個組是實驗組時那樣帶有傾向性了。

3.實驗對象難以控制

社會實驗的對象是人，人是有意識的主體，在被研究前，他已有自己的經驗、認識和思想，這些主觀的東西在社會實驗中必然造成影響。而且，這些主觀意識是實驗中難以控制的。

4.實驗對象受到限制

以人為實驗對象，就涉及倫理道德的問題。例如，研究者不能透過教唆一個小孩犯罪的方式來研究教唆與青少年犯罪的關係，一般也不能進行使實驗對象觸犯法律或冒生命危險的實驗。

5.難以確定實驗變量，即自變量和因變量

社會中的每一個群體都可以說是一個社會關係的複雜網路，各種關係盤根錯節，交織在一起。在這個複雜的網路中選出自變量和因變量，比自然科學實驗中變量的選擇要困難得多。一種現象受到哪些現象影響，在這些現象中又有哪些是主要的或影響較大的；一種現象又影響到哪些現象，哪些現像是影響比較大的。這些都需要反反覆覆地探索研究才能解決。

6.缺乏控制

在社會科學中即將做實驗人員的人，常處於進退兩難境地：將受實驗者置於一個實驗室中，會改變他所希望研究的那種行為，但要是在一個自然環境中進行實驗，也許就不可能控制那些可能危及實驗的所有外部因素。正是由於這些問題，實驗法在社會科學中的應用不如在其他學科中廣泛，在其他學科中有可能較好地加以控制。

7.樣本數量不足

按定義，社會學所進行的是關於群體的研究。群體愈大，則在一個實驗室裡進行研究和控制外部變數的困難也愈大。例如，有興趣研究美國人口總體的人，會進行一次調查，卻絕不能進行一次實驗。因此，實驗法大多廣泛

應用於心理學,因心理學所注意的,一般是集中在一個時期內的一個人而非一整個群體。在社會學中,實驗法大多廣泛應用於社會心理學或小群體研究中,這些研究需要的是一個相當小的樣本。

總之,在社會研究中,我們可以以社會實驗的方式來進行研究、收集資料,但也要注意社會研究的對象人及其由人所組成的社會區別於自然界的不同特徵。

本章小結

實驗法就是根據一定的研究目的和假設,透過人為控制某些因素來探究社會現象的因果關係,包括雙盲實驗、標準實驗與準實驗、實驗室實驗和現場實驗這幾種類型,具有使被研究對象以純粹狀態出現、改變或強化被觀察條件、使被觀察對象重複出現等特點。實驗研究法的設計步驟是本章的重點內容。實驗設計應遵循基本原則,避免出現內在無效度和外在無效度等問題。大多數實驗包括三對主要組成部分:自變量與因變量、實驗組與控制組、前測與後測,遵循從選題到得出研究結論的基本邏輯過程。

關鍵術語

  實驗法

  前測

  後測

  自變量

  因變量

  實驗組

  控制組

  實驗環境

  實驗室

討論題

1. 什麼是實驗研究法？

2. 實驗研究法的作用是什麼？應如何應用？

3. 實驗研究法有些什麼類型？

4. 怎樣設計一個研究實驗？

5. 怎樣評價實驗研究法？

案例分析

霍桑實驗的四階段

一、照明實驗

當時關於生產效率的理論占統治地位的是勞動醫學的觀點，認為影響工人生產效率的是疲勞和單調感等。於是，當時的實驗假設便是「提高照明度有助於減少疲勞，使生產效率提高」。可是，經過兩年多實驗發現，照明度的改變對生產效率並無影響。

具體結果是：當實驗組照明度增大時，實驗組和控制組都增產；當實驗組照明度減弱時，兩組依然都增產，甚至實驗組的照明度減至 0.06 燭光時，其產量亦無明顯下降；直至照明減至如月光一般、實在看不清時，產量才急劇降下來。研究人員面對此結果感到茫然，失去了信心。從 1927 年起，以梅奧教授為首的一批哈佛大學心理學工作者將實驗工作接管下來，繼續進行。

二、福利實驗

實驗目的總的來說是查明福利待遇的變化與生產效率的關係。但經過兩年多的實驗發現，不管福利待遇如何改變（包括工資支付辦法的改變、優惠措施的增減、休息時間的增減等），都不影響產量的持續上升，甚至工人自己對生產效率提高的原因也說不清楚。

後經進一步的分析發現，導致生產效率上升的主要原因如下：

①參加實驗的光榮感。實驗開始時 6 名參加實驗的女工曾被召進部長辦公室談話，她們認為這是莫大的榮譽。這說明被重視的自豪感對人的積極性有明顯的促進作用。

②成員間良好的相互關係。

三、訪談實驗

在這一階段，研究者在工廠中開始了訪談計劃。此計劃的最初想法是要工人就管理當局的規劃和政策、工頭的態度和工作條件等問題做出回答，但這種規定好的訪談計劃在進行過程中卻大出意料之外，得到意想不到的效果。工人想就工作提綱以外的事情進行交談，工人認為重要的事情並不是公司或調查者認為意義重大的那些事。訪談者瞭解到這一點，及時把訪談計劃改為事先不規定內容，每次訪談的平均時間從 30 分鐘延長到 1～1.5 個小時，多聽少說，詳細記錄工人的不滿和意見。訪談計劃持續了兩年多。工廠的產量大幅提高。

工人們長期以來對工廠的各項管理制度和方法存在許多不滿，無處發洩，訪談計劃的實行恰恰為他們提供了發洩機會。發洩過後，心情舒暢，士氣提高，使產量得到提高。

四、群體實驗

梅奧等人在這個試驗中選取 14 名男工人在單獨的房間裡從事繞線、銲接和檢驗工作。對這個班組實行特殊的工人計件工資制度。實驗者原來設想，實行這套獎勵辦法會使工人更加努力工作，以便得到更多的報酬。但觀察的結果發現，產量只保持在中等水平上，每個工人的日產量都差不多，而且工人並不如實地報告產量。深入的調查發現，這個班組為了維護他們群體的利益，自發地形成了一些規範。

他們約定，誰也不能幹得太多，突出自己；誰也不能幹得太少，影響全組的產量，並且約法三章，不準向管理當局告密，如有人違反這些規定，輕則挖苦謾罵，重則拳打腳踢。進一步調查發現，工人們之所以維持中等水平的產量，是擔心產量提高，管理當局會改變現行獎勵制度；或裁減人員，使

部分工人失業；或者會使幹得慢的夥伴受到懲罰。這一實驗表明，為了維護班組內部的團結，工人可以忽視物質利益的引誘。由此提出「非正式群體」的概念，認為在正式的組織中存在著自發形成的非正式群體，這種群體有自己特殊的行為規範，對人的行為起著調節和控制作用，同時，加強了內部的協作關係。

討論：

1. 霍桑實驗的結論有哪些？

2. 霍桑實驗有什麼意義？

3. 霍桑實驗是否達到了預期目的？

第六章 定性的實地研究

學習目標

- 理解定性實地研究的概念和特點
- 瞭解定性實地研究的基本範式
- 理解定性實地研究的過程與步驟
- 理解觀察法的類型、過程和作用
- 瞭解定性實地研究的優點和缺點

知識結構

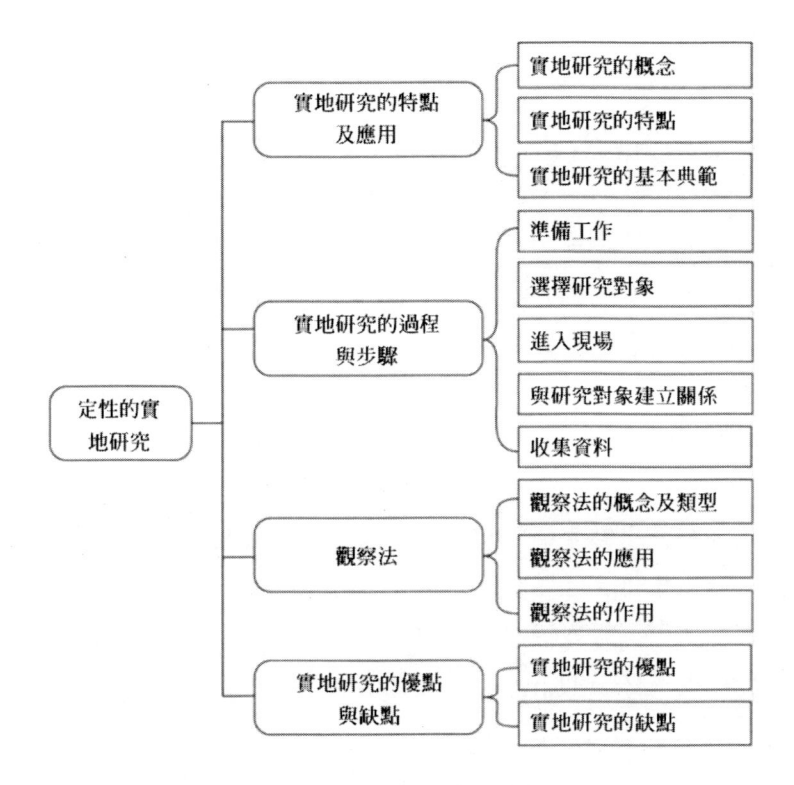

```
                    ┌─ 實地研究的特點 ─┬─ 實地研究的概念
                    │    及應用        ├─ 實地研究的特點
                    │                  └─ 實地研究的基本典範
                    │
                    │                  ┌─ 準備工作
                    │                  ├─ 選擇研究對象
        定性的實  ──┼─ 實地研究的過程 ─┼─ 進入現場
        地研究      │    與步驟        ├─ 與研究對象建立關係
                    │                  └─ 收集資料
                    │
                    │                  ┌─ 觀察法的概念及類型
                    ├─ 觀察法 ─────────┼─ 觀察法的應用
                    │                  └─ 觀察法的作用
                    │
                    │   實地研究的優點 ┌─ 實地研究的優點
                    └─   與缺點      ──┴─ 實地研究的缺點
```

引入

街角社會

　　威廉·富特·懷特 (WILLIAN FOOTE WHYTE) 的《街角社會》(STREET CORNER SOCIETY: THE SOCIAL STRUC-TURE OF AN ITALIAN SLUM) 是社會學研究的一個經典案例。受到哈佛大學一項青年研究員基金的資助，1936—1940 年，懷特深入到位於波士頓的一個被其稱之為「科納威裡」(CORNERVILLE) 的義大利貧民窟，以被研究群體——「街角幫」(STREET GANGS) 一員的身份，置身於觀察對象的環境和活動中，對閒蕩於街頭巷尾的意裔青年的生活狀況、非正式組織的內部結構和活動方式，以及他們與周圍社會的關係加以觀察，並及時做記錄，借此分析了該社區社會結構和人們相互作用的方式。透過對這個複雜的街角社會以及其中遊蕩者活動的細緻而

全面的描述，懷特指出，貧困社區期待社會重組。懷特的研究是在真實的場景下，生動而具體地描繪真實的人及其生活的典範。

思考：懷特採取的研究方法有什麼特點？

第一節 實地研究的特點及應用

一、實地研究的概念

實地研究 (FIELD RESEARCH) 也稱「實地調查」「田野調查」，是社會科學中一種既古老又新穎的研究方法，它最早由人類學和民族學的研究方法發展而來，21世紀初成為社會研究的一種主要方法。它既是一套固定的應用技術，又是一種研究取向。美國學者埃默森 (ROBERT EMERSON) 在《當代實地研究》 (CONTEMPORARY FIELD RESEARCH) 中提出：「實地研究是研究人們在其日常生活中自然的活動狀況。田野工作者為了獲得這些人如何生活、交談和行為，以及何事能令他們振奮、何事又讓他們沮喪的第一手資料，進入他人的世界探險……實地研究也被研究者作為瞭解他們所觀察的活動對於活動參與者而言，具有什麼意義的一種研究方法。」社會學家袁方等人認為，實地研究是「不帶假設直接到社會生活中去收集資料，然後依靠研究者本人的理解和抽象概括從經驗資料中得出一般性的結論」。

從研究的技術手段上來看，實地研究主要採用觀察、非結構性訪談等定性研究方法，因而本書使用「定性的實地研究」一詞，用以區別於那些收集定量資料的方法。定性的實地研究適用於對少數有代表性的或獨特的社會單位、社會現象進行詳細深入的瞭解，尤其是在自然情境下研究人們的態度和行為的變化過程。

閱讀材料1：適合實地研究的社會生活因素

洛夫蘭夫婦 (JOHN AND LYN LOFLAND) 在其著作《社會情景分析》 (ANALYZING SOCIAL SETTINGS) 中，討論了幾種適合實地研究的社會生活因素：

（1）實踐 (PRACTICES)：主要指各式各樣的行為。

(2) 情節 (EPISODES)：包括各種事件，諸如離婚、犯罪和疾病。

(3) 邂逅 (ENCOUNTERS)：包含兩人以上的會面以及在直接狀態下與他人的互動。

(4) 角色 (ROLES)：實地研究同樣適合於分析人所處的地位，以及在此地位上所表現的行為，如職業、家庭角色、種族群體等。

(5) 關係 (RELATIONSHIPS)：有許多社會生活可以透過適合的角色叢的行為來考察，如母子關係和朋友關係等。

(6) 群體 (GROUPS)：在關係之外，也可以用於研究小群體，如朋黨、運動團隊、工作群體等。

(7) 組織 (ORGANIZATIONS)：在小群體之外，也可以用於研究正式組織，如企業和學校等。

(8) 聚落 (SETTLEMENTS)：研究如國家這樣的大型社會組織是很困難的，實地研究者常對小型的社會如村落、貧民窟、鄰近地區等進行研究。

(9) 社會世界 (SOCIAL WORLD)：一些範圍和人口都模糊不明的社會實體也可以成為社會科學研究的適當對象，諸如「運動世界」「華爾街」等。

(10) 生活形態或亞文化 (LIFE STYLE OR SUBCUTURES)：最後，社會科學家們有時會將焦點放在生活方式雷同的人身上，如「管理階級」或「都市下層階級」的群體。

二、實地研究的特點

實地研究與調查研究、實驗研究等定量研究方法相比，有著明顯的不同之處，它不僅包括資料的收集，同時也是一種典型的理論生成活動。定量研究主要依賴於對研究對象的測量計算，用基於數據的結果來解釋社會現象，其結果的標準化和精確化程度較高，邏輯推理也較嚴謹，但卻容易犯偏離社會實際，或無法涵蓋事物全部內涵的錯誤。

而實地研究基於自然主義 (NATURALISM)，自然主義涉及的是觀察在自然情境下，而不是人為製造的情境下的日常事件，研究者不需要帶著已明

確定義的、只需加以檢驗的假設進行研究。實地研究的特點在於：研究者必須以自身的文化背景直接觀察和參與被研究者所處的社會場景，在短期或長期的互動中，透過觀察、訪問等方法收集資料，再根據對所得資料進行質性分析，揭示被研究者生活方式、行為方式背後的社會動因。

閱讀材料2：日本社會學家安田總結的定量方法與定性方法的不同

統計調查	實地研究
(1)調查範圍廣泛，涉及大量單位 (2)從一個單位選取少數側面 (3)客觀地統計和量度總體特徵 (4)用相關分析等客觀方法得出普遍化的結論	(1)涉及少數個案 (2)選取多數側面 (3)主觀洞察性地把握個體特徵 (4)用主觀洞察性方法得出普遍化的結論

三、實地研究的基本範式

1.自然主義

實地研究的起源可以追溯到奔赴遠方島嶼的旅行者報告，學術性的實地研究始於19世紀晚期的人類學，而自然主義也是定性實地研究中的古老傳統。最早的實地研究是在實證主義的假設下進行的，他們認為，社會現實是外在的，研究者應該自然地進行觀察並報告現實。

這一傳統開始於20世紀三四十年代，發源於芝加哥大學社會學系。他們把參與觀察發展成為一項獨特的技術，擴大應用人類學模型來探究研究者自己所屬的社會內的團體和情境，並由此出現了三個原則：研究處於自然狀況或情況下的人群；透過直接與人群互動的方式來研究他們；獲得對社會世界的瞭解，並且對成員的觀點提出理論的陳述。

隨著時間的流逝，這個方法在研究者涉入田野的基礎上，已經從完整的描述走向理論分析。這個年代的研究者及其研究方法，現在通常被稱為芝加哥學派。

2·草根理論

草根理論 (GROUNDED THEORY) 來自社會學家格拉索 (BARNEY GLASER) 和施特勞斯 (ANSELM STRAUSS) 的合作。他們將實證主義和互動主義兩種主要的研究傳統結合起來，形成了草根理論。草根理論是要透過對來自觀察資料的模式、主題和一般分類進行分析，進而得出結論。草根理論也可以被描述為在定性研究中，試圖綜合自然主義方法和實證主義方法，以達成「程序的系統化模式」的努力。

草根理論強調研究程序。系統的編碼對於資料分析的效度和信度尤其重要，因為其關於資料的觀點多少帶有實證主義色彩。此外，草根理論還非常注重定性研究和定量研究的結合。

草根理論的另一個關鍵是它的歸納式原則：在沒有假設的情況下收集資料。最初的資料決定了所要觀察的關鍵變量，而變量之間關係的假設也同樣來自所收集的資料。不斷持續的資料收集過程會影響研究者的理解，反過來，研究者的理解也使得資料收集的目的性更強。

閱讀材料 3：如何讓研究者在保證科學性的同時具有創造性

施特勞斯和柯賓 (JULIET CORBIN) 認為，草根理論可以讓研究者在保證科學性的同時具有創造性，只要研究者遵循以下幾個原則：

（1）時不時地進行反思：正在發生什麼？我所想的和我所看到的符合現實資料嗎？資料本身有沒有假？

（2）保持懷疑的態度：所有的理論解釋、分類、假設和關於資料的問題（不管是直接的還是間接的、文獻還是經驗），都應該視為暫時的。它們需要接受實際資料的檢驗，永遠都不要將它們視為既定事實。

（3）遵循研究程序：資料收集和分析的程序應該是相當嚴格的。這些程序能夠幫助你擺脫傾向性，並且還可以引導你檢驗那些可能會影響資料解讀的假設。

3·民族志

民族志 (ETHNOGRAPHY) 源自文化人類學，「ETHNO」意指人類或民族，「GRAPHY」意指描述某事物。因此，民族志關注的是詳細、準確地描述某種文化，而不是解釋。如弗蘭克 (FRANKE) 所說：「文化，即我們描述的對象，存在於當地人的思想之中。」民族志假設人們在做推論，即超越能看見、被說出的事物，得出其中的意義或含義。人們透過某個特定社會情境下的行為來表現他們的文化，如人們想些什麼、人們喜歡什麼、人們相信什麼。行為的展示不會提供意義，相反，意義是論證或推測出來的。從所見所聞進入到實際的含義是民族志的核心。

文化知識包括了我們知道和談論的顯性知識 (EXPLICIT KNOWLEDGE) 以及我們很少意識到的隱性知識 (TACIT KNOWLEDGE)，內容涵蓋了象徵符號、言語、事實、物品和行為方式等。民族志學者描述成員所使用的是顯性的和隱性的知識。他們的翔實描述和仔細分析，將那些被分別描述的事物重新放在一起，從而給予多種解釋的機會。它將事件置於情境之中，使閱讀民族志報告的讀者可以推論出其文化意義。

民族志最著名的研究之一是懷特的《街角社會》中對於科納威裡群體（一個義裔美國人群體）的研究。懷特相信，想要更豐富地瞭解街邊的社會生活，就需要從內部進行觀察。他透過與線人聯繫，從而參加了線人所在的科納威裡群體的活動。懷特的研究提供了一些調查所無法提供的東西，如對科納威裡這個義大利移民群體的生活的詳細描述。

4·常人方法論

常人方法論 (ETHNOMETHODOLOGY) 是 20 世紀 60 年代發展起來的一種獨特的研究取向，它根源於現象學的哲學傳統，綜合了理論、哲學和方法。舒茨 (ALFRED SCHUTZ) 將現象學引入社會學，他認為，真實的社會是建構起來的，而不是外在的；人們不是以自然的方式來描述世界，而是以一種他們認為有意義的方式來描述世界。

常人方法論的研究者透過觀察常識的創造，以及人們在自然情境下、在持續不斷的社會互動中使用常識的方式，來研究常識。常人方法論是一種激進或極端的實地研究形式，它建立在社會建構主義的取向之上，涉及專門化

的、非常詳細的微觀情境分析。與芝加哥學派的實地研究相比較，常人方法論更關注方法問題，認為研究發現不僅來自所研究的社會生活，而且也得益於所使用的方法。

常人方法論假設社會意義是脆弱可變的，而不是固定、平穩或確定不變的，意義在持續的過程中不斷地被創造與再創造。因此，常人方法論者分析語言，包括談話中的停頓與講演的情境。他們認為，人們透過默認的社會文化規範來達成對常識的理解，社會互動是一個現實建構的過程。人們使用文化知識與來自社會場景的線索來詮釋事件的意義。常人方法論者考察普通人在日常生活的情境下如何使用默認的規則來理解社會生活的意義。

常人方法論者非常詳細地檢驗日常的社會互動，以確認建構社會事實與常識的規則，在日常生活中是如何使用這些規則的，以及新規則是如何被創造出來的。常人方法論者有時還會使用破壞規則的實驗，來展現日常生活中人們默認的、賴以創造現實感覺的簡單規則。研究者刻意地違反某項默認的社會規則，這項破壞規則的行動通常會招致非常強大的社會反應，由此可以確定默認規則確實存在，展現社會現實的脆弱，並說明這類默認規則的存在是使日常生活得以順利運作的根本。

民族志與常人方法論是實地研究在當代的兩個擴展，二者都建立在社會建構主義者的觀點之上。它們都在不斷地界定應該如何進行實地研究，但它們都還不是實地研究的核心。

第二節 實地研究的過程與步驟

實地研究比定量研究更有彈性、更少結構化，其研究的步驟並非全部是事先確定好的，研究的過程中也很少遵循固定的路線。總的來講，定性實地研究大致的過程與步驟主要包括以下方面：準備工作、選擇研究對象、進入現場、與研究對象建立關係、收集資料、資料的整理與分析、撰寫報告。

一、準備工作

和其他的社會研究一樣，實驗研究開始前需要進行一系列的準備工作，而實地研究更靈活、更有彈性的特點，使得研究過程具有更多的不確定性，

因而,良好的組織和充分的準備就變得特別重要。定性實地研究的準備工作主要包括對研究的認識和對自己的認識兩個方面。

1. 對研究的認識

實地研究沒有特定的假設,也不能受到錯誤觀念的影響,研究者需要廣泛地瞭解各種訊息,也要隨時準備發現新的想法。

(1) 閱讀文獻

收集、閱讀與研究相關的文獻資料有助於研究者瞭解相關的概念、前人的研究成果、研究的技術和研究的潛在問題。

(2) 訓練技巧

實地研究中需要運用細心觀察、靈活表達、快速記錄、定期總結等技巧。在進行實地研究之前,缺乏經驗的研究者可以透過對日常情境中的事物進行觀察,並將其變化發展過程記錄下來,以此作為練習的方式。

(3) 去除焦點

實地研究者通常根據對訊息用途的判定來選擇要使用的技術。開始時,研究者需要拋棄自己先入為主的概念,不要對資料做太多的控制,以便於看到更大範圍的人物、背景和情境,對整個研究有全面的認識,避免焦點太過集中,儘可能地去除焦點。

2. 對自己的認識

在任何研究中,人的因素都會起相當重要的作用,而在實地研究中,人的影響更為關鍵。研究者的個人性格、生活經歷、情緒特徵等,都可能使研究者在研究中出現焦慮、遭遇挫折和產生不確定性。尤其在開始的時候,他們可能遭遇心理上的波動和迷茫,也可能會對自己所收集的資料的正確性產生懷疑。研究者需要對自己有所瞭解,並且要對自己的個人經驗有所反思。

二、選擇研究對象

研究對象指社會研究的分析單位，即一項研究所要分析和解釋的對象，包括個人、群體、社會組織、社會事件等。由於研究者不可能同時對大量的對象進行深入細緻的觀察，因此，實地研究通常是個案研究 (CASE STUDIES)，即將注意力集中在社會現象的一個或幾個方面，如一個家庭、一個社區、一個社會群體等。對於實地研究而言，研究對象的選擇實際上就是個案的確定。在確定研究對象時，需要考慮多方面的因素，如研究對象的價值、研究的可行性、研究者的主客觀條件等。群體、社區和社會事件是實地研究中經常選擇的研究對象。

對於研究者而言，在選擇研究對象的同時，往往還要考慮研究對象所處的社會情境，即所謂的「實地」。選擇「實地」需要注意三個相關因素：

一是資料的豐富性。如果某些地點存在社會關係網路，有各式各樣的活動，或者隨時都有可能發生變化，那這樣的地點可能比其他地點更能夠提供豐富的資料。

二是不熟悉的程度。在一個新的社會情境裡，研究者更能識別其中的社會事件和社會關係，因此，研究者特別是剛開始進行實地研究的研究者，應該選擇自己不太熟悉的地點，以克服自己對現實所具有的某些特定看法和特定感情所帶來的影響。

三是合適性。「實地」的選擇一方面受研究對象的限制，另一方面則需要基於可行性的考慮，在列出備選的研究「實地」後，研究者需要考慮某些實際的問題，如進行各階段研究的便利程度、研究者個人的時間與能力等。

三、進入現場

在選定了研究對象之後，研究者必須思考如何進入到研究的「實地」中。順利進入調查地點、接觸訪談對象、進行實地觀察，既是進行實地研究的前提，也是保證實地研究順利進行的關鍵。

1. 進入現場的策略

由於實地研究的現場是複雜多樣的，研究者進入現場的身份往往也比較複雜，因此，在實際的進入過程中，許多情況下研究者需要根據要進入的現場的特點選擇合適的途徑和策略。對於某些公開的現場，進入並沒有特殊的限制。比如，在商場裡觀察顧客的身份特徵、在路邊記錄往來車輛的頻率等，在這些情況下，並不需要過多考慮進入的策略。

　　對於某些較難直接進入或者不方便以研究者身份進入的現場，在進行研究時則可以依賴「局內人」或者「中間人」的幫助。「局內人」是指擁有某種正式的或非正式的權力來決定他人是否可以進入研究現場的人，如政府的行政人員、企業的中層幹部等。他們對於現場的環境和特點比較熟悉，透過他們的幫助可以給研究帶來相當大的便利。與「局內人」打交道需要採取靈活機敏的策略，也必須恪守某些不能妥協的底線，以保證研究內容和結果的真實完整。同時，「局內人」所提供的訊息許多時候都是他們所知道的事實和觀點的綜合，並不能確保是完全無偏見的訊息，研究者在與他們接觸時，要注意分辨和確認。

　　2.進入現場的身份

　　實地研究強調在自然情境下對研究對象進行研究，因此，研究者以怎樣的身份進入以使得研究情境處於自然狀態，也是研究者必須考慮的問題。不同的研究者身份所帶來的影響是完全不同的，其中一個明顯的表現就是研究對象的反應。例如，研究者分別以官員和學者的身份進入現場，人們對待研究者的態度可能就會相去甚遠，在提供資料的真實性上也會有所差異。

　　在某些時候，研究者是作為置身事外的「局外人」進入的；在另一些時候，則需要研究者作為一個親身參與的「局內人」進行研究。研究者在選擇身份時需要綜合考慮以下幾個方面：一是進入現場的便利性。二是研究內容的需要。對於某些受研究者身份影響較大的主題，研究者就必須選擇在必要時調整自己的身份。三是研究的倫理問題。研究者隱藏身份所進行的研究是否會帶來倫理上的譴責，也需要研究者仔細考慮。

四、與研究對象建立關係

社會關係是透過協商形成的，實地研究的社會關係多形成於與研究對象的互動過程中。友善的社會關係是收集資料的基礎，也是研究順利進行的重要保證。研究者在進入現場之後，面臨的困難是多方面的，如適應當地的文化和習慣以及克服其他一系列因素可能造成的不適反應、如何以當地人慣常的方式與其相處並獲取足夠的信任等。對於研究者而言，進入一個陌生的社會情境中開展研究實際上就是一個再社會化的過程。

學者折曉葉在談到自己進入所研究的村莊的感受時指出：「作為陌生人的感覺，時常讓我覺得難以真正進入這個村莊的社區生活，其中首先的障礙，是與村裡人之間在穿著、相貌、語言、心理和身份上的距離，這可能從他們對你探究、猜測、冷眼的目光中，從與你談話時的尷尬中感覺到。」研究者需要採取恰當的方式與研究對象進行協商互動，最終建立起穩定的關係，才能夠順利進入現場，培養持續的信任，獲取有效的資料，並減少在研究過程中研究對象的敵對反應。

1.展示自我

自我的展示向他人傳遞出一種象徵訊息，透過體貌特徵、言談舉止等形式，向他人展示我們是誰、我們是什麼樣的人、我們要做什麼。自我的展示有時會因場合的不同而有所差異，恰當的自我展示有助於增進研究對象的好感、建立良好的關係。

對於展示自我的方式，研究者需要進行審慎的研究並保持高度的自覺。研究者必須知道，自我展示會在一定程度上影響雙方關係，並最終影響研究進程。在不同的時間、不同的場合、與不同的對象相處時，需要因時、因地、因人而異，最好的做法是在做到尊重自己的同時也尊重研究對象。在研究街頭流浪者的生活時，研究者不一定非得和流浪者穿得一模一樣，也不一定要表現出和流浪者類似的言行舉止，而在與企業經理人或者政府官員打交道時，正式的裝扮和專業的行為則是非常必要的。

2.培養感情

在實地研究過程中，研究者一方面透過與研究對象的交流互動獲取資料，另一方面也在共同生活、和睦相處的過程中逐漸加深瞭解、深化感情。這種透過培養感情使之從「瞭解」達到「情感認同」的過程，既有利於研究的深入開展，也有助於提升研究者的認知。

個人魅力是一種幫助建立友好關係的有效方式。如果研究者具有友善、誠信等受歡迎的品質，那不僅能促進與研究對象之間的交流，而且能幫助研究者充分觀察到其他相關對象的感受。表現個人魅力的方式有很多，真誠的關心、得體的言行、友善的分享都是不錯的策略，但也要根據特定的場景和對象做出適當的調整。

因為實地研究的對象可能存在顯著的差異，所以，與研究對象培養良好的感情就顯得並不總是那麼輕而易舉。社會情境中除了和諧、友善、熱情，還有可能充滿了恐懼、緊張、衝突和不信任。研究者不可能與所有的人合作，對於那些表現出明顯的不合作態度或堅持不願意參與的成員，研究者要適可而止。

在與研究對象有一定的感情基礎後，研究者可以考慮繼續加深瞭解以發展出深度的關係。加深瞭解是培養深度感情的先決條件，是研究者在克服了文化習慣等障礙後慢慢發展起來的。隨著感情的加深，研究者與對象之間就可能產生情感認同，即從對方的視角進行思考和採取行動。

需要注意的是，培養感情非常重要，但有了感情並不意味著研究對象會透露所有的訊息。這種基於感情的信任可能只侷限於特定的領域。比如，研究者與村民在人口訊息方面建立了信任，並不意味著他們在財務情況方面會毫無保留。對於不同的領域，時常需要重新培養感情和建立信任感。

3.維持關係

隨著研究的不斷推進，剛開始表現冷漠的成員可能會逐漸變得熱情，剛開始表現得非常友善的成員也可能顯現出懷疑和擔心，因此，研究者需要不斷地發展、修正、維持之前建立的社會關係。實地研究者要學會掌控自己的

言行舉止可能招致的影響，對於可能發生的冷漠、衝突等不良關係要有所認識，並學會如何處理。

在與研究對象的互動過程中，研究者最好能時常保持一副感興趣的樣子。有經驗的研究者會透過研究對象的言行或舉止，表現出對他的興趣和關切，即使有時候他並不是真的那麼感興趣，但出於禮貌和研究的需要也最好故意為之。因為研究者知道，如果他表現出厭煩或漠不關心的樣子，有可能會損害到辛苦培養起來的感情。

在面對多個研究對象之間的衝突時，研究者需要謹慎思考「支持哪一方」這類問題，並在這個過程中接受成員對他是否可以信任的考驗。在這種場合裡，研究者通常會保持中立的立場，小心翼翼地處理其中的關係，因為研究者一旦站在了這一方，就必然會失去另一方。

除了學會運用多種策略維持社會關係外，研究者也要能夠在必要的時候中斷關係，或是從這些關係中退出。關係的結束可能會對研究者的情感和心理產生相當大的影響，研究者必須在個人感受和研究目標之間尋求平衡。

五、收集資料

實地研究接下來的步驟就是資料的收集。實地研究中資料的收集主要來自研究者的觀察和訪談，除了用觀察和訪談的方法收集資料以外，實地研究的有些資料還來自研究者實地的體驗與反思，這是從廣義上來理解實地研究資料的收集。在實地研究過程中，研究的發現有時候正是在觀察、訪談、體驗與反思的同時產生的，這意味著研究者在進行資料收集的同時，要不斷地進行思考，及時對獲得的資料進行分析。無論採用何種資料收集方法，都應該把握這樣兩個原則：

第一是真實性，即所收集的資料為研究者真實的所見所聞、所思所想，這一原則往往要求研究者進行即時的記錄；

第二是完備性，即資料要儘可能詳細，所收集的內容不僅要包括研究者的所見所聞，還要包括對於研究的即時體驗和思考。

另外，要保證資料收集活動不影響研究對象或資料收集對象的原本狀態，即不能因為收集資料而影響研究對象或資料收集對象的活動。

資料的整理與分析、撰寫研究報告兩步，在後面的章節中會詳細介紹，故這裡暫不贅述。

第三節 觀察法

一、觀察法的概念及類型

無論是在日常生活中，還是在科學研究中，觀察都是人們獲得知識（日常知識和科學知識）時廣泛採用的一種活動方式，如觀察天氣的變化、查看工作的開展進度、注意人或物的發展情況等。觀察一般包括視覺資料的收集，也可以包括經由其他感官如聽覺、觸覺、嗅覺的資料收集，以及借助感官的延長手段，如照相、攝影、錄音等手段收集資料。

需要注意的是，日常生活中的觀察與科學研究中的觀察有著明顯的區別，前者通常是無意識的或不繫統的，而後者往往需要具備以下幾個特徵：有一定的研究目的或研究方向；預先有一定的理論準備和較系統的觀察計劃；有較系統的觀察或測量記錄；觀測結果可以被重複驗證；觀察者受過一定的專業訓練。因而，觀察法 (OBSERVATIONAL METHOD) 指的是研究者運用感覺器官或借助科學儀器，直接感知與記錄正在發生的、與研究目標和研究對象有關的社會事實的過程。

在實地研究的過程中，雖然許多研究者都是採用觀察法來收集資料，但由於研究目的的不同、所需資料的性質不同，實際採用的觀察方法往往有很大的區別。總的來說，我們可以根據以下四個方面對觀察法進行分類。

1.根據觀察場所的不同劃分

從觀察的場所來看，觀察法可以分為實驗室觀察 (LABORATORY OBSERVATION) 和實地觀察 (FIELD OB-SERVATION) 兩大類。實驗室觀察通常在具有單向透鏡、攝像機、錄音機等設備的實驗室中進行。有時候，這種「實驗室」也可以是某些自然場所，如教室、會議室、俱樂部等。

但這些自然的場所必須在事先經過一定程度的控制，比如，預先設置某些觀察工具，規定好觀察的程序和內容等，總之，要使它儘可能地具備進行實驗的條件。實地觀察則是在自然情景中進行的，這種觀察不需要（實際上也不可能）對觀察的場所和對象進行控制，而是深入到現實生活中對實際的社會現象進行觀察。相比較而言，實驗室觀察通常被運用於心理學的研究中，而實地觀察則更多地運用於人類學和社會學研究中。

2.根據觀察者角色的不同劃分

從觀察者的角色來看，觀察法可以分為非參與觀察 (NONPARTICIPANT OBSERVATION) 和參與觀察 (PARTICIPANT OBSERVATION) 兩大類。所謂非參與觀察，就是觀察者置身於所要觀察的社會現象之外，儘可能客觀地觀察研究對象的活動和表現。

比如，實驗室觀察就是典型的非參與觀察。在實地觀察中，有些也是以非參與觀察的形式進行的，如在路邊觀察過街的行人遵守交通規則的情況，在書店觀察進出的顧客的年齡特徵等。參與觀察則是指觀察者親自投身到所觀察的社會現象和社會生活中去，在融入其中成為社會生活中各種活動的一員時所進行的觀察。比如，到工廠或農村，一邊參加實際勞動一邊進行社會觀察。根據觀察者在參與觀察過程中所扮演的角色的不同，參與觀察還有不同的形式。

3.根據觀察程序的不同劃分

從觀察的程序來看，觀察法可以分為結構式觀察 (CONSTRUCTED OBSERVATION) 和非結構式觀察 (NONCONSTRUCTED OBSERVATION) 兩大類。結構式觀察往往事先要對討論的範疇進行詳細分類，對各項內容的觀察和記錄方法也要逐一規定。因此，結構式觀察往往將注意力集中到若干具體的、明確的、許多還是可以計數的行為和特徵上。這樣一來，結構式觀察的結果通常可以像問卷調查的結果那樣進行定量的處理和分析。

非結構式觀察則沒有這些要求，研究人員事先並不專注於某些特定的行為和特徵，在觀察的過程中也不只是期待這些行為的出現，他們只是在行為

發生時進行全面的觀察並記錄下來。因此,非結構式觀察的資料通常不能用來檢驗某個假設,也不能像結構式觀察所得資料那樣進行定量的處理和分析,它通常只能從定性角度來描述所研究的對象和行為。

4.根據觀察對象的不同劃分

從觀察的對象來看,觀察法可以分為直接觀察(DIRECT OBSERVATION)和間接觀察(INDIRECT OBSER-VATION)兩大類。直接觀察是指對那些正在發生、發展和變化著的社會現象所進行的觀察,即研究者親眼看見人們的行為舉止,詳細知悉正在發生的事件的過程。間接觀察的對象通常不是動態的事物,不是具體某一時刻人們的行為和表現,也不是正在發生的行為和活動,它包括痕跡觀察和行為標誌觀察兩種形式。痕跡觀察又包括磨損測量和累積測量。

痕跡觀察的原理在於人們的活動會對一些物品造成一定的磨損,或者留下一定的物質,被磨損的物品及毀損處的特點、留下的物質及其特點等在一定程度上反映了人們的活動情況,透過對磨損和累積物的觀察可以在一定程度上瞭解人們的活動情況。如透過觀察不同展覽會的地毯的磨損程度,以此來比較出哪個展覽會更受歡迎;透過觀察學校牆壁上塗畫的內容的數量,借此來分析學生的道德觀念的強弱等。行為標誌觀察是透過一些表面的或無意識的現象推測人們行為方式和價值觀的一種方法。例如,透過對某個居室的布局和陳設的觀察,據此推斷居室主人的階層屬性。

綜合以上比較,我們可以把觀察法的類型製成以下簡表6-1。

表6-1 觀察法的類型

分類原則	觀察類型
觀察的場所	實驗室觀察－實地觀察
觀察者的角色	參與觀察－非參與觀察
觀察的程序	結構式觀察－非結構式觀察
觀察的對象	直接觀察－間接觀察

二、觀察法的應用

雖然具體的觀察方法有多種形式,但在實地研究中最主要的觀察方法是參與的、非結構式的觀察,也就是說,研究者不帶理論預設地參與到研究對象或資料收集的對象的生活當中,保持觀察情境處於自然的狀態,對於觀察的內容、程序也不做事先統一的規定。

1.觀察法的步驟

任何形式的觀察都需要考慮這四個基本問題:

第一,觀察什麼,即觀察的對象、範疇和內容;

第二,何時何地進行觀察,即觀察時間、地點的選取;

第三,觀察者與被觀察者的關係;

第四,如何獲得準確的觀察資料。

基於這四個問題,觀察法的全過程可以分為三個階段:準備階段、實施階段和資料處理階段。每個階段又包括幾個主要步驟,如表 6-2。

表6-2 觀察法的主要步驟

階段	內容
準備階段	1.確定研究目的 2.制訂觀察計劃 3.理論準備和物質準備
實施階段	4.進入觀察現場(或實驗室) 5.與觀察對象互動 6.進行觀察或測量,做好現場紀錄
資料處理階段	7.整理和分析觀測紀錄 8.撰寫調查報告

觀察法的記錄格式如表 6-3 所示。

表6-3 觀察法的紀錄格式範例

觀察卡片
(學生自習的利用狀況-非參與觀察)

班級：_____

人數：_____（實際觀察人數）

觀察日期：_____

時間：_____

觀察內容：_____

估計人數：_____

項目	無	約1/4	約1/2	約3/4	全部	具體人數
1.讀課本	____	____	____	____	____	____
2.做作業	____	____	____	____	____	____
3.看小說	____	____	____	____	____	____
4.打瞌睡	____	____	____	____	____	____
5.閒聊	____	____	____	____	____	____
6.做其他事	____	____	____	____	____	____

　　在觀察的過程中，需要特別注意的是觀察的準確性問題。參與觀察的資料主要是觀察記錄，它的準確性取決於兩個方面：一是如何正確和詳細地做記錄；二是如何科學地整理和分析觀察記錄。

　　記錄所觀察到的現象和行為，應當儘量在當場或短時間內完成，這樣可以減少記憶的遺漏和錯誤。但同時需要注意的是，要不引起被觀察者的注意，以免使他們改變自己的正常行為。此外，有時候事情會發生得很突然，或者產生比較急劇的變化，遇到這種不易在觀察的同時做記錄的情況時，有經驗的觀察者通常利用記憶技術在短期內記住行為的細節，或用一些簡單的符號註明時間的過程和重要事項，以便於事後回憶。這種當場或短時間內的筆記一般是雜亂的、潦草的，因此需要研究者在晚上盡快對白天的速記進行整理，形成工作日記或事件記錄。

　　為保證記錄的客觀性和準確性，最好的方法是同時由兩個以上的研究者分別記錄，以便相互對照、查漏補缺。另外，要將記錄中的客觀描述與研究

者自己的解釋區別開來,分別歸類。在有些場合,除了儘可能地進行詳細記錄外,還可以利用錄音、錄像等設備。長期的實地觀察會積累大量的觀察記錄,為了系統地對記錄進行分析,就需要對記錄進行概括和整理。

觀察法雖然預先沒有具體的理論假設,但是在觀察的全過程中,即從準備階段到資料分析階段,都必須以一定的理論為指導。首先,在進入現場前要查閱理論文獻,瞭解前人的研究和理論觀點,選取一定的研究角度和觀察角度;其次,在觀察過程中要注意所觀察到的事實是否驗證或推翻了過去的理論;最後,要透過對觀察資料的分析建立新的理論。

2.觀察法的信度與效度

(1) 觀察法的信度

觀察的信度包括三種類型:

第一,不同觀察者的相關度;

第二,穩定係數,即同一觀察者在不同時間觀察所得結果的相似程度;

第三,信度係數,即不同觀察者在不同時間裡觀察所得結果的相似程度。

一般來說,不同的觀察者或同一觀察者在不同的時間對同一社會現象的觀察結果是很難完全一致的。這一點在非結構式觀察上表現得特別明顯,因為非結構式觀察主要依靠具體觀察者的感官和主觀描述,這種主觀描述是不能量化的,也不是標準化的,所以很難相互對比。

觀察的可靠性取決於所有的觀察者都集中注意於某些事項:他們要儘可能地注意到每一個細節,並用標準化的語言將其記錄下來。對信度的精確評估,必須運用統計檢驗,而這只有在結構式觀察中才有可能。

提高觀察信度的方式,一種是透過不同時間的重複觀察,另一種是增加觀察者的數量。相較而言,前一種的可信度要更高一些。另外,要注意選擇有經驗的和受過訓練的觀察者,對於觀察的類型也要有較清楚的定義。在對不同時間的行為進行觀察時,要注意社會情境的變化,以及同一個人在不同時期中行為的變化,這些都會對觀察的信度產生影響。

(2) 觀察法的效度

在觀察的效度方面，首先在準備階段要選擇適當的觀察方法，然後根據選定的方法來確定研究者的角色和具體的觀察方案，在觀察地點的選擇上應考慮其是否適合於研究目的。例如，研究目的是要觀察少數民族的風俗習慣，選擇一個受外來文化影響較大的村鎮就不大可能收集到有效的資料。同樣地，對於觀察對象的選擇也要考慮研究目的和觀察者角色的影響。例如，要研究工人的勞動積極性，就要觀察不同年齡、不同工種的工人，並且必須考慮研究者本人是否適合從事這種觀察。

在實施階段，影響效度的因素較多，它們主要來源於：

第一，被觀察者的反應。當被觀察者意識到有人在觀察他們時，他們很可能會在不同程度上有意識或無意識地改變他們的習慣行為，尤其是在某些較為敏感的問題上。

第二，觀察者本人的價值觀和期望的影響。觀察者很難做到完全客觀地進行觀察，許多時候，他們多少會帶有一些個人偏見，同時，不同的觀察者可能會注意到不同的事物，這與他們的興趣和期望有關。

第三，觀察者本人的感覺和記憶的影響。在觀察中，觀察者難免會出現錯覺，特別是在緊張、疲勞的時候，他們也可能會對某些現象熟視無睹進而忽略它們。

在資料處理階段，研究者有可能依據個人偏好來決定資料的取捨，或者從資料中挑選出有利的內容來形成理論。這些都會影響觀察結論的準確性。

三、觀察法的作用

觀察法的作用是由其特點決定的。觀察法有三個主要特點：

第一，觀察的直接性與自然性，與其他方法相比，在觀察中，研究者與被研究者的關係更為直接和自然；

第二，由於觀察的直接性，觀察者本人的主觀意識和價值取向會更多地介入到觀察對象和觀察資料中；

第三，觀察具有廣泛性，它廣泛適用於各種場合和情境，它的對象包括各種各樣的社會現象，而且與其他方法相比，觀察者的範圍更廣，甚至未經過多少專業訓練的人也可以嘗試採用這種方法。

由此決定觀察法具有以下幾個作用：

第一，觀察法可以提供有關社會現象和社會行為的詳細的、第一手的資料，可以對社會情境有直接的感性認識。觀察是獲取社會訊息的重要手段，一切科學發現都離不開對具體事物的大量觀察。社會科學為了研究大量的社會問題，首先要瞭解社會結構中形成各種社會關係的不同人群的活動，即人們的社會行為；其次要瞭解社會文化和社會經濟狀況對人們相互行為的影響。例如，恩格斯在調查英國工人階級的狀況時，透過親身觀察，詳細地描繪了工人的生活狀況和社區環境，為揭示工人階級的本質特徵和行為方式，揭示社會經濟狀況與工人階級的思想意識、價值觀及倫理規範之間的聯繫建立了基礎。

第二，觀察法可以用來收集其他方法很難獲取的訊息。特別是當研究者與被研究者難以進行直接有效的互動或處於不同的文化背景下時，經常使用觀察法。英國社會學家馬林諾斯基在研究西太平洋突布蘭群島的土著文化時，一方面學習當地的語言，另一方面觀察瞭解當地的生活習慣、風俗禮儀等，以揭示這些非西方文化現象背後的深層文化結構及其社會功能。

第三，觀察法也是提出理論假設的基礎。在理論研究開始時，對問題常缺乏較全面和深入的瞭解，沒有明確的概念和假設。這時一般要先進行探索性研究，初步觀察和瞭解研究對象的特點，結合其他方法形成初步的理論假設，為進一步的深入研究奠定基礎。

第四節 實地研究的優點與缺點

一、實地研究的優點

從研究的技術、手段上來看，實地研究主要採用的是參與觀察、非結構式訪談等定性研究方法，它具有定性研究的許多優點，主要表現為以下幾點。

1. 自然情境

實地研究的一個主要優點是行為發生在天然的環境裡。某些支持者認為，同其他主要的資料收集技術相比較，觀察法較少有人為干預，而實驗法和調查法則嚴重地依賴人工環境或者依賴對一套有限問題的言語回答，這兩種方法顯然都會在它們所試圖研究的資料中產生偏誤，以致資料成為該方法的產品，而不單純是對一種現存經驗現實的測量。定性的實地研究不像調查或實驗那樣是有限的，也不是人為製造的。

2. 彈性靈活

實地研究很少遵循固定的路線，這是它的一項關鍵優勢。調查問卷等定量研究方法是相當人為的，且手段有限，僅限於原來所選擇的一個數目頗小的問題，而定性的實地研究方法則允許深入研究整個的人。調查人員常在預備性研究中運用實地研究方法。例如，一個研究人員計劃進行一項問卷調查，卻相當不熟悉他的回答者，從而不清楚究竟什麼問題是適宜的或必需的。透過進行一次初步的實地研究，研究人員可以發現研究對象的適當特徵，包括回答者自己可能不知道的某些行為。同樣地，觀察法，尤其是非結構式觀察，是一種非常靈活的方法，使研究者可以把握整個現場的情況，集中關注任何的重要變量。一個研究人員在問到回答者關於他自己的行為時，可能會遇到各種各樣的困難，包括故意否認一定的行為、出現回憶不起來的情況等，而一個在場的觀察者可以隨時發覺不斷發展變化的行為並將其記錄下來。

3. 節約成本

相較於其他研究方法，定性的實地研究的花費相對較少。其他的方法在研究過程中可能需要購買昂貴的設備或者僱傭高工資的研究人員，而實地研究在研究者可以觀察記錄的情境下就可以進行。當然，這並不意味著實地研究的成本絕對很低，有些時候培訓專業的研究人員、參與一些高消費環境的互動都需要足夠的資金保障。

二、實地研究的缺點

實地研究的基本特徵決定了其具有效度高、研究方式靈活有彈性等優點，但這一研究方式也有其不可避免的缺點，主要表現為以下幾個方面。

1.結論的侷限性

由於實地研究所考察的對象通常是具體的、有限的，這使得實地研究的結論往往侷限於所研究的個案本身，難以推廣到個案以外的更大的總體。實地研究通常強調對小型社區或小群體的研究，以期達到深入性、細緻性和完整性的理解，但一個社區或小群體的研究對於認識一個民族、區域或國家缺乏典型性和代表性。以費孝通的《江村經濟》為例，英國人類學家里奇不同意那種認為《江村經濟》中所得出的結論可以實現「以小見大」的通則追求，他認為，像中國這樣的大國，個別社區的微觀研究恐怕不能概括國情。

2.信度問題

雖然實地研究具有較高的研究效度，但是研究的信度卻很難保證。無論採用參與觀察還是無結構式訪談，研究者利用直接的觀察，或者透過與研究對象的接觸，獲取某種主觀理解，這種直接的觀察和理解雖然保證了某種程度的效度，但是，不同的研究者的主觀理解可能不同，理解結果的一致性也就很難保證。以人類學的田野工作為例，實際上，沒有任何兩個不同的田野工作者對同一種現象的研究會達到統一的理解。這方面的典型案例就是瑪格麗特·米德 (MARGARET MEAD) 與德里克·弗里曼 (DEREK FREEMAN) 先後對薩摩亞人文化的研究以及他們所得出的截然相反的結論。

3.客觀性問題

實地研究的方法論雖然宣稱在自然狀態下對所研究的對象進行觀察，以期獲得關於研究對象的真實客觀的知識，但這種宣稱往往難以完全實現。實地研究工作者本身也屬於一定的族群和文化，他的文化立場和價值體系會在一定程度上影響他的研究，沒有誰能真正做到始終保持完全客觀的觀點。正如費孝通所言：「無論人類學家如何能夠旁觀他人的社會，最終他們首先還是自己社會的一員。

受他們從小習得的本土文化觀念的影響，在他們的寫作活動中，他們更需要在家鄉文化的體驗下敘述他們對異文化的認識，因此他們的『旁觀』與本土人類學一樣不可能達到完全客觀。」另外，在實地研究中，由於研究者對現場的介入，實際上他已經開始破壞或改變了研究對象的自然狀態或原有狀態。格爾茨把人類學家稱為「職業入侵者」。其實，這種入侵本身就是對所研究的對象的一種「變量輸入」，而這種輸入必定會引起研究對象的反應，進而改變自身的初始狀態。

4·倫理問題

在實地研究中，研究者與研究對象的直接而親密的接觸，容易產生倫理問題。洛夫蘭夫婦就實地研究中的以下情況是否合乎倫理提出了質疑：在人們不知道你們將記錄交談內容的情況下和他們交談；為了自身的目的而從你們討厭的人身上取得訊息；目睹人們強烈需要援助卻無直接反應；身處一個你們自己並不全心全意贊同的情境；策略性地營造和其他人的關係；在派系林立的情況下投靠一邊或是保持中立；為了接近人們的生活和心靈，不惜和他們進行金錢交易；利用線人或結盟的方式來接近人群或是不瞭解的事物。

由此看來，實地研究作為一種研究方法，跟其他方法一樣，也有其不可避免的侷限性，這種侷限性其實與社會科學研究的特殊性是分不開的。當然，它的獨特優勢也是不可忽略的，無論是在關於人和社會的理論探討和建構上，還是在理論和方法的實踐與反思上，實地研究都有其獨特的貢獻和作用。

本章小結

實地研究是社會科學中一種既古老又新穎的研究方法，它主要採用觀察、非結構性訪談等定性研究方法，對少數有代表性的或獨特的社會單位、社會現象進行詳細深入的瞭解，尤其是在自然情境下研究人們的態度和行為的變化過程。

定性的實地研究與調查研究、實驗研究等定量研究方法相比有著明顯的不同之處，它強調研究者不需要帶著已明確定義的、只需加以檢驗的假設進

行研究，要求研究者必須以自身的文化背景直接觀察和參與被研究者所處的社會場景，突出「自然情境」的特點。

傳統的實地研究有自然主義、草根理論、民族志、常人方法論等範式，它們是實地研究在不同時期的擴展，都有各自的觀點、立場、優點和缺點，但它們都還不是實地研究的核心，在研究中要注意對比和分析。

實地研究比定量研究更有彈性、更少結構化，總的來講，定性實地研究大致的過程與步驟主要包括準備工作、選擇研究對象、進入現場、與研究對象建立關係、收集資料、資料的整理與分析、撰寫報告幾個階段。每個階段都有其注意事項，在研究中可以採用恰當的策略使研究順利進行。

觀察法是定性實地研究的主要方法之一，按照不同的標準可以分為不同的類型，而在實地研究中最主要的觀察方法是參與的、非結構式的觀察，在具體的實施過程中又可以分為準備階段、實施階段、資料處理階段三個部分。在觀察的過程中，需要注意觀察的準確性、信度、效度等問題，對於其作用也需要有較為明確的認識。

實地研究作為一種研究方法，具有自然情境、彈性靈活、節約成本等優點，也有結論侷限性、信度、客觀性、倫理問題等不可避免的侷限性。在學習和實施的過程中要注意明確區分、揚長避短、靈活運用，使其更好地服務於社會研究。

關鍵術語

實地研究

自然主義

草根理論

民族志

常人方法論

觀察法

實地觀察

實驗室觀察

參與式觀察

非參與式觀察

結構式觀察

非結構式觀察

自然情境

局內人

討論題

1. 實地研究的特點是什麼？

2. 實地研究的基本範式有哪些？

3. 實地研究的主要步驟有哪些？

4. 觀察法有哪些類型？

5. 觀察法的步驟和作用分別是什麼？

6. 實地研究有哪些優點和缺點？

案例分析

酒店新來的「女服務員」

2007年7月，剛成為四川大學社會學系教師的何明在給20多位研究生上完人類學專業課程後，又馬不停蹄地來到位於城南的某酒樓。在這家酒樓當服務員的好幾個女農民工都是何明的「閨密」，趁著她們下午短暫的空閒，何明來跟她們聊悄悄話。

何明是清華大學社會學系的博士研究生，自從她將餐飲業女性農民工定為自己的論文選題後，便「臥底」進入了成都這家酒樓，成為一名普通的女

服務員。在普通女服務員的崗位上與女農民工們共品了近一年的喜怒哀樂，和她們一起在寒冬穿著單薄的制服而冷得發抖，在炎夏套著長絲襪而熱得雙眼通紅。

為更好地瞭解女工們的日常生活狀態，何明從家中搬到了酒樓為服務員提供的集體宿舍裡。年輕人很快打成了一片，學歷的差距並沒有阻止她和同事們成為無話不談的好朋友。在每晚例行的「臥談會」中，同屋的6個女孩子嘰嘰喳喳地講著白天在酒樓裡發生的種種趣事，如誰又把菜傳錯啦，誰又潑了客人一身水啦，酒樓新進一個長得挺好看的大廚啦，等等。

在每天的朝夕相處中，何明發現年輕未婚女農民工的生活方式與大多數城市女孩並沒有太大差別，她們也是「月光族」，將大部分工資和心思花在如何打扮自己上，到KTV唱歌和進酒吧也偶爾有之，甚至還有人開玩笑說何明的手機太過時了。當每天晚上下班後，何明看著她的姐妹們換上比她時髦的衣服，揚著笑臉走在成都的繁華街頭，她總會忘記她們就是調查對象──女性農民工。

可當上班時，看著比她年長很多的同事們日復一日地從事著辛苦的後廚工作，偶爾跟她抱怨農村的家裡屋頂又漏雨了，她才無比清醒地認識到她們真的來自農村。從這明顯的對比交替中，何明得出了自己論文的關鍵詞──姐妹分離，並從傳統社會對女性的期待等方面詳細分析了這種現象的成因。經過一年多與女工們的共同生活後，何明完成了自己的論文──《服務業女性農民工個案研究》。

問題：

1.何明在進行實地研究的過程中使用了哪些方法？

2.如果讓你進行類似的研究，你會怎樣設計研究方案？

第七章 非介入性研究

學習目標

- ●瞭解非介入性研究的概念
- ●掌握文獻法的概念和研究方式
- ●掌握內容分析法的概念和研究流程
- ●瞭解歷史分析法的基本概念
- ●瞭解非介入性研究的優點與缺點

知識結構

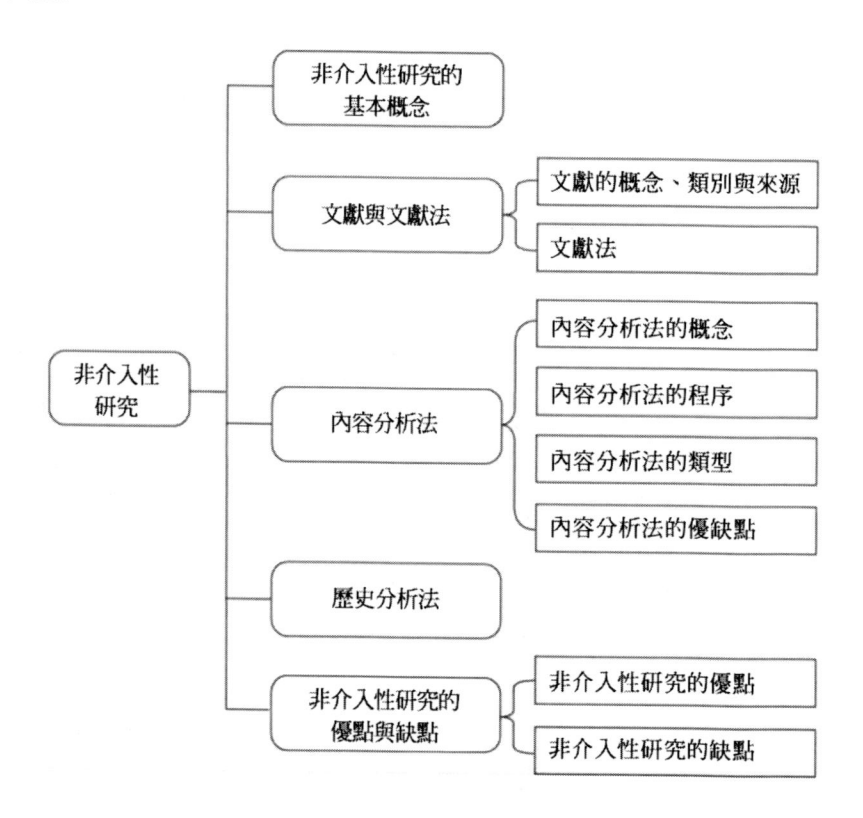

```
                ┌─ 非介入性研究的基本概念
                │
                │                      ┌─ 文獻的概念、類別與來源
                ├─ 文獻與文獻法 ───────┤
                │                      └─ 文獻法
                │
                │                      ┌─ 內容分析法的概念
                │                      │
非介入性研究 ───┤                      ├─ 內容分析法的程序
                ├─ 內容分析法 ─────────┤
                │                      ├─ 內容分析法的類型
                │                      │
                │                      └─ 內容分析法的優缺點
                │
                ├─ 歷史分析法
                │
                │                              ┌─ 非介入性研究的優點
                └─ 非介入性研究的優點與缺點 ──┤
                                                └─ 非介入性研究的缺點
```

引入

貝拉關於日本宗教和資本主義的研究

韋伯的一個著名研究結論是：新教倫理為促進歐洲資本主義的發展提供了宗教動力，而古代的中國、印度和以色列卻沒有相應的支持資本主義發展的宗教，從宗教角度解釋了為什麼資本主義沒有在這些文化中發展起來。這個研究成果已經成為社會科學的一部經典作品。其他學者也曾經嘗試在其他歷史情境中來檢驗韋伯的命題。其中，貝拉 (ROBERT N. BELLAH) 的研究較有代表性。貝拉考察了 19 世紀晚期和 20 世紀早期的資本主義在日本的發展，他稱之為德川時代的宗教。

作為一名學生，貝拉對韋伯和日本社會產生了興趣。這兩方面的興趣不可避免的使他在 1951 年首次將他的博士論文議題構想為「論日本的經濟倫理」。最初，貝拉描繪他的研究設計為：「問題必須具體和有限——不能研究一般的歷史——因為時間的範圍是幾個世紀。對在日本不同情況下個人實際表現的經濟倫理開展實地調查，如果可能，與美國的樣本進行對帳（問卷、訪問等）。」

貝拉當時的計劃是想調查當時的日本人及美國人。然而，他並沒有獲得足夠的資助以完成當初的構想。作為替代，他把自己沉浸在日本宗教的歷史記錄中，試圖尋找日本出現資本主義的根源。

經過幾年的研究，貝拉發現了許多線索。在 1952 年對有關這個議題的一份報告中，貝拉感到答案就在武士道的武士法典和武士階級所實行的儒教中。

由於武士只是日本社會的一個組成部分，所以，貝拉繼續關注一般的日本宗教。雖然他對日文的理解並不是很好，但是他仍然要閱讀日本宗教的經典。由於這些束縛和實踐壓力，貝拉決定將他的注意力集中在一個團體上：神道教，一個 19 世紀及 20 世紀流行於商人間的宗教。

此外，貝拉還考察了天皇在宗教和政治中的角色以及天皇崇拜在每個時期對經濟的影響。最後，貝拉的研究指出了日本資本主義發展的宗教和哲

因素。不過，假如他按照原先的計劃去採集美國與日本的配對樣本，他可能就無法對日本宗教獲得如此深刻的理解了。

思考：貝拉的研究所採用的方法有什麼特點？

第一節 非介入性研究的基本概念

在前幾章已經學過的調查研究、實驗研究以及實地調查等研究方法中，研究者都需要不同程度地與研究對象接觸，介入到研究對象中。這種介入可能會不同程度地改變研究對象，使他們的反應與在自然狀況下有所區別。如調查研究中常用的問卷調查法，被試者必須首先閱讀問卷的指導語，然後按照題目、選項等內容進行填寫或選擇，這樣根據問卷作答的結果，很大程度上已經受到了問卷設計的影響而可能偏離真實的想法。

有一類社會科學研究方法可以在完全避免這種接觸被試者而造成對其影響的情況下進行研究，這種方法被統稱為非介入性研究（UNOBTRUSIVE RESEARCH）。非介入性研究是一種在不影響研究對象的情況下研究社會行為的方法，它可以是定性的，也可以是定量的。

本章主要介紹三種具體的非介入性研究的方法，包括文獻法、內容分析法和歷史分析法。這些方法共同的特點是不直接接觸研究對象，而利用已有的材料進行研究。在這些方法中，文獻法是將現有的訊息資料進行收集、整理，在此基礎上，借助一定的方法，對其內容、框架、思路進行分析、總結；內容分析法是對各種訊息交流形式的明顯內容進行客觀的、系統的和定量的描述；歷史分析法則是對歷史事件發生的規律進行探索和分析，研究其中的邏輯關係。

第二節 文獻與文獻法

一、文獻的概念、類別與來源

「文獻」一詞最早見於《論語·八佾》中。子曰：「夏禮，吾能言之，杞不足征也；殷禮，吾能言之，宋不足征也。文獻不足故也。足，則吾能征之矣。」宋代著名學者朱熹註：「文，典籍也；獻，賢也。」

現代社會科學研究中「文獻」的概念已與古代有了很大區別。1983年頒布的《中華人民共和國國家標準·文獻著錄總則》規定：文獻是「記錄有知識的一切載體」。所以，文獻可以包括文字、圖表、符號、數字、音頻、視頻等形式。

按記載方式的不同，文獻可以分為手寫型、印刷型、音頻型、視頻型、數碼型等；按加工次數的不同，文獻可以分為原始文獻和二手文獻（又稱二次文獻）；按來源的不同，文獻可分為個人文獻、社會組織文獻、大眾傳播媒介文獻和官方文獻。社會科學研究中常見的文獻來源包括以下幾種。

1·個人文獻

日記是當事人對自身及周邊發生的事情、感想、看法等的記錄，常會按時間順序持續相當長的一段時間，透過日記可以透析當事人的經歷、思想、性格等。但由於日記涉及個人隱私，一般人不會拿出來與他人分享，給利用日記進行研究帶來很大困難。隨著近幾年來網路日記的興起，由於網路日記的公開性，使該方法又有了新的用武之地。

回憶錄是作者對自己在某一時期內的一些特殊經歷的描述。在回憶錄中，作者可以是中心人物，也可以是旁觀者。在對歷史重要事件進行研究時，當事人的回憶錄具有極高的研究價值。

自傳通常是作者對自己從小到大的生活史的描述，通常按照時間順序記錄。雖然和回憶錄一樣都是對親身經歷進行描述，但與回憶錄不同，自傳的中心人物只有傳主一人。

信件是人際交往中書面溝通的主要形式，一定程度上反映了當事人的經歷、感想、價值觀、性格等。

個人文獻是當事人經歷及其周圍發生事件的直接記錄，屬於可信度和質量都比較高的文獻來源，但由於其私密性，研究人員獲取這樣的文獻難度較大。

2·公開出版物

公開出版物包括報紙、雜誌、書籍。其中，書籍一般出版一次，根據需要決定是否再版；報紙、雜誌則為定期出版。這些公開出版物提供了前人對於某一問題的思想、觀點、研究成果等，這些都是進一步深入進行後續研究的重要參考和基礎，是現代社會科學研究最重要的文獻來源。社會科學發展到現在，很難找到完全空白的領域，任何研究開始之前，都應該對相關領域前人已有的文獻進行檢索，以瞭解前人的研究方法、研究成果，從而得到啟示，避免低起點和重複研究。

3.統計資料

　　各類數據的統計資料是文獻的另一個重要來源，研究常用的統計資料如全國人口普查數據、經濟統計數據、上市公司報表等，它們由國家統計部門、各級政府部門、各級專業機構編制。這類資料常常提供全國或者一個地區、一個組織的相關概況，對於研究者從總體上把握經濟形式與社會發展趨勢、分析各因素之間的關係有重要作用。由於這些資料是由專業機構統計並向全社會發布的數據，所以具有較高的權威性和公信度。

4.圖片、音頻、視頻

　　隨著訊息技術的發展，圖片、音頻、視頻的製作和傳播越來越方便，也越來越多地被社會科學研究所利用。如消費行為學研究中經常把產品、環境的圖片作為研究的材料，心理學中很多實驗材料也是以圖片、視頻等形式給出。在如今的觀察法研究中，很多研究者也從過去親自在現場觀察，轉變為設置攝像頭，拍攝視頻來進行觀察。

二、文獻法

　　文獻法即將現有的文獻資料進行收集、整理，然後憑藉一定的研究方法，對其內容、框架、思路進行分析、提煉，以獲得相關的訊息，進而得出一定的結論或為下一步的研究做好準備的方法。文獻法的研究過程實際上就是獲取訊息、整理訊息和加工訊息的過程。其具體流程包括以下幾點。

1.擬訂研究計劃

研究計劃是研究工作的藍圖。和其他研究一樣，文獻法也應該在研究計劃的指導下，按步驟、按層次地進行。現今的文獻數量已經非常龐大，缺乏計劃的盲目探索會浪費過多的時間和精力，且收穫寥寥。

文獻法的工作計劃與其他研究計劃基本相同，主要包括：研究的目的和意義、研究的主要內容、文獻的收集途徑、文獻分析的方法、研究的進度安排、人員安排、經費的預算、成果的形式等。總體計劃制定後，還應制定文獻資料收集和分析的具體計劃。

2.收集文獻資料

文獻法的研究對象是文獻資料，能否按時、準確地收集到真實、全面、完整的文獻，對文獻法的研究質量有著重要的影響。現代社會，各類文獻資料的數量、增長速度用「爆炸」來形容毫不為過，要在這浩如煙海的文獻海洋中快捷、準確地收集到所需的文獻，必須要借助一定的方法和數據庫，具體方法包括以下幾種。

（1）尋找可靠的文獻來源

可以根據自己研究題目的大小、已有文獻數量的多少，確定需要查閱的文獻等級。對於已經有較多研究、論文眾多的課題，可以提高刊物的等級，以便於去粗取精，抓住重點；對於較新的、較為冷門的、研究較少的課題，需要大面積收集，以把握研究現狀。

（2）利用搜索引擎和數據庫

由於目前學術文獻數量很大，很多時候利用搜索引擎進行檢索是快捷的方法。查找外文文獻常用的搜索引擎或數據庫有 SCHOLAR GOOGLE、JSTOR、SCIENCE DIRECT 等；中文文獻搜索常用百度學術、CNKI、萬方數據等。搜索的方法最常用的是關鍵詞檢索，即輸入代表研究主題的關鍵詞來搜索文獻。此外，還可以用作者、文獻來源、出版日期等方法進行定向檢索。另一個常用的檢索系列文獻的方法是引文檢索，這種方法通常用於難以直接找到相關文獻的研究課題，其方法是從一篇文章的參考文獻開始，再找參考的文獻，一步步找出大量相關主題的文獻。

(3) 確保文獻的質量與完備性

研究者查閱文獻時既要把注意力儘量多地放在高質量的文獻上，又要避免遺漏前人的觀點。可以採取的方法包括：

第一，在全面收集文獻的基礎上，重點閱讀本專業代表性刊物，以及進入核心期刊目錄、CSSCI 目錄的文獻；

第二，先廣泛閱讀各種文獻的摘要，初步判斷文獻的質量，再有選擇性地深入閱讀；

第三，根據文獻的下載、引用情況進行選擇，一般來說，引用次數多的文獻是具有代表性觀點、較為權威或者某個領域破冰型的文獻，這些文獻值得重點閱讀。

3·分析文獻

研究者從圖書館、數據庫等地方獲得完整可靠的文獻資料後，可以著手對文獻內容進行整理、分析、描述，並從中得出一定的研究結論。對文獻內容進行研究的方法可以分為定性研究和定量研究兩種。

定性的文獻研究也就是一般所說的文獻法。定性分析就是根據研究人員的需要和觀察將文獻資料的原始形式改變為研究者需要的形式，對文獻內容進行解釋和說明。這種方法是一種在描述、歸納基礎上創造的過程。這個過程的質量取決於所收集的文獻本身的形式和內容，取決於研究的目的和條件，更取決於研究人員的豐富經驗和創作直覺等。對於有經驗和能力的研究者，定性的分析能抓住文獻的主要思想和觀點，把握文獻最深刻、最隱蔽的內容。但是，定性分析文獻的方法的主要弱點是主觀性過強。無論研究人員怎麼認真、公正、客觀地研究文獻材料，其對文獻的解釋、概括、總結等加工過程總是主觀進行的，多少都要受到個人的經驗、價值觀、思維方式等方面的影響。

文獻的定量分析方法主要是內容分析法，它將非定量的文字轉化為定量數據，進而進行計算和統計分析。內容分析法將在下一節中詳細介紹。

4.研究報告的撰寫

研究者對所收集的文獻進行分析、歸納、描述、評論、演繹、展望，形成研究報告。文獻研究的報告通常為文獻綜述。文獻綜述一般是介紹前人觀點，然後進行解讀、分析並提出自己觀點的過程。在介紹前人觀點時，常用的方式包括按時間順序以及按觀點類型來介紹前人文獻。一些文章還透過表格的方式直觀介紹前人的觀點。文獻綜述最常犯的錯誤是將文獻簡單地羅列堆砌，研究者缺乏對資料的解讀、分析，以及缺乏在文獻基礎上形成的自己的觀點。

第三節 內容分析法

一、內容分析法的概念

內容分析法是一種將定性的材料進行「定量化」研究的技術，它對各種訊息交流形式的明顯內容進行客觀的、系統的和定量的描述。內容分析法的研究材料包括訪談記錄、講話稿、論文、著作、報紙、詩歌、繪畫、信件、照片等各種書面材料、宣傳品、藝術品。內容分析的對象主要是這些材料的形式化、外在的、表面的內容。內容分析法透過規範的、程序化的、受主觀影響不大的研究方法，將內容中的某個項目的頻次、比例等定量數據進行統計，進而說明文本的某些特徵。

內容分析法的實質是要在文獻中找出能反應文獻內容本質且有依據計數的性質，將質的內容轉換為可以測量的、可以進行運算和統計的單位，使得分析的結果相對客觀。在電腦的幫助下，內容分析法得到了更加廣泛的應用。

內容分析研究有三種形式：

第一，描述傳播內容的傾向或特徵。這是最常見的內容分析形式，如媒介報導中是否存在著對艾滋病的偏見以及達到何種程度等。

第二，描述傳播內容的變化趨勢。這類研究常常需要分析五年、十年或更長時間的樣本，以發現對某一主題（如保護環境）的報導量或其觀點是否有變化等。

第三，比較不同樣本的內容特徵。即採用同一評價標準，對兩種以上的同類媒介內容進行分析，以比較它們之間的內容特徵和風格。這三種形式均與社會現實、傳播者、受眾發生某種程度的聯繫。

二、內容分析法的程序

總體來說，內容分析與其他研究方法（如調查研究）的程序是相似的。

1·確定研究主題

研究主題是一個研究的靈魂，它決定了研究的方向、主線、方法以及可能的結論。選擇好的研究主題之前需要充分查閱相關領域的文獻，才能把握好未來的研究方向和趨勢，確保研究的價值，避免重複研究。此外，還要對自身的研究能力、研究條件有清楚的認識，完全超出自身能力和條件的課題，即使勉強進行，最終的研究質量也會大打折扣。

2·抽樣

與調查研究一樣，以文獻為對象的研究常常不可能直接研究全部對象，所以，需要應用一定的抽樣技術，抽取有代表性的樣本來進行研究。抽樣需遵循的原則和基本方法已在其他章節詳細介紹，這裡不再贅述。

內容分析法的抽樣方法運用較多的包括隨機抽樣、系統抽樣、分層抽樣、整群抽樣。以下是一個系統抽樣的例子：一項對初中生喜歡的動漫中的暴力內容進行內容分析的研究，其抽樣方案為：採用自編的初中生動漫收視行為調查問卷（讓學生寫出10部最喜愛的動漫名稱），對學生進行集體施測，對收集的結果進行統計，共得到98部動漫（提名在10次以上），然後根據各部動漫學生的提名率，選定初中生最喜愛的3部動漫，分別是《火影忍者》（熱血格鬥類）、《名偵探柯南》（推理偵探類）、《海賊王》（冒險類）。其中，《海賊王》等距抽取14集，《火影忍者》等距抽取12集，《名偵探柯南》等距抽取16集。

3·編碼

內容分析法的一個關鍵環節就是編碼。編碼是將原始材料轉換成標準化形式材料的過程。編碼工作的相關問題有兩個：一是選擇編碼單位；二是制定編碼表。

（1）選擇編碼單位

選擇編碼單位，即確定以什麼為單位進行觀察和記錄。編碼單位和分析單位可能相同，也可能不同。例如，如果研究網路論壇的語言暴力情況，那麼，一個網路論壇既是編碼單位，又是分析單位。如果想比較不同國家網路暴力的差異，那麼，在這個研究中，編碼單位依然是一個網路論壇，而分析單位卻是國家了。國家才是分析中關注、描述和解釋的對象。

編碼的對象通常是顯性的內容，即表面的、任何人都不會有異議的內容。其中，最簡單的方式是對一個文本中某些關鍵詞出現的頻次進行統計，來反映一篇報告的主旨。例如，對李克強總理2014年所做「政府工作報告」進行的簡單內容分析，發現提到次數最多的詞是「發展」（119次），這與過去10年的情況相同；「經濟」（81次）居第二位；「改革」（77次）則居第三位。相關評論認為，這份報告中表達了政府深化改革的堅定決心。這種方法簡單易行，且十分直接明了。但它的問題是：

出現次數多的詞不一定總是反映一個文本的主旨，單純統計關鍵詞的出現次數難以反映文本的深層次內容。如上例報告中，和改革有關的內容顯然比「改革」一詞的出現頻率有更多的含義。

除了顯性內容外，隱性內容也可以成為編碼的對象。就前一個例子而言，可以讀完整篇報告或者其中的幾段，然後對這份報告中與改革相關的內容進行評論。雖然這種評論也會受到「改革」一詞出現頻率的影響，但不會完全依賴於這個詞出現的次數。

第二種方法為分析文獻的深層含義提供了可能，但可靠性和具體性也相應降低，因為人對文獻內容的理解，受很多因素影響，如研究者的性格、知識背景、價值觀、經驗，甚至當時的心境等。這種主觀性會對研究的信效度造成影響。不同的人對同一段文字的解釋可能不同，同一個人在不同時間給

出的解釋可能也不相同。閱讀研究報告的同行和讀者難以確切知道研究者編碼的標準。對於這類問題，最好的解決方法是簡單統計和深層解讀兩種方法都用。

(2) 制定編碼表

在內容分析法中，編碼表是對文獻材料中的編碼訊息進行記錄的工具，它的結構和形式依賴於對編碼單位的選擇。編碼表在形式上與觀察法使用的記錄表相似，只是記錄的對象從觀察對象的行為變成了文獻的內容。研究人員需要為每一個編碼單位準備一份編碼表。

製作編碼表時，研究者要對編碼對象的每個需要被關注的內容賦予數值。類似於問卷選項的編制，各個數值代表的內容應具備獨立性和完備性。獨立性是指每一個事實或材料只能歸入其中一類，即各個分類之間是相互獨立的，不存在交集。如一個人的民族，是漢族就不可能是滿族或其他民族。

完備性則是指這些類別是窮盡的，每一種情況都可以對應其中的某個類別。如文學作品中人物的性別，可設置兩個選項：男性和女性。理論上說所有的人物都可以歸入其中某一項，然而，可能有的次要人物在作品中並沒有明確其性別，所以，在選項中還應加入「性別不詳」的選項才符合完備性的要求。

表 7-2 是一個編碼表的節選，編碼單位是短篇小說中的中心人物，研究者為每一個人物準備了一份編碼表。

表7-2 編碼表示例

```
小說標題_____     小說編號_____
人物的姓名_____
人物的描述_____

1.居住國                          5.角色
(1)中國                           (1)主要影響人物
(2)外國                           (2)主要反面人物
(3)不詳                           (3)一般人物
2.國籍                            (4)小角色
  _____                       6.年齡
3.民族                            (1)兒童
(1)漢族                           (2)少年
(2)少數民族                       (3)青年
(3)其他(寫明)_____             (4)中年
(4)不詳                           (5)老年
4.性別                            (6)年齡變化
(1)男性                           (7)不詳
(2)女性
(3)不詳
```

三、內容分析法的類型

根據研究內容和研究目的的不同，內容分析法也有不同的類型。

1.計詞法

計詞法是內容分析法中最常用，也是最簡單的一種方法。計詞法的基本步驟是：首先確定與研究問題有關的關鍵詞，然後統計這些關鍵詞在各個樣本中出現的次數、頻率或者百分比，用這些數字來進行分析。

計詞法的記錄對象可以是某個重要的單詞，如在一個使用內容分析法對新浪新聞平台進行的研究中，對新聞關注地區的詞頻分析結果如下表7-3所示。

表7-3 新浪新聞內容國家頻率次數

關鍵詞	頻次	關鍵詞	頻次	關鍵詞	頻次	關鍵詞	頻次
中國	51006	朝鮮	2219	索馬利亞	847	加拿大	372
美國	17582	哥倫比亞	2081	古巴	782	澳洲	344
巴基斯坦	5123	英國	1739	新加坡	651	瑞典	331
以色列	4777	韓國	1648	烏克蘭	636	斯里蘭卡	318
印度	4628	泰國	1585	黎巴嫩	538	阿根廷	316
日本	4330	馬來西亞	1258	南非	463	阿富汗	311
法國	3553	伊朗	1125	希臘	461	約旦	302
伊拉克	3441	巴西	1095	芬蘭	422	西班牙	299
俄羅斯	2842	埃及	892	蒙古	413	越南	293
巴勒斯坦	2747	德國	861	智利	389	義大利	272

（資料來源：劉曉東.基於內容分析的新浪新聞平台研究【J】.情報雜誌，2009(S1)）

作者由此得到以下幾點啟示：新浪關注度大的國家首先是一些在國際政治領域中活躍的國家，如美國、日本、法國、俄羅斯和英國等；其次關注度大的是國際新聞頻發或有重大事件發生的地區，如以巴、印巴、朝韓和索馬里；再次新浪非常關注中國周邊國家的新聞態勢，在前 40 名的國家中基本囊括了中國的鄰國；一些經濟上的大國、政治上的小國得到的關注高不高，如加拿大、西班牙和義大利等。

在記錄了單個詞語的出現頻次後，可以就每個詞的數量進行分析，也可以按某個主題下不同的詞的數量之和進行分析。按某類詞的數量之和進行分析的方法又稱為概念組分析。

2.概念組分析

在一些研究中，只是用單詞作為記錄和分析單位有些過於簡單，此時可以利用概念組分析。概念組分析是將與研究有關的關鍵詞分成小組，每組代

表一個概念，同時也是理論假設中的一個變量。這種方法的記錄單位仍是單詞，但分析的變量是一組單詞構成的概念組。

例如，一個研究用內容分析法，分析一部文學作品中人們的積極情緒和消極情緒的情況，收集訊息如表 7-4。

表7-4 概念組：積極情緒

詞	出現頻次
快樂	3
高興	5
愉悅	6
喜悅	2
驕傲	1
幸福	2
驚喜	3
總計	22

由於分析的變量是概念組，所以分析時只看總計就可以了。

3.語義強度分析

計詞法和概念組分析只對詞語出現的次數進行記錄和分析，而對每個詞的強度有所忽略。語義強度分析則對詞語的意義強度進行分析，並將其數量化。進行語義強度分析，首先要對文中出現的與主題相關的詞賦予「強度值」，強度值由詞彙的語義強度決定。

進行語義強度分析的目的，是為了區分文獻所表達意思的強弱程度。例如，將要修建一個化工廠，目前有兩處地點可備選，調查者就此分別對兩個地區的居民進行抽樣訪談。在所得到的兩地居民的訪談文本中，與「擔心」相關的詞語頻次相當。那麼，在此基礎上還應該知道各自態度的強度如何。例如，一組與「擔心」相關的詞語的強度值如表 7-5 所示。

表7-5 語義強度表

詞	強度值(權重)
擔心	1
擔憂	1
膽怯	2
害怕	3
畏懼	4
懼怕	5
恐懼	6

在後續計算中，在統計詞語出現頻次的基礎上，還可以將強度值作為權重，與相應單詞的頻次相乘後，將結果進行比較和分析。

四、內容分析法的優缺點

內容分析法的優點首先在於它在研究時間上和經費上的經濟性。它不需要太多的設備，也不需要大量的調查人員，只要能接觸到充足的資料就可以進行編碼、分析。

其次，內容分析法由於時間和經費上的節省，使得再次進行研究的成本不高。若一個調查研究做得不夠完美，需要重新進行訪談或問卷調查，那麼，在時間和經費上的花費是很大的。有時由於對象和事件的特殊性，再做一次調查的可能性甚至已經不存在了。而內容分析法則相對容易對其中的某個環節進行重新處理，如重新進行編碼。

再次，內容分析法還可以方便地進行有時間跨度的研究。例如，分析「9·11事件」前後美國媒體對阿拉伯人態度的轉變情況，只需抽取不同時間的資料就可以進行。

最後，作為一種非介入式的研究，內容分析法不需要花太多精力在被試者身上，也不會因此干擾到被試者，因為需要分析的資料在研究開始時都已經完成了，如新聞已經刊登，論文已經發表。

內容分析法也有它的一些缺點：首先，它只能對記錄下來的訊息進行分析，這些訊息在記錄的過程中可能已經有所遺漏或經過了記錄者的篩選，對其完整性有所影響；其次，研究者對文獻進行編碼時是否完全反映了文獻的本意，即編碼的效度難以達到與問卷調查一樣的定量實證研究的程度。

閱讀材料1：「電腦紅學」的研究

「電腦紅學」的創始人彭崑崙20年來孜孜不倦探求紅樓奧秘，取得了一系列震動紅學界的研究成果。

1983年，首次運用系統工程和電腦研究《紅樓夢》，解決了困擾紅學界多年的「兩年」問題（即年序、年齡問題）。

1985年，解開《怡紅夜宴圖》奧秘。

1986年，用電腦為《紅樓夢》建立「人事檔案」。

1988年，完成龐大浩繁的《紅樓夢》數據庫研究。

1990年，為《紅樓夢》中三件洋物品釋疑，填補了紅學研究的多年空白。

1984年以來，彭崑崙先後在《紅樓夢學刊》等刊物上發表了《中國古籍電腦化與社科學研究手段現代化》等16篇論文。

彭崑崙，這位名不見經傳的普通科技人員，以他全新的研究思路和方法，為長期以來依靠版本學、考證學、譜牒學等傳統方法進行研究的紅學界吹進一股清新之風，在紅學界乃至古籍研究界引起震動。

馮其庸教授對彭崑崙的研究做出這樣的評價：「這是紅學研究的一大創舉，是科學與藝術的擁抱。」

以拼成了「永遠拼不成」的七巧板——紅樓「兩年」問題為例：

兩百多年來，對《紅樓夢》的年序、年齡問題做過系統研究的紅學大家不乏其人。從清代算起，有姚梅伯、王希廉，20世紀30年代有胡適、俞平伯、張笑俠，50年代有周汝昌、何心。「11歲」「6歲」「13歲」「9歲」「15

歲」等，諸家學說均有依據，如此各執一詞，誰也說服不了誰。70 年代末，有人斷言「《紅樓夢》中的人物年齡是一塊永遠也拼不起來的『七巧板』」。

彭崑崙感到，解決「兩年」問題，必須採用社會科學與自然科學相結合、版本考證與邏輯判斷相結合、微觀分析與宏觀判定相結合、正常訊息檢驗與異常原因追蹤相結合等綜合考察和全面判定的方法。而如此浩繁的工作量，非電腦難以完成。

彭崑崙從《紅樓夢》中選出有關 72 個主要人物蘊含有時間和年齡訊息的資料共 800 餘條輸入電腦。從 1440 個「窗口」中選出近百個「窗口」，每一個「窗口」再確定一個上下時限。如紅樓 16 奶奶，黛玉的年齡下限為 14 歲、上限為 18 歲等，如此經過逐條測算，結果發現「6 歲論」有多個矛盾點無法透過，「13 歲論」有 70 多個矛盾點受阻，「9 歲論」基本完全透過。

這就是說，如果黛玉入都定位 9 歲，則其他人的相對年齡和故事發展年序都較為合理。

紅學家們第一次聽說成功地應用電腦參與紅學研究，200 年的議案一朝廓清。

紅學家們更為激動的是，他們看到了紅學研究乃至整個社會科學研究新的前景。

第四節 歷史分析法

歷史分析法通常的分析對象為時間跨度較大的事件和進程，並用數量有限的案例進行分析、推演和驗證其觀點。在政治學誕生的初期，研究者們對政治制度的歷史分析和比較是主要的研究手段。從 20 世紀中期開始，歷史分析法受到了社會科學研究者的廣泛重視。歷史分析的具體方法主要體現為因果分析。

因果分析即透過對歷史事件的收集、梳理和分析，明確歷史事件之間的因果關係。由於歷史事件之間的因果可能存在複雜性，所以在分析之前，應

當收集儘可能全面的事實。對相關事實的全部掌握有助於提高歷史研究的信效度，以及增加結論的說服力。

第一，分析事件的原因。以某一歷史事件為結果，分析它的原因，是因果分析的主要形式。具體做法是把人類社會歷史上曾經出現過的相似事件進行概括，尋找其規律性，進而選擇某一具體的歷史現象，確定其原因，以供人們決策時參考。

第二，分析事件的影響。即分析某一事件發生後，對後來的歷史現象的出現所產生的影響。這種影響通常需要全面分析，辯證看待，既包括正面的影響，也包括負面的影響。如果能分析清楚某一個歷史事件的原因、影響，即能形成完整的因果鏈。

第三，分析事件的結構。某一歷史事件的發生，除了前因後果外，同時發生的其他歷史事件可能對其產生影響。所以，要全面理解某個歷史現象，還需要回答：該事件的發生是否受到了同時存在的其他歷史事件的影響，是否有隱藏在該事件背後的深層次歷史事件對其產生影響。歷史的系統結構觀點，就從理論上確定了因果分析不僅包括前因後果分析，而且還必須包括同時性的結構關係分析。

第四，探尋歷史規律。對某一具體的歷史事件，分析其具體的因果鏈，可能只對該事件的前因後果有解釋作用。如果可以歸納出同類歷史現象共有的因果關係，這種關係在一定範圍內廣泛存在，相似的前因總會發生相似的後果，那麼，這其中就存在所謂「因果規律」，或者「歷史規律」。歷史規律實際上是一種普適性的因果規律。在歷史解釋中，經常都有歷史規律的闡釋，如「生產力決定生產關係」「資本主義社會經濟危機會週期性爆發」等。

以下公式可以幫助我們從歷史事件的背景、內容和影響三個方面進行歷史分析：

一、歷史背景、原因和目的

1.歷史背景＝（國內＋國際）（經濟＋政治＋文化＋……）

2.歷史條件：與背景分析基本相同，更側重於有利因素

3·原因廣度：原因＝主觀（內因）＋客觀（外因）

4·原因深度：原因：→直接→主要→根本

5·矛盾分析：生產力與生產關係矛盾、經濟基礎與上層建築矛盾、階級矛盾、階級內部矛盾、民族矛盾、宗教矛盾、不同利益集團矛盾……

6·目的、動機：→直接→主要→根本

二、歷史內容＝經濟＋政治＋文化＋……

1·經濟內容＝生產力＋生產關係＋經濟結構、布局＋……

2·政治內容＝制度＋體制＋政策＋階級＋民族＋外交＋軍事＋…

3·文化內容＝自然科學＋社會科學＋文化交流＋……

4·事件、事態過程＝準備→開始→發展或曲折→成功或失敗

三、歷史影響、意義和教訓

1·性質分析：任務＋領導階級＋主力＋手段＋結果……

2·影響或意義＝（國內＋國際）（經濟＋政治＋文化）＋深遠影響……

3·判斷成敗及原因

4·經驗教訓或啟示：（經驗＋教訓）→啟示

5·歷史評價＝（積極因素＋消極因素）史實＋結論

下面是一個經典的社會學研究，它綜合運用了文獻法、歷史分析法來研究自殺的原因。

閱讀材料2：涂爾幹的自殺研究

人們為何會自殺？每個自殺案無疑都有它獨特的歷史和解釋，然而，所有的這類個案，也無疑可以根據某些共同的原因來分類：注入理財失敗、戀愛的困擾、羞恥以及其他的個人問題。然而，法國社會學家涂爾幹在強調自殺這個問題時，心中所思考的是一些不同的問題。他想發現鼓勵或是抑制自殺發生的環境條件，尤其是社會條件。

涂爾幹越考察手邊的資料，就發現越多的差異模式。其中最吸引他注意力的就是自殺率的相對穩定。他考察了許多國家，發現年復一年的自殺率幾乎是相同的。但是他也發現在炎熱的夏季，自殺出現了不成比例的數量，這個發現引導他建立了一個假設：溫度與自殺有關。假如這個假設成立，南歐國家的自殺率應該比溫帶國家高。然而，涂爾幹卻發現，自殺率最高的國家是在中緯度的國家，所以，溫度的假設並不成立。

他也考查了下面幾個變量：年齡（35歲是最普遍的自殺年齡）、性別（男女比例大約是4：1），以及許多其他的因素。最後從不同的資料來源得出了一般模式。

就相當一段時間內具有穩定性的自殺率而言，塗爾幹發現這樣的穩定性並不是鐵板一塊。他發現在政治動盪的時期自殺率會上揚，這種現像在1848年左右的許多歐洲國家都存在。這個觀察使他建立了另一個假設：自殺與「社會均衡的破壞」有關。換個角度講，社會穩定與整合似乎是對抗自殺的保護傘。

涂爾幹透過對幾套不同的資料的分析，使這個一般性的假設獲得了證明和解釋。歐洲國家的自殺率有著極大的不同。例如，德國薩克森的自殺率是義大利的10倍，而不同的排列順序並不隨時間的變化而改變。當涂爾幹考慮到不同國家的許多其他因素時，他注意到一個顯著的現象：以基督教（新教）為主的國家比以天主教為主的國家有更高的自殺率。以新教為主的國家每100萬人中有199人自殺，新教與天主教混合的國家則有96人，以天主教為主的國家則只有58人。

涂爾幹認為，雖然自殺率和宗教有關係，但是其他因素，比如經濟和文化發展水平的因素也可用來解釋國家之間自殺率的差異。假如宗教對於自殺真正有影響，那麼，在既定的國家當中，我們應該會發現宗教上的差異。為了驗證這個假設，涂爾幹首先注意到，德國的巴伐利亞天主教徒最多，自殺率也最低，而普魯士新教最多的地區則自殺率最高。然而，涂爾幹卻並不因此而滿足，他還考察了構成這些地區的人口和宗教。

表 7-6 顯示了他的研究結果。在巴伐利亞和普魯士各省份中，其中有最多新教徒的省份也同時有最高的自殺率。這增加了涂爾幹的信心，認為宗教在自殺問題中扮演一個很重要的角色。

每百萬居民中的自殺者		每百萬居民中的自殺者	
巴伐利亞各省(1867-1875)		普魯士各省(1883-1890)	
天主教徒少於50%		新教徒超過90%	
萊茵河西岸地區	167	薩克森	309.4
中弗蘭科尼亞	207	什勒斯維希	312.5
上弗蘭科尼亞	204	波美拉尼亞	171.5
平均	192	平均	264.6
天主教徒占50%		新教徒占68%~89%	
下弗蘭科尼亞	157	漢諾威	212.3
施瓦本	118	黑森邦	200.3
平均	135	布蘭登堡與柏林	296.3
天主教徒超過90%		東普魯士	171.3
上萊茵河西岸地區	64	平均	220.0
上巴伐利亞	114	西普魯士	123.9
下巴伐利亞	19	西利西亞	260.2
平均	75	威斯特伐利亞	107.5
		平均	163.6

最後回到較為一般的理論層次，涂爾幹將他在宗教上的發現和早期在政治動盪時期的發現加以合併。最簡單地說，涂爾幹指出，許多自殺都是失範(ANOMIE)的產物，或是對社會不穩定或不整合的一種反映。在政治動盪時期，人們感覺到社會的舊方式瓦解了，感覺到道德淪喪或是憂鬱，而自殺則是這種極端不適應的最後結果。從另一個方面來看，社會的整合——反映在個人認為自己是連貫的、持續的社會整體的一部分——提供了對抗憂鬱即自殺的力量，這也就是為什麼宗教的差異可以解釋自殺的原因。天主教，作為一個結構較健全以及較整合的宗教系統，給人們以連貫和穩定的感覺，遠超過結構鬆散的新教。

從這些理論中，涂爾幹提出了「失範性自殺」(ANOMIE SUICIDE) 的概念，更重要的是，為社會科學增加了「失範」這個詞彙。

第五節 非介入性研究的優點與缺點

非介入性研究是一種在不影響研究對象的情況下對教育資料進行分析的方法，它可以是定性的，也可以是定量的。由於其使用方便且消耗較少，具有一定的優勢，因此得到較為廣泛的使用，但同時仍存在一些不可避免的缺點。

一、非介入性研究的優點

1. 不影響研究對象，也不受研究對象的影響

訪談法、問卷法等調查研究的質量有賴於被試者的誠實、配合程度，還有賴於被試者的認知能力，常常會遇到諸如社會讚許性反應的問題而使研究有所偏差。而非介入性研究由於基本不需要研究對象的配合，所以不存在這些問題。

2. 材料訊息量較大，拓寬研究的範圍

對於很多與研究者不在同一時間、同一地域發生的事件，研究者往往難以親身經歷和體驗事件的全過程。此時，只能透過對相關記錄、資料進行分析來進行研究。非介入性研究拓寬了研究者可以研究的範圍，不受時空的限制。

3. 成本相對低廉

相對於現場調查需要大量的時間、人力和財力而言，非介入性研究更多的是收集已經經過收集和整理的「二手」材料。雖然二手材料的收集也是一項龐大的工程，但相對於現場調查研究來說，材料收集相對容易，研究成本相對低廉。

4. 適合做時間縱貫研究

調查、觀察、實驗等方法所研究的大多是現實的情境，而非介入性研究則更適合於縱貫時間的趨勢研究，因為不同歷史時期的事件或多或少都會被記錄下來，相應資料也能為研究者所利用。

二、非介入性研究的缺點

1. 資料的信度難以保證

由於非介入性研究所用的資料不是研究者本人進行直接記錄和收集的，研究者對資料的收集整理過程無法進行掌控。此外，前人在資料形成的時候往往會受到主觀意識、個人好惡等的影響，造成資料有所偏差。這些都可能影響資料的信度。

2. 一些資料的獲取難度較大

很多有價值的資料和數據由於涉及個人隱私、組織利益、保密等因素而沒有公開，研究者難以獲取這些資料。

3. 缺乏固定統一的格式標準

與調查研究較為嚴格的流程和格式相比，非介入性研究在資料形式、格式等方面缺乏統一的標準，給檢索、收集、編錄都造成了困難。

本章小結

本章介紹了非介入性研究的概念、特點，以及屬於此類研究方法的文獻法的內涵、類型與來源及其編碼方式，內容分析法的概念、編寫程序、類型及優缺點，歷史分析法的相關概念、研究方法與流程、優缺點。這些非介入性研究具有不直接接觸研究對象的共同特點，並且是透過現有的資料來進行研究的。非介入性研究的優點包括不影響研究對象、材料訊息量較大、成本相對低廉、適合做時間縱貫研究等。與此同時，非介入性研究也具有資料的信度難以保證、某些資料獲取難度較大、缺乏固定統一的格式標準等缺點。

關鍵術語

非介入性研究

文獻法

內容分析法

編碼

歷史分析法

討論題

1.如何使用文獻法進行研究？

2.內容分析法的流程是怎麼樣的？

3.內容分析法如何對材料進行編碼？

4.歷史分析法主要適用於研究哪些問題？

案例分析

「電視廣告中性別的刻板印象」研究

有些研究指出，電視中的女性過分拘泥於傳統的角色。克雷格 (R. STEPHENCRAIG, 1992) 從這個議題出發，進一步考察不同時期的電視節目中對於男性與女性的描繪。為了研究電視廣告中性別的刻板印象，克雷格從 1990 年 1 月 6 日到 14 日的幾個時段中選擇了 2209 個廣告來分析。

在平時（在這個例子中，指的是星期一到星期五，下午 2～4 點），這個時段主要是播放連續劇，而挑選這個時段的主要原因，是它的收視群中有高比例的女性。在週末（星期六及星期天下午），連續兩天都是體育節目，挑選這個時段，是著眼於它有高比例的男性觀眾。晚上的「黃金時段」（星期一到星期五，晚上 9～11 點）則被選來作為一個基礎，用來和過去的研究以及其他的部分進行比較。每一個節目都以幾種方式編碼。「角色」被編碼為：

· 都是成年男性

· 都是成年女性

- 都是成人，性別混合
- 男性成人以及小孩或者年輕人（沒有女性）
- 女性成人以及小孩或者年輕人（沒有男性）
- 混合年齡及性別

此外，克雷格的編碼員也記錄下哪一個人物在商業廣告期間出現在螢光屏上的時間最長，主要出現的人物，以及這個人物扮演什麼角色（例如，夫婦、名人、家長），商品廣告的種類（例如，身體用品、酒）、布景（例如，廚房、學校、公司），以及畫外音，並指出了節目中男性和女性出現次數的不同。女性較常出現在白天的節目（指的是連續劇）中；男性則在週末節目（指的是體育節目）中占有優勢；在晚上的「黃金時段」，男性與女性出現次數相當。

克雷格也發現了描述男性與女性方式的其他差異。更進一步的分析指出，在每天的任何一個時段，相對於女性，男性的主要角色多半是名人、專家等，而女性則有很高的比例被描述為訪問者、教師、家長、夫婦，或是性對象、模特兒……女性在週末則比在平日有更高的比例被描述為性對象、模特兒。

研究結果也顯示，不同時段會有不同的廣告出現，正如你們認為的，幾乎所有白天的廣告都是關於身體、食物或是家庭用品的。然而，這些廣告只是週末廣告的 1／3 而已。相對而言，週末的廣告則強調汽車（29%），商業產品或服務（27%），或是酒（10%）。實際上，在平時的白天和晚上幾乎沒有酒的廣告。

正如你們猜到的，女性多出現在家庭場景中，男性則多出現在家庭以外。其他的研究結果還反映了男女所扮演的不同角色。

在週末廣告中出現的女性，她的身邊幾乎一定有男性，而且很少作為廣告的主角。她們多半扮演服務男性的角色（例如，飯店的女招待員、秘書、女服務員），或是只在廣告中展現性感面的性對象或模特兒。

討論：

    1.克雷格使用了何種非介入性分析法？

    2.這種非介入性分析法的優缺點是什麼？

第三篇 應用篇

第八章 資料的整理與分析

學習目標

- ●瞭解定性資料整理的流程和方法
- ●瞭解定量資料整理的流程和方法
- ●瞭解勝任特徵研究對定性資料分析的流程與方法
- ●瞭解扎根理論對定性資料分析的流程與方法
- ●掌握定量資料分析的基本技術
- ●掌握相關分析與一元線性回歸分析的基本原理與軟體操作方法

知識結構

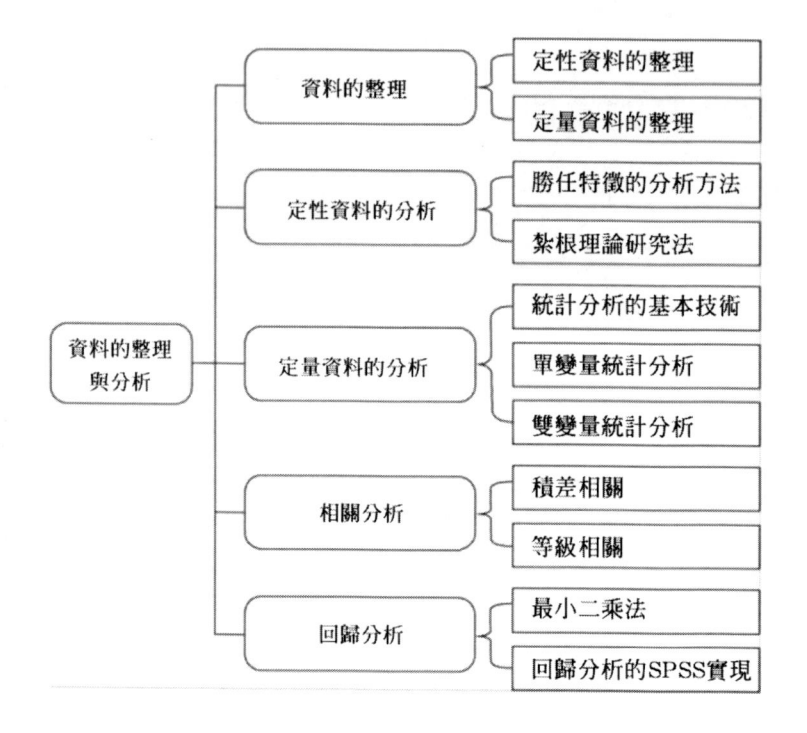

```
                                    ┌─ 定性資料的整理
                    ┌─ 資料的整理 ──┤
                    │               └─ 定量資料的整理
                    │
                    │                  ┌─ 勝任特徵的分析方法
                    ├─ 定性資料的分析 ─┤
                    │                  └─ 紮根理論研究法
                    │
                    │                  ┌─ 統計分析的基本技術
  資料的整理 ───────┤
  與分析            ├─ 定量資料的分析 ─┼─ 單變量統計分析
                    │                  │
                    │                  └─ 雙變量統計分析
                    │
                    │               ┌─ 積差相關
                    ├─ 相關分析 ───┤
                    │               └─ 等級相關
                    │
                    │               ┌─ 最小二乘法
                    └─ 回歸分析 ───┤
                                    └─ 回歸分析的SPSS實現
```

引入

在研究過程中，我們採用了一種或多種收集資料的方法，可以收集到大量的定性資料和定量資料。但是，這些資料僅僅是一種比較粗糙的原始素材。若要把這些原始素材中潛在的有用訊息挖掘出來，就需要對資料進行科學的整理與分析，從而使所收集資料的全部訊息都釋放出來。

在資料的整理和分析階段，我們需要有正確的方法論做指導，要善於運用辯證和邏輯的思維方式，以及統計學的方法和其他量化手段，運用定性或定量研究的方法，從資料中抽取到有科學意義的訊息。因此，資料的整理與分析階段不僅是研究的深化、提高階段，同時也是由感性認識向理性認識飛躍的階段。整個研究課題的研究工作是否能出成果和成果質量的高低，在很大程度上取決於這個階段的工作。

思考：如何對資料進行科學的整理與分析？

第一節 資料的整理

資料的整理是對收集到的原始資料進行審查、分類、簡化，使之條理化、系統化，為接下來的資料分析提供準備的過程。資料通常可以分為定性資料和定量資料兩大類。由於這兩類資料性質不同，整理的方法也相應有所區別。

一、定性資料的整理

定性資料有兩類來源：一類是一手資料，即來自研究者直接的實地觀察、訪談的記錄；另一類是二手資料，即文獻、檔案、信件、論文等由他人記錄、撰寫的材料。一般來說，對兩類資料的整理都包括三個階段：審查、分類和彙編。

1.資料的審查

審查的第一個要點是資料的真實性，即看資料是否真實可靠地反映了調查對象的客觀情況。進行真實性審查通常可以採用以下幾種方法。

（1）經驗法

研究者根據已有的經驗、常識進行判斷，若發現與經驗、常識相違背的資料，就要再次檢查資料與事實是否吻合。

（2）邏輯分析法

研究者根據資料的內在邏輯進行核查，如果發現資料前後自相矛盾，或違背事物發展的邏輯，就說明某些記錄存在問題。接下來要找出問題所在，剔除不符合事實的材料。

（3）比較法

利用資料間的比較進行審核。如果資料是用多種方法獲得的，例如對某個問題，既有訪談資料，又有文獻資料及觀察記錄，就可以將這些資料進行比較，看是否有出入，以判斷真實性。觀察法中如果有不同的觀察者，也可以將他們的資料進行比較。訪談中如果就同一件事訪問了不同的人，也可以比較不同的敘述是否一致，以判斷資料的真實性。

(4) 來源分析法

根據資料的來源進行判斷，核實資料的真實性。一般而言，當事人的敘述比局外人的可靠，有文字記錄的資料比傳說的可靠，引用率高的文獻比引用率低的可靠。

除了真實性審查外，還需要對資料的準確性進行審查。準確性審查主要包括兩個方面的內容：一方面是審查收集到的資料是否符合研究設計的要求，以及對於分析所要研究的問題有用程度，對於那些離題太遠、效用不大或不符合要求的資料要予以清除；另一方面是審查資料對於事實的描述是否準確，事件、人物、時間、地點、數字等要準確無誤，不能含混不清、模棱兩可。

除了真實性和準確性的審查，還可以進行資料適用性的審查，即考察資料是否適合分析與解釋。審查內容包括：對於研究計劃來說，資料的份量是否合適，資料的深度與廣度如何，資料是否集中、緊湊、完整等。

文獻是定性資料的一大來源，對於文獻資料的審查還可以從以下兩方面進行：第一，外在審查，即在什麼地方、什麼時間、什麼人、用什麼目的、用什麼方法編寫這些文獻的。文獻的真實性、準確性和適用性與上述問題密切相關。

例如，作者的價值觀、政治態度、學術觀點、利益取向、編寫文獻的目的等對文獻的形成都可能有很大的影響。又如，文獻編寫的時間，一般在事件發生過程中編寫的或者離事件發生時間比較近的文獻，內容可靠性更高。第二，內在審查，主要針對文獻本身表達的內容進行審查。如作者用詞是否有歧義，敘述是針對事實的客觀敘述還是主觀評價，是否真實地反映了客觀事實等。

資料的審查工作，一部分是與資料收集過程同時進行的，收集的同時進行審查，稱為實地審查；一部分是在資料收集完成後集中進行的，稱為系統審查。對於訪談和觀察所得的資料，實地審查特別重要，可以防止遺忘，一旦發現錯誤、遺漏、矛盾時能憑記憶及時地補充和改正，及時彌補準確性和實用性上出現的問題。

若新發現了問題和線索，也有利於就地及時收集相關資料。此外，在資料收集過程中，訪問者透過對資料提供者的考察，觀察者透過對產生資料的實地社會背景的考察，以及透過相互討論，或派專門人員抽查等方式，對影響資料的各種因素進行分析和控制，對資料的信度和效度進行評估。

一般來說，透過觀察、訪談所得的一手資料比來自他人整理、記錄的二手資料更加可靠。對於觀察和訪談資料，需要注意「測不準效應」和「棱鏡效應」。「測不準效應」是來源於量子力學的術語，這裡指由於觀察者的出現或參與，而導致被觀察者自然狀態的改變，從而造成所記錄的情況與真實情況之間存在偏差；「棱鏡效應」指研究人員本身的觀念、經驗等，使其在觀察中不自覺地對客觀現象進行過濾、扭曲，偏離真實。審查中這些現象都是需要注意的。

2.資料的分類

資料審查完成後，下一步工作是資料的分類。分類就是將資料按某種標準分為不同類別，是資料條理化、系統化的過程，為找出規律性的聯繫提供依據。經過真實性、準確性和適用性審查後的資料仍然是雜亂無章的，必須經過進一步的加工整理，使之條理化和系統化。

(1) 確定分類標準

分類首先要確定分類的標準，分類標準可分為品質標準和數量標準兩大類。品質標準指反映事物屬性差異的標準，如性別、民族、戶口類型、企業的所有制等。數量標準則是反映事物數量差異的標準，如以人口劃分大、中、小城市的標準，以年齡為標準劃分人群等。

分類標準還可以分為現象標準和本質標準兩類。前者是反映事物外部特徵與外在聯繫的標準，如年代、地域等；後者則是反映事物本質特徵或內部聯繫的標準，如根據權力距離的大小分為高權力距離文化和低權力距離文化。按現象標準分類能夠幫助研究者建立資料的檔案系統，便於資料的存取和查找；按本質標準分類則是研究者對客觀事物和規律認識的總結系統，常常反映出研究者的理論觀點。

267

分類標準還應滿足以下幾個原則：

第一，有效性原則。有效性原則包含兩層含義：一層是這一分類方式對於研究目的來說是有效的；另一層是這一分類能有效地反映社會現實。

第二，互斥性原則。即所分的各類別之間是相互排斥的，某個客體屬於其中一類就一定不屬於另一類。

第三，完備性原則。每一則資料都能找到所屬的分類，分類能夠將所有資料包含進來。

第四，各類別應該處於同一層次。即分類應該以同一個層次的標準進行，不能跨層次進行分類。如有的地方把人分為男人、女人、小孩，這種分類實際上是存在邏輯錯誤的。

(2) 分類的功用

第一，指出社會現象或社會單位的類型。透過分類就能運用比較法對不同類型的社會現象進行比較，分析產生差異的原因，進而做出理論解釋。例如，透過將大學生進行生源地城鄉分類，比較其消費習慣，可以分析出不同家庭背景學生消費習慣的差異，以及相關的影響因素。

第二，反映總體的內部結構。透過將一個整體分為性質相異的若干組成部分，就可以看出總體是由哪些部分構成的，這些部分之間的區別和相互聯繫是什麼，每部分對總體的影響如何等。

第三，分析社會現象間的依存關係。社會現象之間都是相互聯繫、相互制約、相互依存的。透過分類，可以從數量上揭示這種關係。例如，可以透過分類分析大學生年級與學習態度之間的關係、性別與消費習慣的關係等。

3.資料的彙總和編輯

確定分類標準以後，就要將資料進行歸類，並按一定的邏輯進行編排。為了對資料進行彙總和編輯，首先根據研究的目的、要求和客觀情況，確定合理的邏輯結構，使彙總和編輯後的資料既能反映客觀情況，又能說明研究問題。彙總和編輯資料的基本要求是：

第一，完整和系統，大小類別要井井有條，層次分明，能系統完整地反映研究對象的面貌；

第二，簡明集中，要使用儘可能簡潔清晰的語言，集中說明研究對象的客觀情況，並註明資料的來源和出處。

資料的編輯可以按人物，也可以按事件發生的時間順序或事件發生的背景及分析的要求，如有必要，還可以對各項資料的價值和作用等做簡短評述，以備進一步研究參考。定性資料中有許多是個案資料，為了對個案進行比較以及對個案做出正確的估價和分析，要儘可能使資料數量化，使分析方法和看問題的角度標準化。

二、定量資料的整理

和定性資料一樣，定量資料的來源也可以分為一手資料和二手資料兩類。前者包括問卷資料、結構性訪談資料和觀察記錄等，後者主要是統計數據。資料的來源不同，這兩類定量資料的整理方法也有所不同。本節的介紹主要以問卷資料為例，因為定量資料中問卷資料占了絕大多數。在後面的章節中會涉及訪談資料的整理方法。

1.資料的審查

對定量資料的審查主要集中在完整性、有效性上。

資料的完整性包括總體上的完整性和每份資料的完整性。總體上的完整性包括抽樣樣本數量是否達到了要求，問卷的回收率如何等。若樣本數未達到要求或回收率偏低，則要在後面的討論中分析原因和對結果可能的影響。對每份資料的完整性審查主要是檢查被試者是否回答了問卷的每一個題目。若漏答或空白太多，可能會造成該份問卷成為廢卷。

對問卷有效性的審查主要關注被試者在填寫問卷時是否按照自己的真實情況，認真地回答問卷。若被試者的回答有這樣一些情況，可能表示被試者沒有認真作答：所有的題目都選同一個選項；回答的選項存在「規律性」，如循環式回答（1，2，3，1，2，3，1，2，3……）、波浪形回答（1，2，3，4，3，2，1，2，3，4……）、大量漏答等。

情況嚴重的可以直接判為廢卷，不進入下一步的數據處理，若只是個別題目漏答則可視情況將其作為有效問卷。此外，還可以設置「效度題」來篩選無效問卷，如設置兩道表述完全相反的題目，「我喜歡平靜的生活」和「我討厭平靜的生活」，兩道題的回答應該是相反或近似相反的，若被試者在兩道題上都回答「非常符合」，則問卷效度可能存在問題。

對於問卷回答真實性的審查稍難，主要針對的是被試者的社會讚許性反應，即被試者隱藏自己的真實想法，而回答社會認可的答案。對這種情況的篩選主要方法是在問卷設計中加入所謂「測謊題」，即極端表述的題目，如「我從不撒謊」「我從未在心裡罵過髒話」。若被試者在這類題目上多次回答「完全符合」這樣不符合常理的答案，則說明被試者有很強的社會讚許性反應傾向，問卷可以被判為廢卷。

問卷資料的審查在資料收集時就可以開始了，從資料回收、資料彙總到調查結束後、數據處理前，都可以進行審查。

2.資料的編碼

如今問卷的處理大多使用相應的電腦軟體進行，這就需要對問卷資料進行編碼，以便將具體的材料與電腦中的數字對應。

問卷的編碼分為兩個部分，分別是以問卷作為對象進行編碼和以題目作為對象進行編碼。第一部分是以每一份問卷為對象進行編碼，這一步通常在篩除了無效問卷之後進行。具體做法是將每份有效問卷設定一個序號，例如，有325份有效問卷，則為每份問卷編一個序號：1，2，3……325。這一步編碼的目的有兩個：一是使每份問卷對應一條電腦數據，便於數據的有序錄入，以及錄入後若出現差錯時可以回溯檢查；二是一些時候在問卷總體分析以外還需要對某些特定的單份問卷進行分析，這時問卷序號就成了問卷的「身份證號」，是唯一能夠對應到具體問卷的線索。

問卷編碼的第二部分是對問卷上的題項、回答進行編碼。如今大部分問卷在設計時已經為後期編碼做了準備，即為每個可能的回答準備好了一個對應的數字。例如，下面這份「新教師心理健康調查」問卷（節選）。

性別：_____ 年齡：_____ 學歷：_____ 所教科目：_____
學校所在地：(大城市□/中小城市□/小城鎮及鄉村□)
學校級別：(國家重點□/省重點□/市重點□/一般□)
月薪(人民幣／元)：(1000元以下□/1000~2000元□/2000元以上□)
正式上班時間：_____年_____月

	沒有 1	很輕 2	中等 3	偏重 4	嚴重 5
1.頭痛	□	□	□	□	□
2.神經過緻，心中不踏實	□	□	□	□	□
3.頭腦中有不必要的想法或字句盤旋	□	□	□	□	□
4.頭昏或昏倒	□	□	□	□	□
5.對異性的興趣減退	□	□	□	□	□
6.對旁人責備求全	□	□	□	□	□
7.感到別人能控制你的思想	□	□	□	□	□
8.責怪別人製造麻煩	□	□	□	□	□
9.忘記性大	□	□	□	□	□
10.擔心自己的衣飾整齊及儀態的端正	□	□	□	□	□
11.容易煩惱和激動	□	□	□	□	□
12.胸痛	□	□	□	□	□
13.害怕空曠的場所或街道	□	□	□	□	□
14.感到自己的精力下降，活動減慢	□	□	□	□	□
15.想結束自己的生命	□	□	□	□	□
16.聽到旁人聽不到的聲音	□	□	□	□	□
17.發抖	□	□	□	□	□
18.感到大多數人都不可信任	□	□	□	□	□
19.胃口不好	□	□	□	□	□
20.容易哭泣	□	□	□	□	□
21.同異性相處時感到害羞不自在	□	□	□	□	□

(以下略)

對於問卷中的開放式題目，研究人員要根據互斥性、完備性等原則事先確定好各種回答對應的編碼。如性別一欄，男對應1，女對應2；學歷一欄，專科對應1，本科對應2，碩士研究生對應3等。由於這類變量屬於類別變量，數字只是代表某個類別，不影響後期的分析，所以可以根據自己的習慣來賦予對應的數字，如性別男、女分別賦予0、1或1、2對後期處理沒有影響。

3.數據的錄入

如今的定量研究都是將數據錄入電腦軟體，進行進一步的統計分析。在將問卷「變成」數字錄入電腦時，要求絕對的準確。在問卷數量較大時，錄入電腦的過程是一個枯燥、耗時，而又需要很大的耐心和細心的工作，實際操作中可以發揮互助精神，由研究小組的成員共同分擔此項工作。

由於數據錄入工作的重要性，所以通常要進行錄入後的檢查，若發現錯誤要立即進行相應的更正。最理想的檢查方式是對每一份問卷的每個題目與電腦中的數據進行對照檢查。但由於實際研究中問卷數量一般比較龐大，少則幾百份，多則幾千份，某些大型調查甚至數萬份問卷，對每一份問卷的每個題目進行檢查不太現實，所以實際操作中主要用一些相對簡便的方法。

最常見的錄入錯誤是漏錄，這種情況一般在單份問卷錄入結束時便可因數字與題目數量不符而被發現。此外，可以檢查是否存在編碼之外的數據，如上述問卷中，性別不會出現 3 以上的答案。5 點回答中不會出現 6 以上的數字，如果出現，說明錄入錯誤。另一種常用的方法是抽查，即以抽取某些問卷的某些題來檢查對應的數據是否正確。

第二節 定性資料的分析

第七章中的內容分析法即為定性資料常用的分析方法。這裡再介紹兩種目前研究中常見的定性資料分析方法：勝任特徵的分析方法、扎根理論研究法。這兩種方法的基礎都是內容分析法。

一、勝任特徵的分析方法

勝任特徵是目前管理的實踐和學術研究領域都非常關注的一個課題。勝任特徵研究始於 20 世紀 60 年代後期。1973 年，心理學家麥克利蘭 (MCCLELLAND) 在《美國心理學家》雜誌上發表的文章《測量勝任特徵而非智力》中認為，從第一手材料直接發掘的、真正影響工作業績的個人條件和行為特徵就是勝任特徵。美國心理學家斯班瑟 (SPENCER) 在 1993 年給出了一個較完整的定義，即勝任特徵是指能和參照效標（優秀的績效或合格績效）有因果關係的個體的深層次特徵。

勝任特徵的冰山模型主張有五種類型的勝任特徵：動機 (MOTIVES)、特質 (TRAITS)、自我概念特徵 (SELF-CONCEPT CHARACTERISTICS)、知識 (KNOWLEDGE) 和技能 (SKILLS)。按照這個模型，「知識」和「技能」似處於水面以上看得見的冰山，最容易改變；「動機」和「特質」潛藏於水面以下，不易觸及，也最難改變或發展；「自我概念特徵」介於二者之間（圖8-1）。

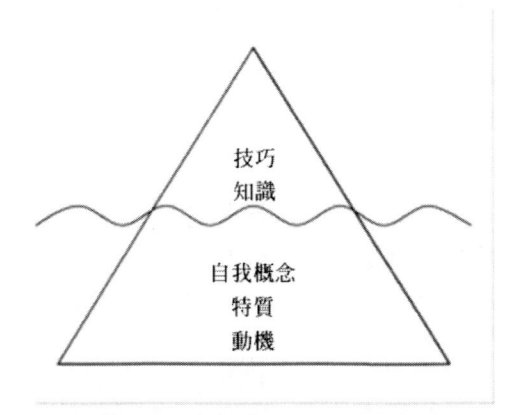

圖8-1 勝任特徵的冰山模型 (Spencer & Spencer，1993)

對於如何研究某一職位的勝任特徵，得到公認的方法是行為事件訪談法 (BEHAVIORAL EVENT INTER-VIEW, BEI)，由美國心理學家麥克利蘭結合關鍵事件法和主題統覺測驗提出。行為事件訪談法採用開放式的行為回顧技術，透過讓被訪談者找出和描述他們在工作中最成功和最不成功的 2～3 件事，每件事詳細地報告當時發生了什麼。具體包括：這個情境是怎樣引起的？牽涉哪些人？被訪談者當時是怎麼想的？感覺如何？在當時的情境中想完成什麼？實際上又做了些什麼？結果如何？

然後，對訪談內容進行內容分析，透過對比擔任某一任務角色的卓越成就者和表現平平者所體現出的勝任特徵差異，確定該任務角色的勝任特徵模型。

下面以一個具體的研究「研究型大學碩士研究生勝任特徵模型的構建」為例，介紹勝任特徵研究中對訪談所得的定性資料的整理和分析方法。該研

究首先利用行為事件訪談法對兩組研究生被試者——優秀組和普通組進行訪談，然後將訪談的錄音轉化為 WORD 文檔進行處理。

1.資料收集與編碼

為了對材料進行處理，研究人員成立了 4 人編碼小組。對材料進行分析的具體步驟為：

第一步，將訪談錄音輸入電腦，整理成 WORD 文檔。

第二步，編碼訓練。採用斯班瑟的《勝任特徵編碼辭典》，由心理學專業研究生組成的 4 人編碼小組分別對一份訪談錄音文稿進行試編碼。經過討論，使得 4 人對這份訪談文稿的編碼達成了一致意見。

第三步，預編碼。4 人分別對 17 份錄音文稿中的 8 份進行預編碼，這 8 份文稿全部來自優秀組。發現原有《勝任特徵編碼辭典》上沒有的，而訪談文檔中研究生表現出來的特徵，添加進入原辭典中，並對原辭典中不適合研究生的維度、等級、句、詞進行修改，最後形成新的《研究生勝任特徵辭典》。該辭典包含了 6 個勝任特徵組，共 32 個勝任特徵項目，每個項目下根據層次又分為若干層，例如，其中兩個項目為「分析式思考」(AT) 和「歸納總結」(SUM)。

碩士研究生勝任特徵辭典示例

分析式思考 (AT)

行為：按照重要程度設定先後順序

將任務分解成小部分

分析各種原因和結果

設想將要發生的障礙的解決步驟

找出多種解決方法並評估價值

級別	行為描述
0	不適用或沒有
1	化解問題,將問題化為簡單的任務或活動
2	看出基本關係;分析一個問題或情況當中幾個部分之間的關係;得出簡單因果關係(A導致B)或贊成與反對的決定;按照重要程度設定先後次序
3	看出多重關係;分析一個問題或情況當中幾個部分之間的關係;把複雜的任務有系統地分解成幾個可處理的部分;找出幾個相似事件的原因或幾個行為的後果;對可能的障礙進行預測,並事先設想接下來的步驟
4	做複雜的計劃或分析;有系統地將複雜的問題或處理過程分解成小部分;利用幾個分析技巧分解複雜的問題,並加以解決;發現較長的因果關係
5	做非常複雜的計劃或分析,有系統地將多維度的問題或處理過程分解成小部分;利用幾個分析技巧找出幾個解決方案並衡量每個方案的價值
6	做極度複雜的計劃或分析;組織、依序排列和分析極度複雜、互相依賴的系統

歸納總結 (SUM)

行為:對發生過的事進行回顧

提煉出對以後行為有用的指導

遇到和以前類似的情況能在行為上有所改進

級別	行為描述
-1	不能吸取經驗,並犯相同的錯誤
0	沒有想過去總結自己
1	能從以往工作中歸納、總結經驗,但是找不到改正的方法
2	能從以往工作中歸納、總結經驗,找出改進之法
3	歸納、總結經驗,找出改正的方法,並且這個方法是有效果的
4	將改進後的方法用於實踐,效果很好

第四步，正式編碼。選擇預編碼過程中編碼一致性較高的 2 人形成正式的編碼小組，根據《研究生勝任特徵辭典》對 17 份訪談文稿進行獨立編碼，以字母代表勝任特徵項目。示例如下：

錄音文本編碼示例

內容	編碼
大三做電子實習，分成小組來做。每4個人一組。我們這組有張、喬、王和我。然後開始選題，主要內容是設計一個單晶片微電腦系統。	
我們的課題是設計一個單晶片控制的乒乓球遊戲機。拿到課題後就開始查資料。當時對單晶片、外圍芯片都不了解，所以首先找資料。對小組成員很滿意。	TW A3B2
查資料，大概花了一兩天時間。主要到圖書館、網上查單晶片系統相關的，以及外圍芯片的資料，主要利用學校給的專門查資料的時間白天去查。剛開始階段其他組員也在搜索資料。	INFO 5
然後開始分工，我是組長，是我分配的，(為什麼你是組長?)大家推薦我當，可能是相信我的能力吧，我自己也比較有信心帶好這個組，所以就承擔下來了。因為涉及軟體和硬體，就兩人軟體，兩人硬體。我做軟體，軟體我稍微熟悉一點。他們是軟體、硬體差不多，所以分配去做硬體。(差不多就是甚麼都不懂?)	TL A1B2 SCF A2
因為大家都是剛開始學嘛，剛開始甚麼都不懂，也不知道該查些什麼東西，芯片資料不會寫在書名上，所以查起來還是比較困難。	IU A2

2.數據處理

將編碼結果彙總，統計出每個被試者每個特徵出現的頻次、平均等級分、最高等級分。將 17 個被試者的數據輸入 SPSS 進行處理。

相關分析結果（此處略）表明，隨著訪談長度的增加，勝任特徵出現的頻次會隨之增加，不夠穩定。而勝任特徵的平均分和最高分相對穩定，所以接下來以平均分和最高分，對優秀組與普通組進行比較。

分別以平均等級分和最高等級分為指標，對優秀組和普通組每個特徵得分的差異性進行檢驗，結果見表 8-1。

表 8-1　優秀組與普通組各勝任特徵最高分數的差異比較

勝任特徵	優秀組 均值	優秀組 標準差	普通組 均值	普通組 標準差	df	t
成就導向	2.588	1.694	1.594	1.477	14	1.251
重視次序品質和精確	1.000	1.414	2.500	0.707	2	−1.342
重視結果	2.600	0.548	0.548	1.414	5	3.884*
主動性	2.611	1.665	2.075	1.478	13	0.637
積極性	1.333	1.155	2.333	0.577	4	−1.342
資訊收集	2.661	0.929	2.847	0.876	13	−0.397
計劃	1.967	0.826	1.313	0.944	11	1.266
效率	1.250	1.768	0.000	1.732	3	0.785
堅持	2.000	1.090	1.643	1.314	12	0.544
創新	2.333	2.082	2.000	0.000	3	0.215
分析式思考	1.922	6.399	2.207	0.759	14	−0.816
綜合式思考	2.325	1.947	1.817	0.909	12	0.589
知識水平	3.614	0.520	2.400	1.517	10	1.993
歸納總結	2.439	0.324	1.946	0.867	14	0.583
自我控制	2.333	0.817	0.821	1.468	11	2.241*
自信	1.617	0.963	0.949	0.799	14	1.479
靈活	2.814	1.084	2.250	0.418	11	1.195
組織承諾	4.000	0.000	4.000	—	2	—
自我概念	1.533	0.762	1.560	0.397	14	−0.084
責任心	2.421	0.600	2.000	—	6	0.657
興趣	1.660	0.760	0.000	1.732	6	1.931
耐心	1.500	2.121	—	—	—	—
人際理解	2.461	0.506	1.583	1.497	13	1.649
幫助他人	2.200	0.506	2.500	0.707	5	−0.598
與人交流	2.247	0.473	1.850	1.180	13	0.831*
關係的建立	2.000	2.000	4.000	2.828	3	−0.949
勸說與影響	2.675	0.943	2.000	0.000	4	0.954
組織認知	1.950	1.181	2.000	—	5	−0.039
培養他人	3.900	1.084	—	—	—	—
命令	3.500	0.707	—	—	—	—
團隊合作	3.150	1.364	3.000	—	8	0.104
團隊領導	2.469	2.072	1.500	0.707	8	0.627

註：*p<0.05，**p<0.01。

　　對平均分的 T 檢驗表明，優秀組和普通組在 3 項勝任特徵上存在差異：重視結果、自我控制、與人交流。

表 8-2 優秀組與普通組各勝任特徵最高分數的差異比較

勝任特徵	優秀組 均值	優秀組 標準差	普通組 均值	普通組 標準差	df	t
成就導向	3.626	2.057	3.125	1.885	14	0.506
重視次序品質和精確	2.000	—	2.500	0.707	1	-0.577
重視結果	2.600	0.548	0.000	1.414	5	3.884 *
主動性	3.889	1.453	3.500	1.378	13	0.518
積極性	2.000	0.000	2.333	0.577	3	-0.775
資訊收集	4.750	1.753	4.000	1.155	13	0.962
計劃	2.556	0.726	1.500	1.000	11	2.168
效率	3.000	—	0.000	1.732	2	1.500
堅持	2.714	1.380	2.429	1.134	12	0.423
創新	3.500	0.707	2.000	0.000	2	3.000
分析式思考	2.444	0.882	2.571	0.976	14	-0.273
綜合式思考	2.250	1.035	2.500	1.643	12	-0.350
知識水平	4.286	0.756	2.600	1.817	10	2.233
歸納總結	3.222	0.441	2.143	0.900	14	3.165 *
自我控制	2.667	0.516	1.714	2.138	11	1.059
自信	2.444	0.882	2.429	1.618	14	0.025
靈活	3.143	1.215	2.333	0.516	11	1.512
組織承諾	4.000	0.000	4.000	—	2	—
自我概念	1.778	0.972	2.000	0.817	14	-0.485
責任心	2.571	0.535	2.000	—	6	1.000
興趣	2.200	0.447	0.000	1.732	6	2.830 *
耐心	3.000	—	—	—	—	—
人際理解	3.333	1.000	1.667	1.506	13	2.593 *
幫助他人	2.600	0.548	3.000	—	4	-0.667
與人交流	2.250	1.389	2.750	0.463	14	-0.966
關係的建立	2.000	2.000	4.000	2.828	3	-0.949
勸說與影響	2.750	0.957	2.000	0.000	4	1.044
組織認知	2.333	1.033	3.000	—	5	-0.598
培養他人	5.000	2.121	—	—	—	—
命令	3.500	0.707	—	—	—	—
團隊合作	3.889	1.616	3.000	—	8	0.522
團隊領導	3.500	2.777	1.500	0.707	8	0.969

註：* $p<0.05$，** $p<0.01$。

對最高分的 T 檢驗表明，優秀組和普通組有 4 項勝任特徵存在差異，分別是：重視結果、歸納總結、興趣、人際理解，包含了平均分檢驗中有差異的 2 項。

最終，綜合平均分與最高分的優秀組、普通組比較結果，得出優秀研究生的勝任特徵構成要素，包括重視結果、人際理解、歸納總結、自我控制、興趣這 5 項特徵。這 5 項勝任特徵的詳細描述可以查看勝任特徵辭典。

二、扎根理論研究法

扎根理論 (GROUNDED THEORY) 是美國學者斯特榮斯 (ANSELM STRAUSS) 和格拉斯 (BARNEY GLASER) 在 20 世紀 60 年代開始開發的一種從定性資料中進行理論建構的方法。在兩位學者的一系列著作中，對當時學術界普遍存在的理論研究和實證研究脫節的現象進行了分析，並開發出一種將抽象的理論研究與具體的實證研究聯繫起來的、從具體資料出發歸納出抽象理論的自下而上的方法，並命名為扎根理論。

1.扎根理論的研究流程

（1）選題

與其他研究方法一樣，扎根理論的研究首先要進行選題。扎根理論通常適合於現有研究尚未關注的，或還沒有給出清晰解釋的、具有一定探索性的題目。但和其他研究方法不同的是，扎根理論一般不提倡將研究問題事先假設出來，提出假設會影響和限制研究者的思維，難以全面收集原始資料，這違背了扎根理論收集資料的敏感性以及開放性原則。

（2）抽樣

扎根理論與實證研究不同，實證研究為了在最大程度上驗證研究結果，往往追求大樣本；而扎根理論是為了能夠對研究對象有一個比較深入細緻的理解，所選取的對象數目一般相對較少。扎根理論與實證研究的另一個不同，是一般不採用隨機抽取對象，而是採取「理論抽樣」。所謂理論抽樣，是指將正在形成的概念、範疇、理論作為指導研究者下一步的抽樣方向。其目的是不斷篩選出與建構理論有直接關係和有幫助作用的資料，來幫助理論的構建。

扎根理論的理論抽樣需要一直進行到概念裡的資料達到「理論飽和」。所謂理論飽和，指的是在資金和時間允許的情況下，再也沒有關於某一類別

的新資料出現,資料中類別的條件、行動、互動、結果聯繫緊密,類別和類別間關係都已發展妥當的一種狀態。未達到理論飽和的主要表現在兩個方面:一是對於核心主題而言,主軸範疇的分析未達到飽和;二是對於一個主軸範疇而言,子範疇的編碼沒做到飽和。

(3) 收集原始資料

扎根理論主要透過文獻法、訪談法以及觀察法來收集資料。一般在研究前期,研究者需要閱讀相關文獻綜述,瞭解研究對象的一些基本特點及相關問題,這通常是訪談法和觀察法的前期工作。訪談法是透過訪談瞭解研究對象的生活經歷以及他們對於某些事件的看法、態度等,收集的資料可作為扎根理論的原始資料。觀察法通常採用參與式觀察,即與研究對象在共同的環境下活動,收集各種生活事件、語言、行為等資料。這種方法更容易使研究者獲得一些靠非參與式觀察無法獲得的訊息。

(4) 編碼

接下來對資料的分析中,扎根理論常用的技術是「編碼」,這也是扎根理論中最重要的步驟。它首先將原始資料「打破」「揉碎」成有意義的詞組,並將其概念化,透過對事件之間,以及事件與概念間的不斷比較,促成更多的範疇、特徵的形成,從而對數據進行概念化。然後,對這些概念進行進一步的分類,促成理論模型的提出。扎根理論的編碼程序包括「三級編碼」(SRTAUSS & CORBIN, 1990),分別是:開放式編碼 (OPEN CODING)、關聯式編碼(AXIAL CODING,又譯為主軸式編碼)、選擇式編碼 (SELECTIVE CODING)。

開放式編碼是指將原始資料逐步進行概念化和範疇化的過程,即根據一定的原則將原始資料記錄加以逐級提取,形成有編碼意義的概念和範疇的過程。開放式編碼的具體方法是逐段、逐行、逐句將所需要分析的文本分解成「文本塊」,將那些性質相似或意義相關的「文本塊」聚成某一個「類別」,再用抽象的「概念」對各類別命名。因為扎根理論收集到的原始資料往往特別多,要做到面面俱到是不可能的,研究者面臨的問題往往是代碼過多。這時研究者就需要對代碼進行優化、分級、篩選。

關聯式編碼是由研究者確定的,對那些與主軸變量在某一理論中有著重要關聯的變量進行編碼。關聯式編碼是在開放性編碼的基礎上發現和建立概念、等級、類屬之間的各種相關關係,以編碼出資料中各個部分之間的有機關係。關聯式編碼形成的關係有因果關係、時間先後關係、語義關係、情景關係、相似關係、差異關係、對等關係、類型關係、結構關係、功能關係、過程關係、策略關係等。

選擇式編碼也稱核心編碼,其目的在於透過識別統領最大多數其他類別的「核心類別」,開發出故事線,將最大多數的研究結果囊括在一個比較寬泛的理論框架之內,並用所有的資料來驗證這些關係。研究者透過不斷收集以及分析原始資料,進行理論性思考、編碼、抽取概念與範疇,同時撰寫備忘錄的過程,逐漸發現核心類別。透過不斷地開放式編碼、關聯式編碼,逐漸使編碼出的理論成為一個包含度高、抽象度高的詞組。

核心編碼具有下面幾方面的特點:首先,核心編碼必須在所有類屬中占據中心地位,是原始資料的高度概括,與大多數類屬之間存在有意義且自然的聯繫,最有可能成為資料的核心部分;其次,核心編碼之間有很明確的關聯,不會牽強附會;最後,核心編碼下的概念現像要有儘可能大的差別性,但同時做到包含性廣。這樣,研究者就會得出一個理論的初始模型,接下來研究者必須再以收集來的資料,對編碼出的理論進行驗證。

(5) 撰寫備忘錄

撰寫備忘錄是扎根理論研究中的一個很有特色的步驟。研究者在撰寫備忘錄的時候,能夠停下來分析他們關於代碼以及生成類屬的想法。備忘錄的撰寫貫穿於整個編碼過程,研究者任何思路、想法都應該被完整記錄,主要目的是幫助研究者「專注數據」並激發靈感,更好地將「數據」提煉為「概念」與「類屬」。另外,詳細的記錄也可以幫助研究者在接下來的研究報告中清晰地展示研究流程的細節。部分研究者通常沒有寫作備忘錄的習慣,而在正規的扎根研究中,備忘錄也要作為「資料」進入下一步研究,這一點需要引起足夠的重視。

2·扎根理論的特點

(1) 理論從原始資料當中得來

扎根理論不提倡帶著先驗性的假設進行研究，認為任何理論都要以實際的實施作為依據，所有的理論也都可以找到其原始資料來源。扎根理論的基本方法就是對原始資料的深入分析和不斷濃縮。扎根理論常常基於田野研究記錄、原始文獻、觀察記錄、訪談材料等體量較大的原始材料，面對這些材料，很多研究者會感覺到無從下手。如何從中獲得既反映事實，又超越表面的理論建構？如何保證分析的信度和效度？如何在分析中儘可能地避免主觀偏見？扎根理論針對這些問題給出了自己的回答。

(2) 強調理論敏感性

理論敏感性 (THEORETICAL SENSITIVITY) 是從事社會科學研究的人應當具備的素質，它指從數量繁多、類型複雜的資料中提取重要訊息，察覺事物之間的聯繫，從而分析資料的內涵和意義的能力。扎根理論十分強調理論敏感性，格拉斯專門撰寫了著作《理論敏感性》來論述這個問題。他認為，對於扎根理論來說，理論敏感性非常重要，從研究選題、選擇問題的切入視角，以及在對資料進行編碼、概念化、理論化的過程中，都需要研究者具備理論敏感性。只有這樣，才能得出高質量的扎根理論研究成果。同時，學者們也提出了一些方法來提高研究者的理論敏感性，如提問題、做比較等。

(3) 重視理論抽樣

理論抽樣 (THEORETICAL SAMPLING) 是扎根理論研究方法中的一個重要步驟，其目的是不斷篩選出與建構理論有直接關係和有幫助作用的資料，來幫助理論的構建。理論抽樣要達到的目標是「理論飽和」。

(4) 運用連續比較

連續比較 (CONSTANT COMPARISON) 被認為是扎根理論研究的精髓，它貫穿於研究的所有階段和層面。在一些地方，扎根理論研究法也被稱為「連續比較法」。連續比較法要求將資料分析所構建的理論，作為進一步進行資料收集的指導。資料收集和資料分析是同時進行的，這與定量研究中資料收集與資料分析截然分開是不同的。

閱讀材料 1：扎根理論應用示例

喬坤、賀艷榮（2010）應用扎根理論對大學生就業能力進行了研究。在研究對象上，選取以經濟管理類專業且已工作年限小於三年的大學畢業生、擁有五年以上工作經驗的大學就業指導處老師和企業招聘實踐中的一線工作人員作為訪談對象，進行了半結構化訪談，收集有效案例 30 個。

確立訪談提綱後，研究者與研究對象雙方就訪談的內容、時間和地點達成了一致。訪談實行全程對話錄音和訊息記錄，時間為 40 分鐘左右。之後透過簡短問卷收集被訪者的個人訊息，並對訪談的氣氛、時間和談話技巧等進行梳理，製作備忘錄。經被訪者確認記錄訊息無誤後，保存數據。最後將全部聲音訊息轉換為文字訊息，並標註非語言訊息，形成訪談文本。本訪談最長持續時間為 62 分鐘 52 秒，最短持續時間為 35 分鐘 28 秒，共計形成訪談文字 85128 字。將數據導入到 ATLAS·TI5·2 分析軟體進行三級編碼，即開放式登錄、關聯式登錄和核心式登錄。如圖 8-2 與表 8-3 所示：

圖8-2 紮根理論三級編碼示意圖

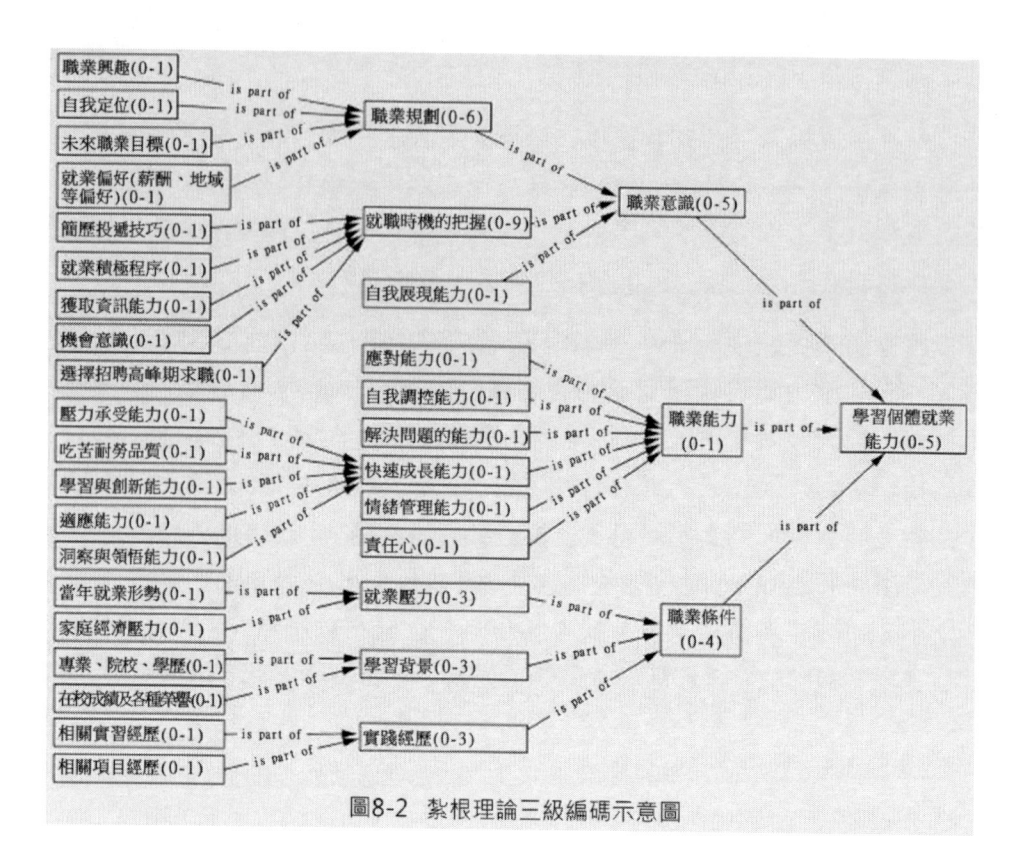

表8-3 頻次統計表

核心種類	關聯範疇	概念種類範例	頻次
職業意識	職業規劃	「職業發展」「職業生涯規劃」「期待薪酬水平」「目標行業及企業」「地域偏好」「自我定位」……	28
	求職時機的把握	「簡歷投遞技巧」「就業積極性」「機會意識」「獲取資訊」「企業招聘高峰期」……	21
	自我展現能力	「面試技巧」「臨場發揮」「個人形象」「語言力」	17
職業能力	應對能力	「自信」「人際關係」「團隊合作」「善於分析」	25
	快速成長能力	「承受壓力」「善於學習」「創新」「吃苦耐勞」「洞察與領悟能力」「適應能力」……	22
	自我調控能力	「自我總結」「自我反省」「設立目標」……	16
	解決問題的能力	「知識應用能力」「執行力」「應變能力」……	14
	情緒管理能力	「抗干擾能力」「求職心態」	15
	責任心	「正直」「誠實」「敬業」……	

(續表)

核心種類	關聯範疇	概念種類範例	頻次
職業條件	學習背景	「院校」「學歷」「專業」「在校成績和榮譽」……	17
	就業壓力	「家庭經濟壓力」「就業形式」……	5
	實踐經歷	「學習經歷」「相關項目經歷」……	19

　　透過扎根理論，該研究最終構建了大學生就業能力的結構模型，職業條件、職業意識和職業能力三個因素建構了大學生的就業能力。職業條件包括就業壓力（主要是指家庭經濟壓力和就業形勢兩方面）、學習背景（包括學歷、院校、專業及在校成績和榮譽情況）和實踐經歷（主要指相關項目經歷和實習經歷）。而職業意識則是指職業規劃（主要指職業興趣、自我定位、未來職業目標和就業偏好）、求職時機的把握（主要指簡歷投遞技巧、機會意識、廣泛獲取訊息的能力、就業積極性和應聘時機）和自我展現能力（主要指面試技巧、個人形象和語言能力等）。

職業能力主要包括應對能力（涵蓋求職自信心、思維分析能力和處理人際交往及團隊合作的能力）、快速成長能力（涵蓋學習能力、適應能力、洞察與領悟能力、創新能力、壓力承受能力和吃苦耐勞的品質）、自我調控能力（涵蓋自我總結與管理、自我反省和自主意識）、解決問題的能力（涵蓋執行力、應變能力和知識應用能力）、情緒管理能力（涵蓋抗干擾能力和求職心態）以及責任心（包括誠實、正直和敬業）。

在調查資料整理之後，就進入分析階段，統計分析是定量資料分析中最重要，也是應用最廣泛的分析方法。19世紀中葉，概率論引入統計學，此後，一門研究客觀世界隨機現象的數學理論——數理統計學逐漸形成。近幾十年來，隨著電腦的發展和普及，統計分析在社會科學中的應用不斷擴展和深入，越來越成為高質量研究不可缺少的工具。

第三節 定量資料的分析

一、統計分析的基本技術

統計分析的目的，是在看似雜亂無章的數據中尋找有用的規律和訊息。最簡單的描述性統計方法有頻數、累積頻數、百分比、累積百分比等，以及統計圖表的使用。

1.頻數與頻數分布

頻數分析是最基本的統計分析方法。頻數(FREQUENCY)，即出現的次數。它是透過統計某變量的每一個值出現的次數是多少來分析其規律。如某次收入調查中不同收入區間的頻數如表8-4所示。

表8-4 甲乙兩公司員工收入狀況的頻次分布

收入狀況(元/月)	甲公司(人)	乙公司(人)
1000~1999	25	56
2000~3999	63	87

(續表)

收入狀況(元/月)	甲公司(人)	乙公司(人)
4000～7999	35	62
8000 以上	20	22

頻數分布表透過對原始資料的初步簡化，可以簡潔明了地反映原始數據的情況。但是，由於不同樣本規模的不同，通常不能直接用來比較訊息。如上表中要比較哪個公司 8000 元以上收入的人員更多，就需要用到頻率。

2.頻率分布

頻率分布是用變量每一個取值的頻次除以總頻數。由於它是一個相對指標，排除了樣本規模的影響，所以可用來比較不同的樣本。

表8-5　甲公司收入狀況的頻次、頻率分布情況

收入狀況(元/月)	頻次	累積頻次	頻率	累積頻率
1000～1999	25	25	17.5%	17.5%
2000～3999	63	88	44.1%	61.6%
4000～7999	35	123	24.5%	86.1%
8000 以上	20	143	14.0%	100%

表8-6　乙公司收入狀況的頻次、頻率分布情況

收入狀況(元/月)	頻次	累積頻次	頻率	累積頻率
1000～1999	56	56	24.7%	24.7%
2000～3999	87	143	38.3%	63.0%
4000～7999	62	205	27.3%	90.3%
8000 以上	22	227	9.7%	100%

在計算兩個公司各自收入區間的頻率後，可以看出，雖然甲公司月收入 8000 元以上的員工絕對數量少，但相對比例更大。上表中的累積頻次、累積頻率是將頻次、頻率從上到下逐行相加而成。

例如，甲公司表中累積頻率 61.6% 是由 17.5% 與 44.1% 相加而得，表示月收入 1000～3999 的人數占總人數的 61.6%。

3. 統計圖

統計圖是以圖形的方式直觀地表示變量的分布情況。與統計表格和數據相比，統計圖雖不如它精確，但更醒目、易理解。常用的統計圖有餅圖、條形圖、折線圖等。

(1) 餅圖

餅圖是以一個整的圓形代表總體，每一瓣代表現象中的一類，每一瓣的大小（確切地說是其角度）代表它在總體中所占的百分比頻率。以上述甲公司為例，可作餅圖如下：

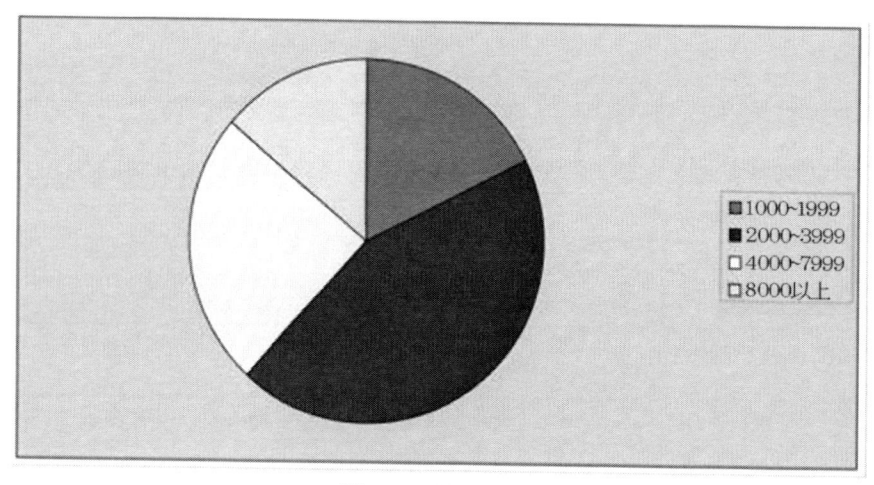

圖8-3　餅圖

(2) 條形圖

條形圖以長條的高度表示變量不同取值的頻次分布，長條的寬度沒有意義，一般畫為等寬。長條的排列可以是離散的，也可以是緊挨著的。條形圖有兩種形式：長條平行於縱軸（如圖 8-4 所示）和長條平行於橫軸。

第八章 資料的整理與分析

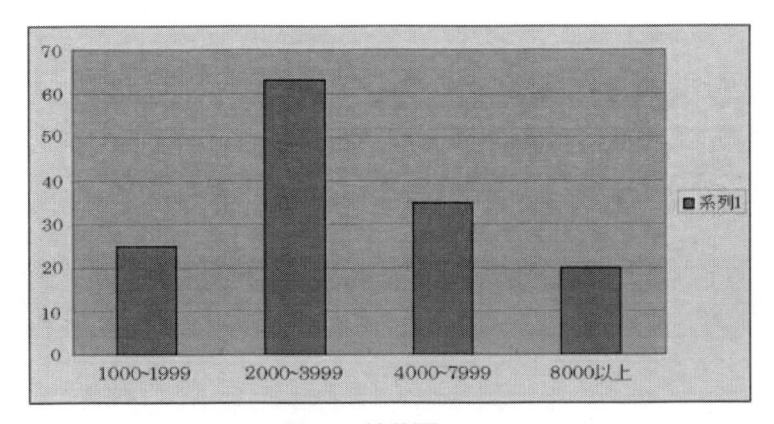

圖8-4 柱狀圖(1)

條形圖還可以將不同的樣本或類別放在一起進行比較，成為複合式條形圖（如圖 8-5）。

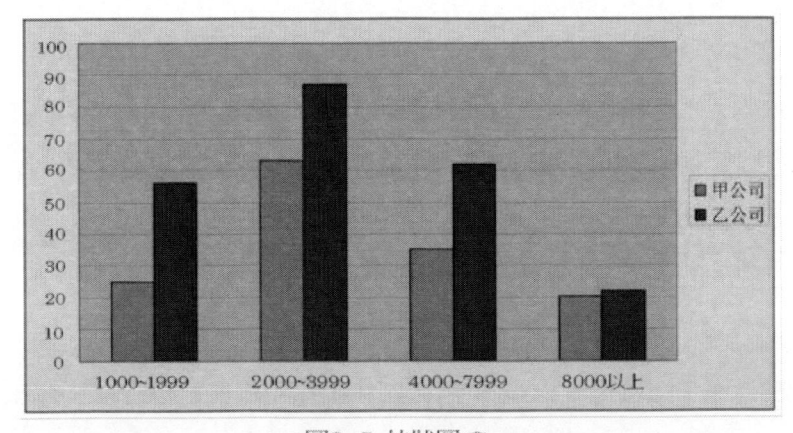

圖8-5 柱狀圖(2)

(3) 折線圖

折線圖是用直線連接直方圖中條形頂端的中點而成的。折線圖常被用來反映價格的波動（如圖 8-6）。

289

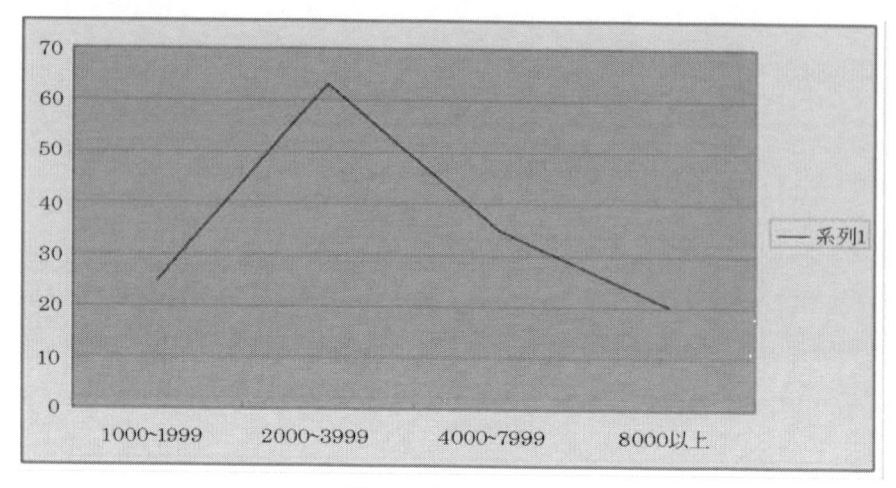

圖8-6 折線圖

二、單變量統計分析

單變量統計分析是對某一變量的描述和推論。根據採用的特徵值不同，可將其大致分為集中趨勢分析和離散趨勢分析。

1·集中趨勢分析集中趨勢就是用一個數值來代表一組數據的全貌。這個值可能是這組數據中的一個典型的數，也可能不在這組數據中。根據處理方法不同，集中趨勢測量指標包括眾數、中位數和平均數等。

（1）眾數 (M0)

眾數就是一組數據中出現頻次最高的那個數值。例如：原始資料：2，3，5，3，6，5，6，6，8，求眾數。出現次數最多的數是6，所以眾數 M0 為 6。

在分組的頻次表中，頻次最高的組的區間中值點就是眾數。如上例甲公司的收入，眾數即為頻次最多的 2000～3999 的區間中值，即 3000 元。

（2）中位數 (MD)

將變量取值按大小順序排列，處在這組數據中間位置的數即為中位數。即在按大小排列的數據中，MD 取值於 $\frac{N+1}{2}$（其中 N 為數據總量）處的變量值。例如，數據序列：3，9，8，4，4，2，3，9，6，求中位數。首先，按大小

順序排列：2，3，3，4，4，6，8，9，9；然後，求出中央位置 $\frac{N+1}{2}$ = 5；最後，取第 5 個數，MD 為 4。

當 N 為偶數時，$\frac{N+1}{2}$ 處無數值，這時中位數為居中間位置左右兩數的平均值。

當變量是以頻次分布形式給出時（如前述甲乙兩公司的工資狀況），先用 $\frac{N+1}{2}$ 算出中位數所在位置，然後利用累積頻次查找這一位置所對應的變量值。例如，在甲公司工資狀況表中，$\frac{N+1}{2}$ = 72，根據累積頻次，查出第 72 個人對應的工資為 2000～3999 元，由於這是一個區間，所以需要利用另一個公式 $M_d = L + \frac{\frac{N}{2} - cf}{n}(U - L)$ 計算，其中 U，L 分別為該組的上下限，N 為中位數所在組的頻次，CF 為中位數所在組以前的累積頻次。將上例帶入此公式，

$$M_d = 2000 + \frac{\frac{143}{2} - 25}{63}(3999 - 2000) = 3475.5。$$

(3) 平均數 ($\overline{X}$)

平均數 = $\frac{\text{全球調查對象的觀察值總和}}{\text{調查對象總數}}$ 在原始數據不多時，可以直接將這些數據累加，再除以調查對象總數。對於經過整理，給出其頻次分布的數據，平均數的計算用加權平均數為 $\frac{\sum n_i x_i}{\sum n_i}$（其中 NIXI 表示變量值 XI 與它對應的頻次 NI 的乘積）。若是分組數據，則用組中值代替變量值。例如，某班成績分數段統計表如下，求平均值。

表8-7 分數段人數分布

分數段（分）	人數（人）
0～60	2
60～70	5
70～80	23
80～90	20
90～100	8

$$該班平均分 = \frac{30 \times 2 + 65 \times 5 + 75 \times 23 + 85 \times 20 + 95 \times 8}{58} = 78.8。$$

在集中趨勢的三種計算方法中，最常用的是平均數，因為它對資料訊息的利用程度最高，代表性最強。平均數的缺點是易受極端數據的影響。

2.離散趨勢分析

集中趨勢描述的是變量的一般水平，它用一個值概括了一組數據的共性，卻無法說明這組數據間的差異程度。離散趨勢就是來描述數據間差異程度的統計指標。離散量越大，說明數據越分散，此時，集中趨勢的代表性就低。相反，離散量小，說明數據分布集中，集中趨勢的代表性強。因此，在集中趨勢外，再考慮離散趨勢有助於對數據情況的描述。

（1）極差和內距

①極差

極差又稱全距，指一組數據中最大值與最小值的差。它最容易計算，極差越大，表明資料分布越分散。但由於它由端點數值決定，受極端值的影響很大，所以，它不能真實反映資料的離散程度。

②內距（四分位數間距）

內距也叫四分位差，將數據從小到大排序後，用 3 個四分位數點 Q_1，Q_2，Q_3 將其等分為 4 部分，Q_2 為中位數，Q_3 和 Q_1 的間距就是四分位差。它克服了極差受極端數值影響的問題。

③標準差與方差

為了衡量所有數據偏離其平均值的程度，可以將每個觀測值偏離平均值的偏差，作平方後（由於偏差有正有負，相互之間會抵消，最終偏差平均為零，因而要將所有偏差作平方），除以樣本總數，這個數就是該組數據的方差，即 $\sigma^2 = \frac{\sum(X_i - \bar{X})^2}{N}$。標準差則是它的平方根，即 $s = \sqrt{\frac{\sum(X_i - \bar{X})^2}{N}}$

例如：以下是 10 個被調查者月收入（單位：元）數據：1450，740，780，1100，850，960，2000，1250，1650，1720。求這組數據的標準差。

首先，算出平均數：$\overline{X} = \frac{1450 + 740 + \cdots\cdots + 1720}{10} = 1250$

標準差為：$S = \sqrt{\frac{\sum(X_i - \overline{X})^2}{N}} = \sqrt{\frac{(1450-1250)^2 + (740-1250)^2 + \cdots\cdots + (1720-1250)^2}{10}}$

$= 438.65$

現在有成熟的統計軟體，如 SPSS 可以很方便地計算方差，不再需要進行繁複的手工計算。

④極差、四分位差和標準差的比較

極差、四分位差和標準差都是描述數據離散趨勢的變量，但每種統計量的特點、適用性有所側重，如表 8-8 所示。

表8-8 極差、四分位差和標準差的比較

離散趨勢統計量	標準差	四分位差	極差
適用變量類型	適用於定距變量	主要適用於定序變量	適用於定距變量
穩定性	最穩定	較標準差的穩定性弱	最不穩定
計算需要的數據量	計算時使用全部數據	只需其中兩端數據	只要兩個數
受極端值影響情況	受極端值影響較大	對極端值不敏感	只對極端值敏感

一般來說，樣本平均值 X 是對分布中心最常用的度量，而樣本標準差 S 是對分布形狀最常用的度量。

三、雙變量統計分析

社會科學研究中涉及的變量往往在兩個或兩個以上，因此，兩變量即多變量間的關係是統計分析中一類重要的內容。

1·列聯表

列聯表又稱條件次數表，是同時依據兩個變量的取值，將所研究的個案進行分類的表示方法。其目的是將兩個變量分組，比較各組的分布情況，分析變量之間的關係。例如，某次大學生調查的被試者組成情況如表 8-9 所示。

表8-9 大學生對食堂飯菜的滿意度

滿意度	年級				合計(人)
	大一(人)	大二(人)	大三(人)	大四(人)	
滿　意	28	13	9	18	68
一　般	18	20	22	26	86
不滿意	10	19	17	11	57
合　計	56	52	48	55	211

從表中可以清楚地瞭解到，樣本中各個年級在不同滿意度上的分布情況。因為這種表格說明了一個變量不同類別（如年級）下另一變量（如滿意程度）的分布情況，所以又被稱為條件次數表。表的最下一行和最右一列分別是每類地區和每種產業的總次數，稱為邊沿次數 (MARGINAL FREQUEN-CIES)，其餘的次數稱為條件次數 (CONDITIONAL FREQUENCIES)。每一條件下的分布稱為條件分布。交互分類表的規模常以行數乘以列數來表示，如表8-9 的規模為 3×4。

條件次數表中的數字是絕對數字，給相互間的直觀比較造成了困難。於是開發出一種以百分數代替絕對數字的表格——條件百分表。如上例可以轉化為條件百分表 8-10。

表8-10 大學生對食堂飯菜的滿意度

滿意度	年級			
	大一	大二	大三	大四
滿　意	50.0%	25.0%	18.8%	32.7%
一　般	32.1%	38.5%	45.8%	47.3%
不滿意	17.9%	36.5%	35.4%	20.0%
總　數	(56)	(52)	(48)	(55)

在條件百分表中，應將自變量放在上方橫行位置，因變量放在左邊一列，百分比則通常按照自變量的方向進行計算，以瞭解自變量對因變量的影響。如上例是為了分析年級對食堂滿意度的影響，因此，按年級計算百分比。另

外，製作列聯表時，在表的最後一行寫出自變量各取值的總數，並用括號括起來，以使讀者瞭解百分比背後的計算基準。

2.交互分類表

(1) 基本內涵及格式

所謂交互分類，就是將一組數據按照兩個不同變量的類型進行綜合的分類。交互分類的結果通常以交互分類表的形式反映出來，如表8-11。

表8-11 交互分類表示例

性別	年齡			合計
	青年	中年	老年	
男	70	60	50	180
女	50	40	30	120
合計	120	100	80	300

(2) 交互分類表的作用

交互分類表的適用對象主要是定類與定序層次的變量，而在社會調查研究中的絕大部分變量正好又是這兩個層次的。因此，交互分類的方法對於大量社會調查資料的相關分析有著十分重要的作用，我們應該熟悉這種方法。具體而言有三點作用，即對總體的分布情況和內在結構進行描述；用於進行分組比較；解釋變量之間的關係。

(3) 交互分類表的形式要求

交互分類表在形式上有以下幾點要求：每個表的頂端要有表號和標題；表中最好不用豎線；表中的百分比號處理妥當；在表的下端用括號括起每一欄所對應的頻數；表內的百分比通常保留一位數，即使是整數也要寫出小數點後的0；將自變量放在上層，因變量放在表的左側；兩個變量的值不能同時太多，否則讓人眼花繚亂。

第四節 相關分析

很多時候，兩個變量之間存在一些連帶關係，即當一個變量的值發生變化時，另一個變量的值也相應地發生有規律的變化。這種聯繫有的是一種因果關係，有的不具有因果關係。社會科學研究中要確定因果關係，最好的方法是透過實驗法，在實驗條件下有目的地控制自變量，觀察因變量的變化，從而確定因果關係模型。然而，社會科學的很多研究是在自然條件下進行的，很難對自變量進行控制。

於是很多時候，研究對象之間存在相互的關聯，卻難以直接確定其因果關係。例如，學生對某一學科的興趣與該學科的成績之間存在聯繫，但我們卻不能據此認為興趣是因，成績是果，或者成績是因，興趣是果。有些時候存在著第三種可能性，即興趣和成績都是果，它們存在共同的因，如該科教師的講課魅力。

當事物間存在相互聯繫，但又不能直接做出因果關係的判斷時，我們稱它們之間的關係為相關。相關分析就是以一個值來表示變量與變量之間的關係，這個統計值就是相關係數。相關係數的值通常介於 $-1 \sim 1$ 之間，0 代表無相關，1 和 -1 代表完全相關，相關係數越接近 1，表示兩個變量之間的相關性越強，接近 0 則相關性越小。

兩個變量間的相關係數為正時，表示一個變量增大時另一個變量也相應增加，兩個變量可能存在正相關。相關係數為負時，表示一個變量增大時另一個變量減小，兩個變量可能存在負相關。通常相關係數在 0.7 以上可以判斷為高度相關，$0.4 \sim 0.7$ 之間為中度相關，0.4 以下為低度相關。相關係數的計算方法根據變量類型的不同而有所不同。

一、積差相關

積差相關（又稱積距相關）係數是因果統計學家皮爾遜 (PEARSON) 提出的一種計算相關係數的方法，所以也稱為皮爾遜相關，是一種線性相關的基本方法。積差相關係數的計算公式為：

$$r_{XY} = \frac{\sum_{i=1}^{n}(x_i - \bar{X})(y_i - \bar{Y})}{\sqrt{\sum_{i=1}^{n}(x_i - \bar{X})^2}\sqrt{\sum_{i=1}^{n}(y_i - \bar{Y})^2}}$$

應用極差相關來計算相關係數，要求變量符合以下條件：兩列變量都是等距或等比的測量數據；兩列變量所來自的總體必須是正態的或近似正態的對稱單峰分布；兩列變量必須具備一一對應的關係。

二、等級相關

有些時候，研究得到的數據不能滿足極差相關的計算條件，此時需要使用其他相關係數的計算方法。當測量數據不是等距或等比數據，而是具有等級順序時；或者當數據是等距或等比數據，但其所來自的總體不是正態分布時，都不能使用極差相關，而要使用等級相關進行計算。常用的等級相關計算方法包括斯皮爾曼(SPEARMAN)等級相關和肯德爾和諧係數。

1.斯皮爾曼等級相關

斯皮爾曼等級相關適用於兩列具有等級順序的測量數據，或總體為非正態的等距、等比數據。

其基本公式為：

$$r_R = 1 - \frac{6\sum D^2}{n(n^2 - 1)}$$

公式中 D ＝ RX － RY，為對偶等級之差；N 為對偶數據個數。

2.肯德爾 W 係數（肯德爾和諧係數）

肯德爾 W 係數是計算多列等級變量相關程度的一種方法，適用於兩列以上等級變量。其公式為：

$$W = \frac{S}{\frac{1}{12}K^2(n^3 - n)}$$

公式中 S 為離差平方和：$S = \sum (R_i - \bar{R})^2 = \sum (R_i - \frac{\sum R_i}{n})^2 = \sum R_i^2 - \frac{(\sum R_i)^2}{n}$；K 為等級變量的列數或評價者的數量；N 為被評價對象的數量。

描述兩個變量之間的關係時可依據變量類型的不同，採用 LAMBDA 係數和 GAMMA 係數來計算其相關性。

(1) LAMBDA 係數

LAMBDA 係數是定類變量與定類變量間相關關係的衡量。LAMBDA 係數分為對稱形式和非對稱形式。對稱形式即兩個變量間的關係是對等的，無自變量與因變量之分，此時 LAMBDA 係數用 λ 表示；非對稱形式指兩個變量有自變量與因變量之分，以 X 表示自變量，Y 表示因變量，此時 LAMBDA 係數用 λYX 表示。計算公式如下：

$$\lambda = \frac{\sum m_x + \sum m_y - (M_x + M_y)}{2N - (M_x + M_y)}$$

$$\lambda_{yx} = \frac{\sum m_x - M_y}{N - M_y}$$

其中，MY 為 Y 變量眾數的頻次，MX 為 X 變量眾數的頻次，MX 為 Y 變量每個取值之下 X 變量的眾數的頻次，MY 為 X 變量每個取值之下 Y 變量的眾數的頻次，N 為調查對象的總數。

(2) GAMMA 係數

GAMMA 係數適用於分析定序變量與定序變量之間的相關關係。其公式為：

$$G = \frac{同序對數 - 異序對數}{同序對數 + 異序對數}$$

其中，同序對指某對個案在兩個變量上的相對等級是相同的，異序對是指某對個案在兩個變量上的相對等級是相反的。

(3) SPSS 軟體中相關分析的實現

透過 SPSS 軟體可以很簡便地計算兩組變量的相關關係。選擇 ANALYZE → CORRELATE → BIVARIATE，彈出如下窗口：

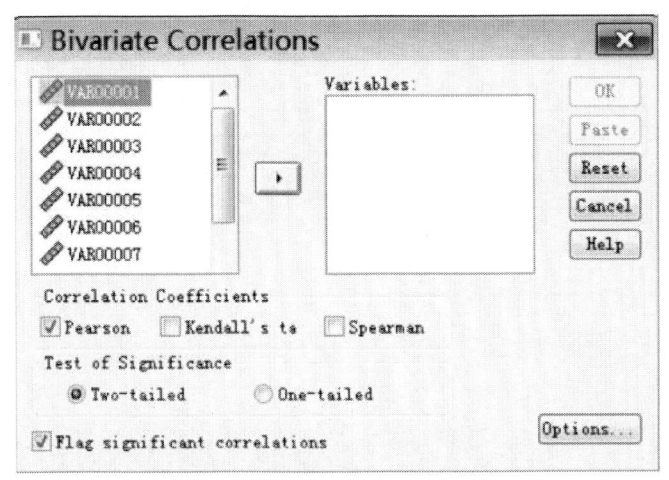

圖8-7 SPSS軟體中的相關分析窗口

將要計算相關的變量放入 VARIABLES 框，點擊 OK 即可算出相關係數。可以選擇計算 PEARSON 相關、KENDALL'S TAU-B 等級相關、SPEARMAN 等級相關等。

第五節 回歸分析

相關分析可以描述兩個變量之間關係的有無、大小和方向，回歸分析則更進一步，用方程的形式表示兩個變量間的具體關係。相對於相關分析的描述功能，回歸分析的結果還具有預測的功能。根據自變量的數量，回歸分析可以分為一元回歸、二元回歸、多元回歸。根據自變量與因變量的關係是否是線性關係，回歸分析可以分為線性回歸和非線性回歸。這裡介紹幾種最基礎的一元線性回歸，即只包括一個自變量和一個因變量，且二者的關係可用一條直線近似表示。通常可以透過散點圖來判斷兩個變量之間是否大致符合線性關係。

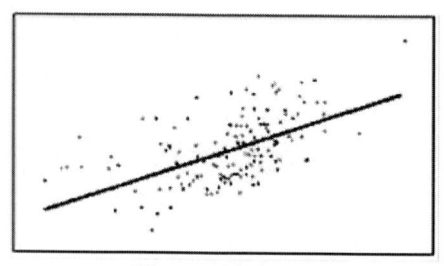

圖8-8 線性關係

一、最小二乘法（最小平方法）

X 與 Y 的關係可以用一元線性方程 Y = A + BX 表示。然而，X 與 Y 之間的關係往往不是一條完全的直線，可以做出許多條直線來描述其關係。那麼，哪一條直線最有代表性呢？一般原則是使由 Y = A + BX 算出的值 y_i 與實際數據 YI 之間的誤差 $(y_i - y_i')$ 最小。為了避免正負相抵，通常用 $\sum (y_i - y_i')^2$ 最小作為標準。這種方法稱為最小二乘法（又稱最小平方法），其具體公式為：

$$b = \frac{\sum (x - \bar{x})(y - \bar{y})}{\sum (x - \bar{x})^2} = \frac{N(\sum xy) - (\sum x)(\sum y)}{N \sum x^2 - (\sum x)^2}$$

$$a = \bar{y} - b\bar{x} = \frac{\sum y - b(\sum x)}{N}$$

應用回歸分析時應當注意其取值範圍，一般不應超出資料包括範圍的自變量數值。因為隨著自變量取值在觀察範圍之外變化，回歸線段以外的點可能出現與現有回歸線段不同的變化趨勢，若還是用原來的方程來預測因變量，可能會得到錯誤的結論。

二、回歸分析的 SPSS 實現

透過 SPSS 計算線性回歸的方法是，在 SPSS 主菜單選擇 ANALYZE → REGRESSION → LINEAR，將因變量放入 DEPENDENT 框，X 放入 INDEPENDENT 框，點擊 OK 即可算出回歸係數（如圖 8-9）。

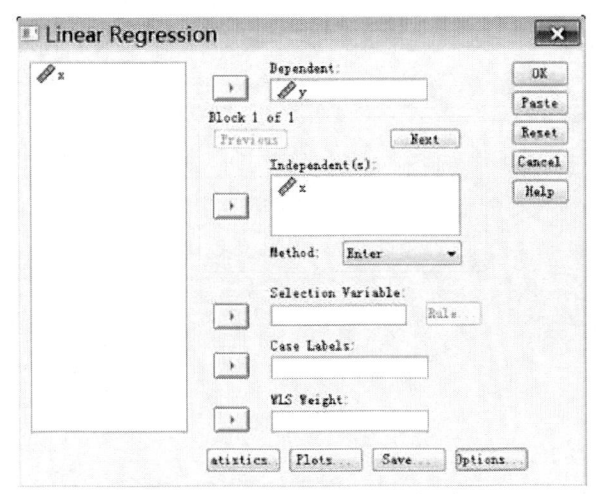

圖8-9　SPSS中的回歸分析窗口

閱讀材料2：相關分析與回歸分析應用案例

1.選擇指標，收集數據資料

西方經濟學通行的儲蓄概念是儲蓄是貨幣收入中沒有用於消費的部分。這種儲蓄不僅包括個人儲蓄，還包括公司儲蓄、政府儲蓄。儲蓄的內容有在銀行的存款、購買的有價證券及手持現金等。在其他條件不變的情況下，個人可支配收入與居民儲蓄是正比例函數關係，是居民儲蓄存款增長的基本因素。本文標記年份分別為 A1，A2，A3……A11，A12，A13；人均可支配收入分別為 B1，B2，B3……B11，B12，B13；居民儲蓄存款分別為 C1，C2，C3……C11，C12，C13。本研究所分析的數據資料來源於上海統計網——上海統計年鑒 2010 年目錄。

表 8-12 主要年份城市居民家庭人均可支配收入

單位：元

年份(年)	人均可支配收入	工資性收入	經營淨收入	財產性收入	轉移性收入
1997	8439	5969	150	69	2251
1998	8773	6004	98	57	2614
1999	10932	7326	156	68	3382
2000	11718	7832	120	65	3701
2001	12883	7975	119	39	4750
2002	13250	7915	436	94	4805
2003	14867	10097	377	130	4263
2004	16683	11422	507	215	4539
2005	18645	12409	798	292	5146
2006	20668	13962	959	300	5447
2007	23623	16598	1158	369	5498
2008	26675	18909	1399	369	5998
2009	28838	19811	1435	474	7118

註：本表數據為城市居民家庭收支抽樣調查資料，由國家統計局上海調查總隊提供。

表 8-13 居民儲蓄存款(1997～2009 年)

年份(年)	居民儲蓄存款（億元）	定期儲蓄（億元）	活期儲蓄（億元）	人均儲蓄存款（元）
1997	2109.18	1843.25	265.93	14169
1998	2372.94	2017.16	355.78	15536
1999	2597.12	2119.82	477.30	16572
2000	2627.07	2084.21	542.86	16331
2001	3109.50	2301.33	808.17	19264
2002	4915.54	3603.05	1312.49	30245
2003	6054.60	4260.87	1793.73	35385
2004	6960.99	4904.93	2056.06	39956
2005	8432.49	6071.83	2360.66	47416
2006	9480.28	6701.97	2778.31	52231
2007	9326.45	6185.85	3140.60	50194
2008	12083.66	8555.64	3528.02	63987
2009	14357.65	9733.13	4624.53	75373

註：本表數據由中國人民銀行上海總部提供。2000年起居民儲蓄存款為中外資金融機構本外幣存款餘額。

2.數據的分析與計算結果

(1) 調用 SPSS 的繪製條形圖功能，得到的居民儲蓄存款與人均可支配收入的條形圖如下：

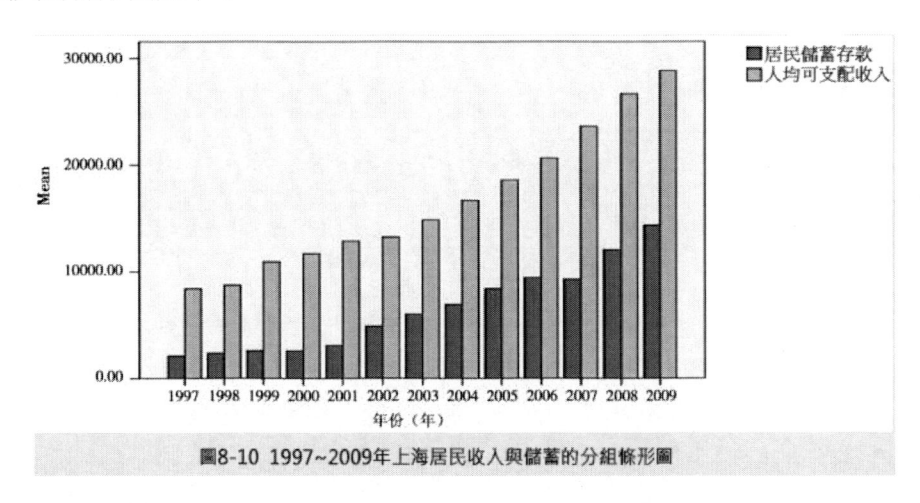

圖8-10 1997~2009年上海居民收入與儲蓄的分組條形圖

(2) 調用 SPSS 的繪製線形圖功能，得到的居民儲蓄存款與人均可支配收入的線形圖如下：

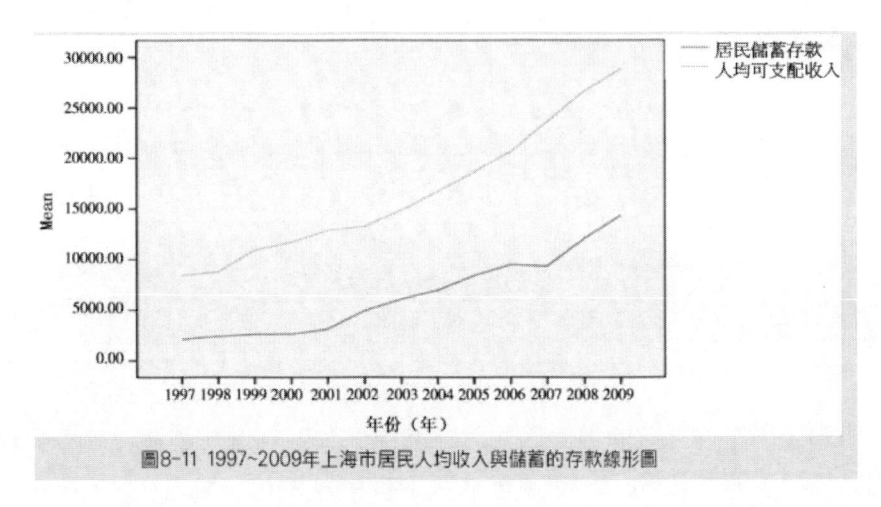

圖8-11 1997~2009年上海市居民人均收入與儲蓄的存款線形圖

(3) 調用 SPSS 的繪製散點圖功能，得到的居民儲蓄存款與人均可支配收入的散點圖如下：

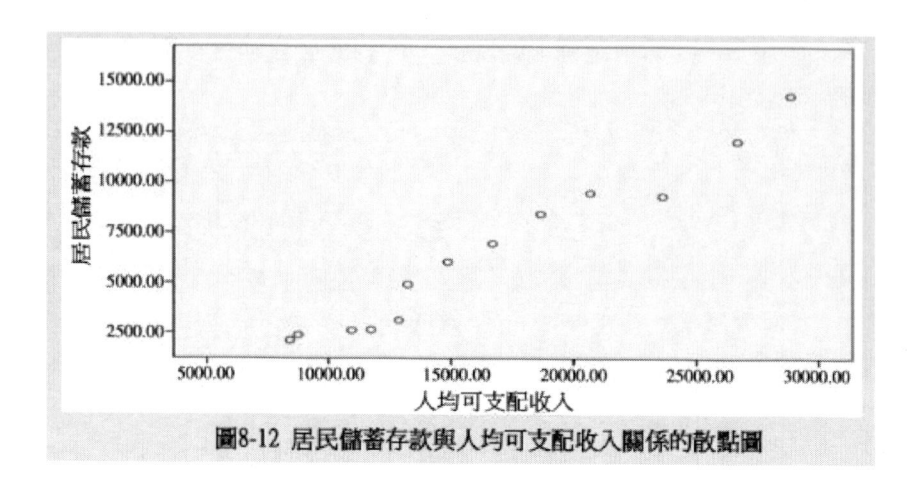

圖8-12 居民儲蓄存款與人均可支配收入關係的散點圖

　　(4) 進一步調用 SPSS 中的相關分析功能，得到的居民儲蓄存款與人均可支配收入的相關係數及顯著性檢驗輸出結果如下：

表 8-14　SPSS 相關分析結果

Correlations

		居民儲蓄存款	人均可支配收入
居民儲蓄存款	PearsonCorrelation	1	.982 **
	Sig. (2-tailed)		.000
	SumofSquaresandCross-products	1.945E8	3.162E8
	Covariance	1.621E7	2.635E7
	N	13	13
人均可支配收入	PearsonCorrelation	.982 **	1
	Sig. (2-tailed)	.000	
	SumofSquaresandCross-products	3.162E8	5.332E8
	Covariance	2.635E7	4.443E7
	N	13	13

**. Correlationissignificantatthe0.01level(2-tailed).

　　相關分析能夠有效地揭示事物之間關係的強弱程度。根據上表結果可以看出，居民儲蓄存款和人均可支配收入之間的相關係數為 0·982，存在較強的相關性。

　　(5) 運用 SPSS 的線性回歸分析功能，對居民儲蓄存款與人均可支配收入進行回歸分析，分析結果如下：

表 8-15　SPSS 回歸方程結果

Coefficients^a

Model		UnstandardizedCoefficients		StandardizedCoefficients	t	Sig.	95% ConfidenceIntervalforB	
		B	Std. Error	Beta			LowerBound	UpperBound
1	(Constant)	-3359.599	612.311		-5.487	.000	-4707.286	-2011.911
	人均可支配收入	.593	.034	.982	17.247	.000	.517	.669

a. DependentVariable：居民儲蓄存款

由回歸方程係數表可知，未標準化回歸方程的常數項為－3359.599，標準誤差為 612.311；回歸係數為 0.593，標準誤差為 0.034，由此得出一元線性回歸方程為 Y ＝－3359.599 ＋ 0.593X。

本章小結

　　本章分別介紹了定性資料和定量資料的整理、分析的流程與方法。其中，定性資料的整理流程可以概括為審查、分類、彙總與編輯三個步驟；定量資料的整理流程包括審查、編碼、數據的錄入三個步驟。對於定性資料的分析，本章介紹了勝任特徵研究和扎根理論兩種方法；對於定量資料的分析，本章介紹了統計分析的基本技術、單變量統計分析、雙變量統計分析、相關分析、回歸分析的基本原理，以及軟體操作的基本方法。

關鍵術語

　　定性資料

　　定量資料

　　審查

　　分類

　　彙總

　　編碼

數據錄入

單變量統計分析

雙變量統計分析

相關分析

回歸分析

討論題

1. 如何整理定性資料？

2. 定量資料錄入電腦時應注意哪些問題？

3. 雙變量分析與單變量分析的差異是什麼？

4. 相關性的含義是什麼？

5. 如何在 SPSS 中操作回歸分析？

案例分析

對50名顧客有關飲料品牌選擇的調查

飲料品牌	不同品牌飲料的頻數分布		
	頻數	比例	百分比（％）
可口可樂	15	0.30	30
旭日升冰茶	11	0.22	22
百事可樂	9	0.18	18
匯源果汁	6	0.12	12
露　露	9	0.18	18
合　計	50	1.00	100

討論：

1. 該表格屬於定性資料整理還是定量描述分析？

2. 頻數在相對程度分析中的定義是什麼？

第九章 社會科學研究報告的撰寫

學習目標

- ●瞭解研究報告的內涵、特點和作用
- ●理解研究報告的基本性質和分類
- ●掌握研究報告的一般結構
- ●掌握研究報告撰寫的步驟
- ●瞭解研究報告撰寫應注意的問題

知識結構

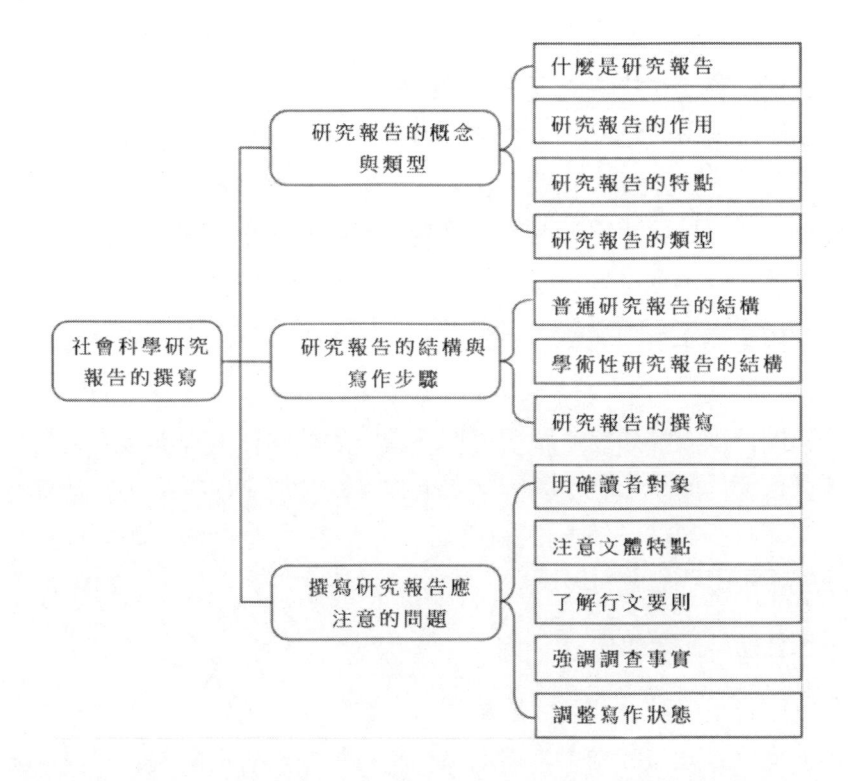

```
                              ┌─ 什麼是研究報告
                  研究報告的概念├─ 研究報告的作用
                  與類型      ├─ 研究報告的特點
                              └─ 研究報告的類型

社會科學研究                   ┌─ 普通研究報告的結構
報告的撰寫    ─── 研究報告的結構與├─ 學術性研究報告的結構
                  寫作步驟      └─ 研究報告的撰寫

                              ┌─ 明確讀者對象
                              ├─ 注意文體特點
                  撰寫研究報告應├─ 了解行文要則
                  注意的問題    ├─ 強調調查事實
                              └─ 調整寫作狀態
```

引入

　　不管人類或其他動物的原始動機是什麼，只有預測未來環境的能力才讓他們滿足。只是，對人類而言，對未來的預測常常被放在知識與瞭解的範圍內。如果你們瞭解為什麼事物之間產生關聯、為什麼會產生固定的模式，比起你們只是簡單地記住那些模式來，要預測得更加準確。因此，人類研究的目的在於回答「是什麼」和「為什麼」，我們透過觀察和推理來達到這兩個目標。

——[美]巴比

　　思考：研究者應該如何向讀者呈現自己的研究成果呢？

第一節 研究報告的概念與類型

　　雖然研究質量直接決定了研究報告的質量，但是不能就此認為研究報告的寫作是一種資料「堆砌」、文字「填空」。更為準確的理解是，研究報告實際上是對某一學科領域中的問題做出比較系統、專門的調查研究和探討後，以報告的形式表達科學研究成果的論說文體。研究報告的撰寫過程實際上是一個與資料和理論溝通的過程，寫作過程充滿著智慧。

　　研究報告需要運用概念、判斷、推理、證明或反駁等邏輯思維手段來分析研究某種問題，它由論點、論據、論證構成，透過三者緊密相連、相輔相成的邏輯關係來表達思想、闡明道理。就一般的寫作過程而言，撰寫者首先需要考慮什麼是研究報告、研究報告的作用是什麼、研究報告有什麼特點、研究報告有哪些類型，然後根據寫作目的和讀者對象考慮資料的運用和安排以及研究報告的結構或布局。

一、什麼是研究報告

　　研究報告是反映社會研究成果的一種書面報告，它以文字、圖表等形式將研究的過程、方法和結果表現出來。其目的是告訴有關讀者，對於所研究的問題是如何進行研究的，得到了哪些結果，這些結果對於認識和解決這一問題有哪些理論意義和實際意義。這一概念有四層含義：

第一，研究報告是自覺的認識活動，與日常生活中對社會現象的觀察、瞭解是有原則區別的。

第二，研究報告中的研究對象是社會本身。研究報告調查的主要對象是公眾關心的社會經濟與發展問題，它注重真實、具體、典型的事例與數據，注重分析事情產生的背景、成因、意義或危害性，也可適當提出一些解決問題的合理建議。

第三，研究報告是感性認識方法和理性認識方法的結合。

第四，撰寫研究報告的目的是為了瞭解社會，探求規律，尋求改造社會的道路和方法。

因此，研究報告的本質是研究科學問題、探討學術問題的一種工具；是描繪研究成果、進行學術交流的一種手段。

二、研究報告的作用

研究報告的寫作目的就是以文字的形式顯現出不同研究課題的本來性質和目標，其作用主要體現為以下幾點。

1.研究報告是實現研究課題目標、體現勞動價值的重要環節

單純地收集一堆調查材料，並不能說明問題。只有將分散的、零亂的調查材料按照事物本身的邏輯整理出次序，進而透過研究報告這種書面形式把調查的成果鞏固下來，才能揭示出社會現象的存在條件和發展規律，得出科學的結論。科學研究是一種創造性的活動，透過研究報告揭示出來的科學結論是整個調查活動的結晶，將新的科學研究成果用語言文字記錄下來，貯存在人類的科技寶庫中，體現出科學研究水平的繼承性。

當全社會共享你的科學研究成果時，也就體現出科學研究工作者自身的勞動價值。它為人們正確地認識社會現象、解決社會問題提供了基礎條件，為政策的制定、調整、修正提供事實和理論依據，使領導者把決策建立在科學研究的基礎之上。所以，研究報告也是研究目的向社會政策轉化的一個中間環節。

2.研究報告能豐富和發展關於人類社會的科學理論

研究報告是調查研究成果的集中體現，它不僅能夠提供大量的客觀事實和有價值的資料，而且能夠透過客觀事實的分析，揭示社會現象的本質和發展規律，為人們提供認識社會的科學理論。如美國社會學家威廉·富特·懷特置身於觀察對象的環境和活動中寫成的《街角社會》一書，既豐富了社會調查方法的理論，同時也豐富和發展了社會學關於小群體研究的理論。費孝通教授的小城鎮研究也極大地推動了城市化理論的發展。大量事實說明，許多有重大價值的理論突破都是在研究報告中揭示出來的。

3.研究報告對於人們的社會實踐具有指導作用

科學的任務不僅在於認識世界，更重要的是要改造世界。研究報告的主要功能和價值就在於它對社會實際工作的指導作用。具體地說，研究報告在這方面表現為發現問題、反映情況、總結經驗、宣傳政策、推動工作。

三、研究報告的特點

1.科學性

科學性是研究報告的特點，也是研究報告的生命和價值。開展學術研究，寫作研究報告的目的，在於揭示事物發展的客觀規律，探求客觀真理，使之促進科學的繁榮和發展。這就決定了研究報告必須具有科學性。研究報告的表述必須觀點正確、材料可靠，論證要以事實為依據，無論是闡述因果關係，結論的利弊和價值，還是結論的實用性和可行性，都必須從事實出發。推理要合乎邏輯，不可無根據地臆斷。

2.時效性

研究報告中所反映的通常都是現實社會生活中迫切需要解決的問題，這就決定了研究報告必須講究時效性。研究報告不僅要全面、準確地反映社會現實和社會問題，而且更要及時地提出解釋社會現象和解決社會問題的答案和對策。如果研究報告延誤了時間，錯過了時機，不能及時地回答人們迫切需要瞭解的問題，就會「時過境遷」，成為「馬後砲」，那樣，研究報告也就失去了指導作用和應有的社會意義。

3.針對性

任何社會調查都是為了一定的目的而進行的，這就決定了研究報告具有強烈的針對性。也就是說，研究報告總是要根據調查研究的結果，明確地提出解決問題的方案。針對性越強，研究報告的價值越高，發揮的作用也就越大。領導、決策機關和職能部門希望聽到對現行政策的意見和評價，他們最感興趣的是報告中的那些具有針對性的建議。

科學研究工作者側重於尋找社會現象的原因和發展趨勢，關心調查研究的新成果。他們對研究報告的要求較高，既要求結構嚴謹，同時又要求數據、資料無誤，還希望報告內容能有所創新、有所突破。一般群眾希望更多地瞭解身邊的社會變化，希望聽到有說服力的解釋，得到有關的知識幫助。

4.創新性

創新性是衡量研究報告質量水平高低的重要依據。別人沒有提出過的理論、概念、教育教學新方案、新的實驗方法，別人沒有觀察到的現象，在實驗和調查中第一次獲得的新數據等，都是創新性的研究成果。創新性作為研究報告的特點之一，是由科學發展的需要決定的。科學研究是對新知識的探求，科學要創新，作為反映科學研究成果的研究報告，當然要具有創新性。

創新性主要透過報告所表達的科學研究成果的創新性體現出來。科學研究成果的創新性主要體現為：填補空白的新發現、新發明、新理論；在繼承的基礎上進行發展、完善、創造；在眾說紛紜中提出獨立見解；推翻前人定論；對已有資料做出創造性綜合，即提出新觀點、新證據、新研究方法、新研究角度等。

5.規範性

研究報告的表述雖無定法，但有常規可循。在撰寫研究報告時，要按照一定的格式，不能忽視最基本的規範要求。寫作之前要有明確的計劃和提綱，要根據研究的結構特點和邏輯順序、研究課題的任務和內容，來考慮表達的形式和表述的方式。

6.可讀性

為了便於傳播和交流，研究報告的表述應具有可讀性。語言闡述必須精確、通俗，在不損害規範性的前提下，儘可能使用簡潔的語言。專門的名詞術語可以用，但不能故弄玄虛。文字切忌帶個人色彩，一般不採用比喻、擬人、誇張等修辭手法，不可把日常概念當作科學概念，不宜採用工作經驗總結式的文字。一篇高質量的論文，不僅要有創見，也要講究辭章，達到科學與文學、科學與美學的最佳結合。

四、研究報告的類型

1. 描述性研究報告與解釋性研究報告

根據研究報告在性質和主要功能上的不同，可以將其區分為描述性研究報告和解釋性研究報告兩大類。描述性研究報告著重於對所研究的現象進行系統、全面的描述，這種描述既可以是定量的，也可以是定性的。其主要目標是透過對研究資料和結果的詳細描述，向讀者展示某一現象的基本狀況、發展過程和主要特點。對於那些以弄清現狀、找出特點為目的的描述性研究來說，這種報告是其表達結果的最適當的形式。

解釋性研究報告的著眼點則有所不同，它的主要目標是用研究所得資料來解釋和說明某類現象產生的原因，或說明不同現象相互之間的關係。這類報告中雖然也有一些對現象的描述，但一方面，這種描述不像描述性研究報告中那樣全面、詳細；另一方面，這種描述也僅僅只是作為合理解釋和說明現象的原因、解釋和說明現象間相互關係的基礎或前提而存在。簡而言之，是為瞭解釋和說明而做必要的描述。

需要說明的是，研究報告的這種區分並無十分嚴格的界限，在許多情況下，一份研究報告常常同時兼有描述和解釋這兩方面的功能，只是不同的報告對其中某一方面側重的程度有所不同而已。

2. 學術性研究報告與應用性研究報告

根據研究報告的讀者對象的不同，可以將其分為學術性研究報告與應用性研究報告兩類。這兩類報告在寫作要求及風格上也有所不同。大體上，用作專業雜誌上發表或學術會議上發表的研究報告往往比較緊湊、嚴謹，在研

究設計、研究方法方面,它需要比較詳細的描述,特別是樣本抽取、變量測量、資料收集等細節;資料分析部分相對廣泛,但對結果的討論部分則相對謹慎。而提供給政府決策部門或實際工作部門的研究報告則對研究過程的介紹十分簡短,這種報告的研究結果部分常常採用比較直觀的統計圖、統計表等形式表示出來,並且根據研究結果所提出的政策建議部分在這種報告中也十分突出。

3.定量研究報告與定性研究報告

根據研究的性質,研究報告還可以分為定量研究報告與定性研究報告兩類。定量研究報告主要以對數據資料的統計分析結果及其討論為主要內容,數量化、表格化、邏輯性強是其表達結果的主要特徵,報告的格式十分規範且相對固定,報告的各個部分相互之間界限十分分明。

與此相反,定性研究報告則主要以對文字材料的描述和定性分析為主要特徵;在報告的結構上,既無嚴格的規範,又沒有十分固定的格式;在內容上,描述和分析、資料與解釋之間的界限也不是十分明顯。而且一般來說,定性研究報告的篇幅也比定量研究報告的篇幅要長,報告中所體現的主觀色彩也較重。根據上述特點,本章中的大部分內容以定量研究報告的撰寫為主。

4.綜合性研究報告和專題性研究報告

根據內容所涉及的範圍,研究報告可分為綜合性研究報告和專題性研究報告。綜合性研究報告主要用來展現綜合性調查的結果和發現,內容通常涉及研究對象各個方面的狀況,透過報告能使讀者對研究對象有一個全面的瞭解和把握。如《尋烏調查》就是從人口、政治、經濟、文化教育、人民生活、土地關係等方面進行調查後寫成的綜合性研究報告。專題性研究報告主要用來展現專項社會研究的結果和發現綜合性社會研究的某一方面的結果,內容通常只涉及研究對象的某一個方面的狀況,透過報告能使讀者對研究對象的某一方面有一個深入的、透徹的理解與把握。

專題性研究報告要求聚焦於一個方面做深入的、有針對性的分析,篇幅相對較短,多以解釋為主。如王彥斌、吳曉亮發表在《昆明師範高等專科學

校學報》2000 年第 1 期上的《城市住宅小區居民的生活方式與生活意願——對昆明 752 個調查對象資料的基本分析》一文，就是對城市居民的生活方式與生活意願進行的專題研究。綜合性研究報告和專題性研究報告之間沒有絕對的界限，一般來說，普通報告內容較廣泛、全面。例如，進行一次大型的調查，往往其報告中既有綜合性報告的成分，又有專題性報告的成分；報告中既可能有對研究對象的一般性描述，又可能有對某個專門問題的描述。

第二節 研究報告的結構與寫作步驟

規範的社會研究報告往往有比較固定的格式，儘管用於不同目的、不同場合的研究報告在形式上會有若干細小的差異。大體上，研究報告都是從所探討的問題開始，到研究所得到的結論和意義結束。各種類型研究報告的基本結構和內容仍存在著共性，有一定規律可循。對它們的一般格式或構架還是可以探討的，這就是所謂「定體則無，大體則有」。根據經驗，在撰寫研究報告時，還要處理好幾個與研究報告結構有關的問題。

前文提出了研究報告的類型，那麼，定量研究報告和定性研究報告各自的特點是什麼，學術性研究報告和應用性研究報告有什麼差別，描述性研究報告和解釋性研究報告有什麼區別，綜合性研究報告和專題性報告有什麼不同，在下筆行文前要有充分的思考。因此，本文以普通研究報告、學術性研究報告為例來探討研究報告的基本結構。

一、普通研究報告的結構

普通研究報告更強調對調查結果的描述、說明，不側重於調查方法、過程及工具的說明，語言更大眾化，對社會現象的描述和分析多採取直觀的形式。

1.標題

標題是研究報告的名稱，用以直接體現研究報告的中心思想和主要內容。標題是引起讀者注意的關鍵因素，「題好一半文」，一切認真的寫作者在研究報告的標題上都要下一番功夫，仔細思索、反覆推敲研究報告的題目。研究報告的標題，通常有四種寫法：

(1) 直陳主題式

直陳主題式即直接在標題中陳述研究的時間、對象及主題。如「當前大學畢業生就業意向的調查報告」「當代青少年自我保護意識的調查報告」等。其優點是明確、清晰，缺點是單調、缺少衝擊力。

(2) 結論展示式

結論展示式即在標題中展示有關社會研究的結果或發現。如「電腦進家大勢所趨」「保健品遭遇信任危機」「現代化的首要課題是人的現代化」「社會性資源的稀缺性與腐敗現象」等。

(3) 反問疑問式

反問疑問式即在標題中將研究的主題用反問或疑問的方式表達出來。如「誰是當代大學生心目中的偶像」「男女性格差異真的會消失嗎」等。反問疑問式是普通研究報告常用的標題形式。

(4) 複合結構型

複合結構型又稱雙標題式，即指由主標題和副標題共同構成報告的標題。如「持股的相關因素及其對職工分化的影響——一項關於鄉鎮企業產權改革的研究」「不看不知道，一看嚇一跳——青海臨時機構調查」等。這種標題形式比單標題式有更強的表現力，能兼具各種單一標題的優點，是各類研究報告常用的一種標題形式。

閱讀材料1：雙行標題的要求

無論是單行標題還是雙行標題，總的要求都是主題突出，文字精練。雙行標題必須避免內容文字重複，而且不能將正副標題顛倒。如「大學生自殺率上升——關於大學生自殺現象的調查」即屬於內容文字重複；「某市科技人才流失原因的調查報告——知識分子的待遇應予提高」則屬於正副標題倒置。

2.導語

研究報告的導語為研究報告的開頭部分，也稱前言、導言。它通常主要介紹調查目的和意義、調查對象和範圍、調查方法和過程等。導語部分結構形式主要有以下幾種：

第一，聯繫調查對象說明調查的主要目的和意義，介紹調查的範圍、內容和方法。

第二，描述某一社會現象，對這一現象產生的原因或這一現象的影響、作用、意義等提出若干問題。

第三，在描述現象、提出問題的同時，直截了當地寫明結論，然後在報告的主體部分用調查資料對結論進行論證。

3.主體

這是研究報告的核心部分，也稱正文。主體部分的結構必須根據研究報告的內容來確定。要表現什麼樣的材料，要說明什麼樣的問題，報告主體部分要努力為這兩者服務。具體結構有三種形式：

第一，根據所調查現象本身所具有的時間順序，從縱的角度來描述和分析，也就是按照事情發生、發展的先後順序安排材料。如果是針對某一件事情，通常可採用這種結構方式，如《××販賣毒品的犯罪調查》《××公司不正當廣告炒作的調查》。

第二，根據所調查現象本身所包含的各種不同特徵或不同方面，進行分類處理，從橫向的角度來逐一描述、分析和比較。如果是針對某類社會現象，通常採用此種結構方式，如《關於中、小學實行強行補課的調查》《關於獨生子女問題的調查》。社會調查報告一般立足於某類社會現象，故這是常見的一種結構方法。

第三，將上述兩種結構相結合，以其中一種結構為主，另一種為輔。正文部分應注意以下幾點。

(1) 情況部分

情況部分應介紹調查所得到的基本情況，應注重具體事實、統計數據，文字應簡明、準確，條理分明，也可兼用數字、表格、圖示來說明。

(2) 分析部分

分析部分重點分析所調查事情或現象的產生背景、原因、實質，逐條分析，有事實有依據，抓住問題的實質、規律，揭示出其重要意義或危害性，使人印象深刻，提醒世人或引起領導注意。

(3) 建議部分

在有力的分析下，根據實際情況，提出解決問題的建議，為有關部門恰當處理提供參考。

4.結尾

結尾是研究報告的結束部分，總結全文，深化主題，警策世人，也可在建議部分結束。其作用主要是小結調查研究所得到的結果，並根據這些結果提出研究者的建議，以供有關部門決策時參考。透過對調查結果的深入分析，說明某一現象或問題對社會的危害性，以便引起有關部門的注意和重視。在寫法上，結尾部分要簡明扼要，抓住調查結果中最關鍵、最有價值的結論，給讀者留下鮮明深刻的印象。

5.普通研究報告結構示例

標題：《××地區家族企業調查》

一、我們為什麼要做家族企業調查

1.什麼是家族企業

2.××地區家族企業的特色

3.本次調查經過簡介

二、××地區家族企業的發展過程

1.由個體戶到家族企業

2.出現了「千萬富翁」

三、××地區家族企業的現狀

1.私人企業的規模（註：這節主要講統計數字）

2.介紹幾位老闆（註：這節剖析幾個典型企業）

3.老闆們念的「苦經」

四、幾點看法和建議

1.積極引導與加強管理

2.行業調整勢在必行

3.急需解決幾個實際問題

五、小荷才露尖尖角——對××地區家族企業的展望

閱讀材料2：《上海市區高齡老人生活狀況調查報告》——直接陳述式

利用直接陳述式方法，對上海市區高齡老人生活狀況進行調查報告的編寫及整理，將其報告共分為五部分：導言、調查方法、高齡老人的基本情況、高齡老人的生活狀況、亟須解決的幾個困難問題。以下是需要注意的地方，如：

導言：透過列舉數據，概括地描述了上海市區老年人和高齡老人的情況，指出高齡老人是老齡問題的關鍵。

調查方法：需要單獨列出。能較詳細介紹調查方法各個具體方面，是專業刊物的基本要求，非專業報告也可有。

基本情況：性別、年齡、文化程度、職業狀況、婚姻狀況、家庭人口和結構、收入狀況等。可使讀者對被調查對象的總體情況有一個概括的瞭解。

調查的主要結果：採取的是橫向的結構安排。結果的表述既用了表格，也用了文字綜述。

二、學術性研究報告的結構

學術性的或比較大型的研究報告一般需要詳細交代收集資料的方式、方法、過程及工具，在表述方式上要運用有關學科的理論、概念、專業術語等，論述的語言要求更嚴密。

1.導語

導語也稱緒論或引言，是研究報告的第一部分，通常包括三方面的內容。

（1）研究的問題及其背景

研究報告應以對所提問題的描述開始，因為正是這一問題啟動了我們所進行的研究，即要清楚地陳述你所研究的問題是什麼，以及你為什麼選擇這一問題做研究。同時，不管你所研究的是一個有關人類行為的簡單經驗問題，還是一個有關當前社會現實的問題，你都必須將這一問題放到一個較大的背景中，以便讀者瞭解為什麼這個問題十分重要，它為什麼值得研究。

在對社會學理論的某些方面進行探討和研究時，或者在介紹與自己的研究問題相關的理論時，也可採取這種報告的策略。這時，你需要首先對自己所研究的領域中的理論或概念框架做一個小結。比如，李銀河在其題為《當代中國人的擇偶標準》的研究報告中，是這樣撰寫引言的：

摩斯坦曾將其所著的一部關於擇偶標準的著作題為《誰會跟誰結婚？》。這個短句言簡意賅地為「擇偶標準」一詞下了定義。擇偶這一行為是千千萬萬的人們世世代代在實踐的一種行為。社會學關心的是：這種行為中有無規律？有沒有某種理論或模式可以概括人們這一行為的規律並對某人跟這個人而非那個人結婚做出合理的解釋？根據摩斯坦的介紹，關於擇偶標準的理論至少有五種：

第一種：歷史前例理論。它強調在歷史上普遍存在著由父母包辦或由父母做主要決定的擇偶方式。

第二種：心理分析理論。它以弗洛伊德的理論為依據，強調人是社會動物，認為在擇偶行為中生理需要的因素大於社會選擇的因素。

第三種：需要互補理論。它強調在擇偶時人們的主要考慮是各種需要的相輔相成，例如，支配慾強的男性往往選擇依賴性強的女性為偶，想受人侍候的男性往往選擇會侍候人的女性為偶等。

第四種：價值理論。它認為人在生長過程中，透過社會化的作用已逐漸將某種價值觀內化於個性之中，而這種價值觀即成為其擇偶的依據。

第五種：過程篩選理論。它認為不能用人的個性因素來解釋擇偶行為，而只能視之為一個過程，人們相遇，相互產生好感，透過自我啟示達到相互的瞭解信賴，最終滿足了各自個性的需要，因此，篩選理論是強調過程而不是強調某種決定因素的理論（摩斯坦，1976）。

在傳統的中國社會中，婚姻由父母包辦，婚姻當事人沒有什麼擇偶的自由。當然，父母包辦時也有一個擇偶標準的問題，一般說來就是所謂的「門當戶對」。

關於社會階層與擇偶標準的關係，費德曼等人曾提出過一個三模式理論框架，其中：

第一模式是社會分層與擇偶行為絕對相互獨立的模式，即擇偶行為完全是隨機的；

第二模式是社會分層與擇偶行為絕對相互依存的模式，即擇偶行為完全由社會階層所決定；

第三模式是某一社會階層內的隨機擇偶，即擇偶範圍不會超出人所處的階層，但在階層內是隨機的（費德曼，1975）。

傳統社會的情況似乎屬於第三種。在近現代，情況有了變化，一般主張戀愛自由，擇偶自由。提倡和保護自由戀愛、擇偶的權利。那麼，目前的擇偶標準有哪些特點？又有哪些因素對人們的擇偶行為有重大影響？影響的程度如何？這就是此項研究想解答的問題。

有時研究社會學理論的某些方面，也可以使用這種方法，但是，我們得首先對所要介紹的理論體系和大致框架做一個簡要概括。另外要注意的是，

不管報告的理論性有多強,都得讓讀者明白你所要報告的內容,理解他為什麼得關注這個問題。

(2) 對此選題研究的現狀（文獻評論）

陳述了研究的問題及其背景後,接下來的工作就是對這一領域中已發表的研究結果和結論進行總結和評論,這就是被稱為「文獻評論」的工作。透過文獻回顧,研究者對這一領域已有的研究結果和結論有了比較清楚的瞭解。相關文獻的查找和閱讀工作也是早已完成了的。因此,到撰寫研究報告時,研究者所需要考慮的只是如何在研究報告中對這些文獻進行系統的評論。

該部分要運用恰當的、相關的、簡明的和精確的材料。可以先仔細閱讀每一篇有關的文章,尋找那些與自己的研究緊密相關的部分,然後依據這些材料做出評論。對於其他研究中所用的與自己研究相同的概念或變量要進行仔細的檢查比較,要搞清楚在各個不同的研究中,同一名稱的概念是如何操作定義的,又是如何測量的。

在社會學理論中,一直存在著兩種社會分層理論,即馬克思主義的階級理論和以韋伯為代表的西方社會學的社會分層理論。馬克思主義的階級理論不是「唯經濟決定論」或「一元論」,而是以經濟因素（生產關係）為主、多元因素綜合在一起的理論。但是它和以韋伯為代表的社會分層理論還是有著本質差別的。

馬克思和韋伯雖然都強調財產關係在階級劃分中的重要性,但是馬克思是從生產過程來分析工人和資本家的關係,韋伯強調的是市場關係；馬克思認為財富的集中將導致階級的兩極分化,韋伯的觀點則暗示市場的社會分層只能使社會分裂成無數部分以及更小部分,階級只是社會分層中的一種現象,地位群體、政黨則是另一種現象；馬克思認為資本主義社會的兩大階級及其對抗在於資本主義生產方式,韋伯則認為社會階級結構不過是社會不平等和分配模式的產物,而不是由生產方式決定的（仇立平,1997）。

需要特別注意的是,不要想當然地認為只要其他研究中所用的概念或變量與自己研究中的名稱相同,其內涵就一定相同,因而自然是可比的。常常

存在著這樣的情況，在不同的研究者所做的研究中，同一名稱的概念，實際上卻意味著兩種不同的內容。

（3）介紹自己的研究

在導言部分的最後，應該簡要地介紹一下自己的研究。這種介紹的主要目的不是去討論研究內容的細節，而是介紹研究的基本框架，如你所研究的問題或準備檢驗的假設是什麼，主要的自變量和因變量是什麼。在有些情況下，還可以描述你的研究模型，定義你的主要理論概念等。這一部分的另一個目的就是為轉到方法部分提供一個非常自然和平滑的過渡。例如，一篇題為《帶有性別偏見的招工廣告「幫助和支持」了性別歧視嗎？》的研究報告中是這麼介紹自己的研究的：

那麼，現在的問題是：這種廣告是否的確造成了阻攔潛在的申請者申請工作的作用。本研究希望回答這一問題，它所採用的基本方式是讓中學高年級男生和女生閱讀幾份招工廣告，並根據他們自己的興趣給每一份工作打分。對這些興趣的評分進行分析便可以知道，那些用非性別歧視的語言所寫的廣告是否增加男人和女人對那些傳統觀念上被認為是「別的」性別所幹的工作的興趣。

2·方法

研究方法的嚴謹性、科學性和獨創性是判斷一項研究是否有價值的重要標準，是研究報告中的主體部分，各類報告的「個性」主要在這部分中得到充分體現。

需要注意的是，由於每一項具體的研究所採用的方法並不是完全相同的，所以，它們各自在研究報告中所介紹的內容自然也就不是完全一樣的。

（1）有關研究方式、研究設計的介紹方法

針對導言部分所提出的問題，本項研究是採取哪一種方式進行探討的？研究的基本設計是什麼？這是研究報告的方法部分首先應該說明的問題。採用不同研究方式的社會研究在報告中介紹的內容和重點往往不一樣。

這一部分要說明使用的是哪一種研究方法，具體是如何設計的。社會學的研究方法有實驗研究法、實地研究法、調查研究法和文獻研究法。每種研究方法都有自己獨特的收集資料的方式，分析資料的方法也會有所不同。如實驗研究法需要說明實驗對象、實驗刺激是什麼，前後測的值如何而來，實驗設計是單一實驗組設計、兩控制組設計還是三控制組設計等；實地研究法則要說明是如何進入觀察現場的，採用的是間接觀察法還是直接觀察法；調查研究法則要說明總體與樣本的情況、抽樣方式、調查員培訓資料的回收等情況，還要說明採用的是定性研究還是定量研究，在研究中使用了哪些調查工具等；文獻研究法需要說明文獻的類型、文獻的篩選和文獻資料的整理和分析方法。不管採用哪一種研究方法，都要在方法的開頭部分做一個簡要的介紹，以便讓讀者瞭解你是如何做具體研究的。

(2) 有關研究對象的介紹方法

在研究報告中，常常要對作為研究對象的人及其活動進行說明，尤其是在實驗研究或調查研究的報告中，更要專門介紹研究對象的選取及其樣本的構成情況。如抽樣總體是什麼（即總體的界定）、樣本是如何從總體中抽取的（即具體的抽樣方式和過程）、樣本的規模有多大（即實際調查的人數）、回答率或回收率如何等。只有當讀者瞭解了你的樣本來源和特徵後，他們才能估計將你的研究結果推而廣之時受到的侷限性有多大。例如：

這項研究的樣本是根據簡單隨機抽樣的原則從北京 1000 萬人口中抽取的，其中不包括農村戶口和 16 歲以下人口。具體地說，我們首先在全北京 16 歲以上人口每人一張的戶口卡中隨機抽出 1550 人（遇農村戶口即換抽緊鄰其後的城市戶口）。在發放問卷之前，由於考慮到有些年齡小的人可能尚未結婚，難以回答我們的一些問題，所以去掉了 1961 年以後出生的 500 多人。在實際寄出的 1000 份問卷中，147 份問卷因地址不詳或搬遷被郵局退回，還有 4 人因未婚退回了問卷，共收回有效問卷 547 份，回收率為 64%。

這在調查研究學的調查中已經可以被用作推論總體的依據（一般認為 50% 的回收率即可使用，60% 的回收率已屬上乘），因此，可以有把握地說，由這個樣本所得到的數據能夠推論到北京已婚的全體非農業人口。

如果研究者只在報告中寫上「在××市進行了抽樣調查」，或「在××市抽取了 500 名工人進行調查」，這樣的說明是遠遠不夠的。因為讀者並不明白你究竟調查了一些什麼人，也不明白你究竟是怎麼抽樣的。不講清楚這些內容，讀者就無法判斷你的調查結果有多大價值，也無法判斷你的結論在多大程度上反映了現實的情況。

只有當讀者瞭解了你的樣本的來源和特徵後，他們才能估計將你的研究結果推而廣之時受到的侷限性有多大。如果你的樣本全部由女性組成，那麼，你的結論推廣到男性對象中也許就不能成立；如果你的樣本全部是從大學生中抽取的，那麼，你的結論在一般性的包含各種職業、各種成分的總體中也可能不成立。

(3) 有關資料收集方法的介紹

資料是研究結論的基礎，資料的準確性、可靠性直接關係到研究結論的可信性，所以，研究報告中的方法部分還要向讀者介紹研究過程中資料的收集方法、過程和工具。

①對研究的主要變量的說明

任何一項研究都有主要的研究變量，在這部分首先要說明研究的主要變量是什麼，變量的操作定義是什麼，這些變量是用哪些指標來進行測量的。在問卷調查中，還應該對問卷中用來測量這些變量的特定問題進行分析說明。例如：

本文所考察的各種因素（自變量）對婦女初婚年齡（因變量）的影響。調查問卷中沒有設婦女初婚年齡這一項，本文就用問卷中所列出的婦女結婚年代（問題 7）減去其出生年代（問題 3）而得到其結婚的年齡。這一因變量是個連續變量。所考察的自變量主要有：

第一，婦女受教育程度，分為不識字或識字不多、小學、初中、高中、大專以上五個層次，直接從問題 10 的結果得到。該變量為定序變量。

第二，婦女婚時就業情況，分為未參加工作、個體經營、集體單位、企業單位、事業單位五類，由問題 9 得到。該變量是定類變量。

第三，社會風俗習慣。該變量對婦女婚齡的影響是透過兩個自變量來考察的，即夫妻結合途徑和婚齡差。結合途徑分為父母包辦、自己認識、親戚介紹、朋友介紹、其他方式五種。婚齡差分為男比女大3歲以上、男比女大1～3歲、女比男大三種。二者均為定類變量。

②對資料收集過程進行說明

此部分如實地把研究者是如何進行實地觀察或問卷調查的過程告訴讀者。對於不同的研究方法，這一過程有所不同。

調查研究需要說明的內容相對要多一些。需要說明抽樣是如何進行的，調查是採用自填式問卷，還是派訪問員登門訪談。如果採用自填式問卷，那麼，問卷是如何發到被調查者手中的，又是如何回收的，問卷的回收率是多少，有效回收率又是多少，未回收的問卷主要是由於什麼原因所致。如果是派訪問員登門訪談，那麼，訪問員是些什麼人，他們具有何種程度的訪問調查經歷，是如何對他們進行培訓的。例如：

我們先抄錄了一份小學的名單，並將這些小學分為三類，即重點小學、一般小學和較差小學。然後採用按比例分層隨機抽樣的方法，分別抽取重點小學3所、一般小學11所、較差小學3所。在每一所小學中，又隨機抽取高、低年級各一個，並在該年級中隨機抽取一個整班，共抽取小學生1462名，這些小學生的父母就構成本次調查的樣本。

調查採用自填式問卷的方式進行，問卷表由所抽中班級的班主任老師發給全班學生，由學生帶回家讓父母填寫。填寫好的問卷仍由學生帶給老師，然後由老師集中寄給我們。實發問卷1458份，回收1389份，其中有效問卷1386份，有效回收率為95.1%。未收回問卷主要由於家長文化水平低、生病、出差等因素所致。從總的情況看，家長填答問卷是很認真的，問卷質量較高。

文獻研究則需要詳細介紹文獻的形式、取得的方法、抽樣的方式、內容摘錄或編碼的方式等。如果是多人共同進行，同樣也要介紹這些文獻摘錄人員、編碼人員的專業經歷、培訓情況，以及相互間的評審、判斷的一致性程度等。

③對所用的工具進行說明

研究過程中我們會借助於一些研究工具，如照相機、攝像機、問卷、量表等，在報告中要向讀者做簡單的說明，學位論文或學術著作中常將其附在文後或書後，需要將其長度、形式、製作過程等做些介紹。比如，問卷包含多少個問題，主要是封閉式問題還是開放式問題，是否進行過試調查，在何地對哪些對象進行的試調查，試調查的結果如何等。例如：

研究指標經條理化和具體化後形成一份關於此次研究的問卷初稿。經過對 10 餘人的試調查，剔除無鑒別力的題項後，以正式的調查問卷作為工具實施了這次研究。

④有關資料分析方法的介紹

這一部分需要說明兩方面的內容：一方面，要說明資料的分析方法。由於研究方法的不同，資料收集方法的不同，研究對象的不同，資料的分析方法也會有所不同。有的是定性的分析方法，有的是定量的統計分析方法；有的是簡單的描述分析，有的是複雜的回歸分析、相關分析等。

在方法部分要說明分析資料採用的是哪一種方法。另一方面，要說明資料的整理、分析過程。資料的不同整理方式涉及的人和物都會有所不同。利用手工整理或統計的，要介紹涉及哪些人員、使用的統計技術是什麼；上機操作的，則要說明編碼的情況、錄入的人員、使用的電腦機型及使用的統計軟體。例如：

所獲數據資料，使用目前通用的統計分析軟體「社會科學統計包」進行分析。

⑤對研究的質量及侷限性的說明

在方法的最後部分，還要對研究的方法、設計、過程、得到的資料進行質量評估。任何一項研究都不可能十全十美，研究過程中總會存在這樣那樣的誤差，這樣那樣的侷限性或缺陷。對於這些不足之處，只有研究者自己最清楚，如實地向讀者報告不足之處，既可以防止被不適當地推廣到研究對象

以外的群體，也可以啟發其他研究者在已有研究成果的基礎上進一步彌補其不足。例如：

雖然樣本的本人月收入較接近總體狀況，但由於是非概率抽樣，某些指標如性別、職業等與總體有較大差別，且樣本較小，因此，樣本的資料按抽樣理論是不能推論總體的，或者在推論時要謹慎。

以上 5 點是方法部分涉及的方面，也許具體的研究報告並不都包含這 5 點，但有一點是許多研究報告共同的，即告訴讀者研究的是什麼，研究的方法是什麼，使用的是什麼工具，又是如何展開實際的研究過程的。

3.結論

結論是研究報告的一個重要組成部分，是在理論分析或實驗結果的基礎上，經過邏輯推理而得出的結論，是文章全面的總結，是論文的結束部分。其表現方式與撰寫方法與普通研究報告類似，所不同的是普通研究報告的重點是對研究的結果與發現進行描述，學術性研究報告除了描述研究的結果與發現之外，還必須對其進行深入的分析與討論。

研究報告的結論既不是全文簡單的總結，也不是全文內容的複述，而是對全文起著概括、總結、強調和提高的作用。報告的價值和份量往往表現在結論上，它反映了作者從通篇論文出發，經過概念、判斷、推理所表達的總的觀點主張。在結論的表達上，對各個分支的陳述往往借助於數字、圖形、表格、材料告訴讀者研究結果，並對這些數字、圖形、表格進行必要的說明和解釋。

4.討論

當表達了研究所得的結果以後，下一個任務就是用更為一般的術語來討論這些結果，並回過頭去將這些結果跟我們在設計這一研究時所期望的東西相聯繫。討論部分經常同結果部分相結合，只是對於那些比較複雜的研究，或者那些有著較為廣泛或較為抽象的、應用的研究來說，討論部分才常常是單獨的。

討論一般是告訴讀者你從研究中掌握了什麼開始。開頭就應以明確的敘述說明研究假設是否得到證實，或者明確地回答導言部分所提出的研究問題。但是，要注意，不要簡單地再次解釋和重複結果部分已經總結了的觀點。每一句新的陳述都應該為讀者理解這一問題帶來一些新的東西。

在討論部分，我們應該討論這樣一些問題：從研究的結果中，能夠得出怎樣的推論？在這些推論中，哪些同研究的數據資料結合得相當緊密？哪些則在較抽象的層次上同理論更加相關？對於研究的結果來說，它的理論內涵和實踐內涵又是什麼？

在解釋性研究中，一個沒有證實的假設也是一個重要的結果，它同樣對深入探討所研究的課題具有價值——因為它在眾多的道路選擇中嘗試走過了一條錯路，它用失敗的結果告訴我們：按原假設的思路來解釋所探討的問題，此路不通！

討論部分還包括對於研究仍未能回答的那些問題的討論，對於在研究中新出現的問題的討論，以及對有助於解決這些問題的研究的建議等。在實際發表的研究報告中，相當一部分是以對進一步研究的建議來結束研究報告的。

5·小結、摘要、參考文獻及附錄

（1）小結和摘要

研究報告常常包括一個非常簡要的小結。在小結中，再次對報告前面幾個部分的主要內容做一個綱要式的總結。因此，它涉及研究問題的陳述、涉及先前已有的研究結果、涉及從結果中得到的各種結論和推論，以及根據這些結論所進行的更為廣泛的討論等。但是，目前許多專業刊物上發表的研究報告，常常以摘要來代替小結。摘要可以說是一種更加簡明扼要的小結，它通常不超過 200 個字。

與小結不同的是，它不是放在報告的結尾，而是放在報告的開頭，並且是單獨作為一個部分與原報告隔開。摘要的這些特點，使得專業刊物的廣大讀者能很快地對這一個研究的主要內容、方法、結果和結論有一個總的瞭解，從而便於他們決定是否繼續閱讀整個報告的細節內容。

摘要非常不容易寫好，因為它的篇幅十分有限，其中的每一個字、每一句話，都要十分明確和恰當。正是由於不可能把各方面的情況都寫進摘要裡，所以，我們必須仔細考慮，做出選擇，主要突出哪些內容，略去哪些內容。如：

本文透過對運用概率抽樣方法在昆明市住宅小區中獲得的調查對象的有關數據資料進行分析形成基本結論：小區居民的平均生活水平已進入小康的程度，但存在兩極懸殊較為明顯的問題。小區居民對小區的綠化和衛生等較為滿意，但對交通狀況、安靜程度、治安狀況以及住房建築與建築之間的空間安排等社會環境不滿意者較多。小區居民的實際社區互動普遍較差，但有較強的互動意願。小區的綜合生活條件比起市中心還有差距。

（2）參考文獻

在研究報告的結尾處，通常要列出與研究報告相關的參考文獻，或者叫做參考書目。這些書目是研究者在從事這項研究的過程中所閱讀、評論、引證過的文獻。這樣做一方面體現了科學的、實事求是的研究態度，另一方面也為同一領域的研究者提供了一個參考的文獻索引。我們應對中文和英文文獻的寫法、格式等有所瞭解。

①專著類的寫法

[1] 張志建. 嚴復思想研究 [M]. 桂林：廣西師範大學出版社，1989.

[2] 馬克思恩格斯全集：第 1 卷 [M]. 北京：人民出版社，1956.

[3] [英] 藹理士. 性心理學 [M]. 潘光旦譯註. 北京：商務印書館，1997.

②英文專著的寫法

[1] POPKIN, SAMUEL. THE RATIONAL PEASANT: THE POLITICAL ECONOMY OF RURAL SOCIETY IN VIETNAM [M]. BERKELEY: UNIVERSITY OF CALIFORNIA PRESS, 1979.

③論文集的寫法

[1] 伍蠡甫. 西方文論選 [C]. 上海：上海譯文出版社，1979.

[2] 別林斯基. 論俄國中篇小說和果戈裡君的中篇小說 [A]. 伍蠡甫·西方文論選：下冊 [C]. 上海：上海譯文出版社，1979.

④報紙文章的寫法

[1] 李大倫. 經濟全球化的重要性 [N]. 光明日報，1998-12-27，(3).

⑤期刊文章的寫法

[1] 郭英德. 元明文學史觀散論 [J]. 北京師範大學學報（社會科學版），1995 (3).

⑥學位論文的寫法

[1] 劉偉. 漢字不同視覺識別方式的理論和實證研究 [D]. 北京：北京師範大學心理系，1998.

⑦報告的寫法

[1] 白秀水，劉敢，任保平. 西安金融、人才、技術三大要素市場培育與發展研究 [R]. 西安：陝西師範大學西北經濟發展研究中心，1998.

(3) 附錄

研究報告的附錄部分是將一些與該項研究或研究報告有關，但與研究主題和研究結論的聯繫相對鬆散，且內容相對獨立、主要對研究過程或研究報告中的某些細節進行解釋和說明的材料集中編排在一起，放在報告的後面，作為正文的補充。它與研究報告的主體分開，既不影響讀者閱讀研究報告，又可以幫助讀者更好地瞭解研究的細節。

三、研究報告的撰寫

1·定性研究報告的撰寫

由於定性研究報告沒有十分固定的格式，不同的定性研究報告的結構不同，在撰寫上似乎也無規則可循。可以說，定性研究報告在撰寫上最重要的要求或許是資料與分析的有機聯結。這是因為，定性研究報告受資料性質的限制，必須用較大的篇幅、較多的文字語言來表達資料和證據，而且，研究

者的分析也應與這些資料相互印證和配合。另外,定性研究報告在撰寫時還存在一個恰當地縮減資料的問題。

在具體撰寫方式上,定性研究報告(特別是實地研究報告)與定量研究報告之間有一個十分重要的差別:報告者的語氣不同。在定量研究報告中,研究者往往採用比較客觀的、正式的、旁觀者的語氣來進行描述和表達,特別是常常採用第三人稱如「筆者」「研究者」,或者非人稱的「研究結果」「數據」等來表述。與此相反,在定性研究報告中,研究者往往採用十分主觀的、非正式的、參與者的,甚至十分個人化的語氣和方式來進行敘述和表達。

而且,定性研究報告常常是從「我」的視角來進行描述和分析的,這或許是由於定性研究者往往直接地被捲入他所研究的現象的背景中,直接與他所研究的人打交道,特別是他的觀察、感覺和認識,常常是其研究過程的一部分的緣故。

在實地研究報告中,研究者也需要對研究方法、研究過程進行介紹和說明。當然,這種描述和說明不像定量研究報告那樣格式化,而是一種自然的研究過程的記述。在歷史比較研究報告中,則往往看不到作者對研究方法的說明,通常只有一些對所用資料的說明,以及很大篇幅的註釋與文獻目錄等。

2·研究報告的撰寫步驟

(1) 確立主題

研究報告的主題就是研究報告所要表達的中心問題,它是整個報告的靈魂。明確而適當的主題的確立,是整個研究報告撰寫過程順利開展的前提。在一般情況下,研究報告的主題就是研究的主題,即報告所要反映的中心問題也就是整個研究的中心問題,二者往往是一致的。比如,我們進行一次合理使用科技人才的調查,研究報告的主題就是合理使用科技人才的狀況和問題,報告的標題就可以定為「關於合理使用科技人才的調查」。

我們進行一次關於某地農村專業戶、重點戶的調查,研究報告的主題就是某地農村專業戶、重點戶的狀況、問題和發展趨勢,報告的標題就可以定為「關於某地農村專業戶、重點戶的調查」等。在這種情況下,由於研究報

告的主題在調查開始時就被選定了,所以,寫作報告時確立主題比較容易,只要與調查主題一致就可以了。

但在有些時候,可能會由於某些原因,使得報告的主題不能與研究的主題統一起來。不一致的情況有三:

第一,調查的問題多,面較寬,一篇報告不宜全部交代,需要分寫幾篇報告,每一篇報告所要交代的問題較少,面較窄,需要縮小原主題的範圍;

第二,有些情況與問題調查和分析得比較透徹,有相當把握,而其他情況與問題調查和分析得比較膚淺,沒有很大把握,所以,研究報告要選擇前者立題,後者留待進一步調查研究後再處置;

第三,有些調查經過整理分析後覺得內容充實,問題突出,實際價值大,而有些沒有新意,價值不大,所以,從報告使用價值著眼,也要做好選擇。在上述三種情況下,研究報告的主題就可以根據實際調查和分析結果重新確立,不一定拘泥於與調查主題相一致。

(2) 擬訂提綱

主題明確後,不可馬上動筆寫報告,而應先構思好報告的整體框架,並將這種框架轉變為具體的撰寫提綱。如果說主題是研究報告的靈魂,那麼,這種提綱就是研究報告的骨架。通常,研究報告結構中的導言、方法等部分內容比較固定,變化不大。因此,擬訂提綱這一步驟可以說主要是針對研究報告的結果部分和討論部分而有的。其形式大致為:

一、大的部分或層次的論點

(一) 分論點

1.段的論點或大意

(1) 材料

(2) 材料……

二、……

三、……

以此類推。

撰寫者必須統籌規劃好文章的結構，組織材料，草擬提綱。擬訂報告撰寫提綱的過程，實際上是對所從事的研究工作進行全面總結和構思的過程，對收集到的大量材料，經過比較、提煉，進行必要的取捨和增刪，精選出最有價值的論點和論據，並對篇章結構、中心思想、內容表達層次、每一章節敘述什麼內容、穿插哪些圖表與照片，都做縝密考慮。先列出粗綱，然後修改補充為詳細提綱。有了詳細提綱，便可以從全局著眼，開始撰寫。

閱讀材料3：青年結婚消費問題研究

以青年結婚消費問題研究的例子來說，可先將「青年結婚消費問題」這一主題分解成「青年結婚消費的現狀」「青年結婚消費的特點」「青年結婚消費的趨勢」「青年結婚消費中存在的主要問題」「對青年結婚消費行為的理論解釋」「正確引導青年結婚消費的建議」等幾個大的部分，然後將每一部分的內容具體化。比如，將第一部分內容具體化為：

（1）結婚消費的數量；

（2）結婚消費的內容和形式；

（3）結婚所花費用的來源；

（4）當事人的職業、文化程度等背景因素與消費形式間的關係等。

（3）選擇材料

一項研究所得資料與研究報告所用的材料並不是一回事。我們把調查的全部所得稱為「調查資料」，而把將用於研究報告寫作的調查資料稱作「材料」。研究報告要用充分的材料來說明問題，用材料證明觀點。調查和分析的材料很多，不能全都寫進報告，要注意取捨。

第一，選取與主題有關的材料，去掉與主題無關的材料，才能使主題更加集中突出。與主題無關的材料，要忍痛割愛，否則，堆砌材料，反而沖淡主題，使人不得要領。

第二，要學會精選材料。精選的方法是：精選的材料要能深刻地說明問題的本質，而不是解釋現象，這是根本的標準；將有關的近似材料加以比較，選擇符合標準的材料，這是鑒別的方法；可用可不用的材料，要敢於捨棄。

(4) 撰寫報告

當前三步工作完成後，我們就已有了一個結構分明、材料齊備的報告雛形，剩下所要做的就是用適當的文字把它們流暢地組織在一起了。具體的撰寫方法通常是從頭到尾一氣呵成，而不要經常地在一些小的環節上停下來推敲修改，以免耽誤過多時間。

撰寫研究報告時，我們應遵循「寬—窄—寬」的基本思路。也就是說，導言部分涉及的面可以比較廣，然後逐漸集中到專業的領域，一直到研究者提出自己的研究問題和領域，這是由寬變窄的過程。最狹窄的部分是研究者所得出的結論。當探討結論的內涵時，由具體的結論向更廣闊的領域拓展，這是由窄變寬的過程。

廣闊的導言部分可以幫助讀者認識到所研究問題的背景及意義，狹窄的方法和結論可以讓讀者集中注意力於你的研究成果，而由結果拓展出來的討論部分則可以幫助讀者認識到你所做研究的意義和價值。當然，這種寫作思路並不是指篇幅上的多少，而是指涉及內容的範圍寬窄。

(5) 修改研究報告和做必要的補充調查

研究報告不是一次完成的，要經過反覆的審查、修改。整篇報告初稿完成後，再回過頭來反覆閱讀、推敲每一個部分，認真修改每一個細節，使報告不斷完善。修改的任務主要有三個方面：

一是在通讀全文的基礎上，檢查觀點是否準確，論證是否嚴謹，資料解讀是否產生偏差，文章邏輯是否自洽，章節安排、資料運用是否合理，沒有使用的資料是否還可以挖掘等；

二是文句修改，包括破句、病句、標點符號等方面的修改，以及檢查用詞是否恰當、語句是否簡練、斷句是否合理、段落是否清楚、表述是否流暢等；

三是在撰寫、修改研究報告時，往往發覺某項資料未做調查，需及時做補充調查。補充調查的任務，一般都是收集少量典型資料或個別資料，也有的用來核實和驗證原調查資料的可信度。研究報告經過了反覆修改與推敲後，做到各個部分齊全無缺、文字清晰、稿面清潔，便可以定稿。

第三節 撰寫研究報告應注意的問題

一、明確讀者對象

研究報告是寫給誰看的，這是撰寫者首先必須明確的。因為讀者不同，對研究報告的具體要求也就不同，在結構的選擇、內容的安排以及理論闡述的深淺程度、表達的方式等方面都會有所區別。一般來說，研究報告的讀者對象可以分為兩大類，即專業讀者和一般讀者。專業讀者主要是指具有社會研究專業知識的研究者，如大學教師、科學研究人員、在學的研究生等。一般讀者即非專業讀者，範圍較廣，既可以是社會上的一般大眾，也可以是非專業學者、行政機關的主管和一般管理人員等。

不同的讀者對象決定了研究報告的特點。供專業讀者閱讀的是學術性研究報告，學術性研究報告又分為學位論文和供學術刊物發表的研究報告或論文，兩者的主要區別在於前者更規範、更詳細，後者更緊湊、更注重對研究結果或研究貢獻的論證和說明。供一般讀者閱讀的是普通研究報告。

學術性研究報告特別強調對以往研究的追溯和分析，理論解釋或詮釋，對研究方法的詳細說明以及對研究結果的詳細論證。普通研究報告比較注重對研究結論的介紹，有時根據項目委託人的特殊要求，需要提出可行性較強的對策和建議，並且形式比較活躍，在量化研究報告中可以採用統計圖或統計表等來形象地說明研究結果。此外，如果是寫給一般群眾看，研究報告的撰寫還應考慮一般讀者的文化水平，文字宜通俗易懂，圖表、數據應簡單、明了。

二、注意文體特點

各種文體均有其各自的特點，研究報告亦不例外。因此，要寫好研究報告，必須注意研究報告的文體特點，注意研究報告與其他體裁的區別。

1·表達方式

研究報告的表達在形式和文體性質兩方面，都有不同於其他類型文章的特點。研究報告與總結不同，總結是經過分析、研究，事後對一定時期的整項工作或單項工作的總的回顧，用以記載工作情況、總結經驗教訓；研究報告則是對某一社會現象和問題做了深入調查研究後所寫的報告，重點在於研究和取得科學認識與解決問題。

研究報告與簡報不同，簡報用於及時互通情報和向上級反映情況，「情況反映」「情況交流」「工作動態」「內部參考」都屬於簡報的範疇，它側重於對情況的描述，要求抓準問題，快速、及時報導；研究報告不僅要科學地描述事實，而且要深入地分析事物的本質和規律。

從形式上看，研究報告除了文字表達以外，要更多地採用非純文字表達形式，即圖表、數字等。大量利用有力的數據是研究報告的突出特徵。精確的數字能夠直觀地反映出事物的發展變化，大大增強報告結論的說服力以及提高讀者對報告的信任程度。但是，也不能把研究報告變成數字的堆砌，數字的用量和安排要恰到好處。同時，要防止出現數字文字化現象，不能讓讀者淹沒在大段或整段的數字裡，產生枯燥感。

從文體性質上看，研究報告是一種陳述性、說明性和議論性相結合的文體。無論是普通研究報告還是學術性研究報告，都以說明為主，只是後者議論的比重更大些。「說明」在研究報告中的主要作用是將研究對象及其存在的問題、產生的原因、程度以及解決問題的辦法解釋清楚，使讀者瞭解、認識和信服。

2·語言運用

研究報告作為一種應用性文體，在語言表達方面要掌握以下原則：

第一，樸實。研究報告不是文學作品，語言應該平易、直白，切忌堆砌華麗辭藻，避免使用生僻詞語和濫用專用術語。

第二，準確。選詞造句要恰當、貼切和嚴謹，應少用修飾詞、形容詞，儘可能使用含義單一的專業術語，排斥語義模糊、含混的字句，例如，「可能」

「也許」「大概」「由於各種原因」等。要注意把握表示程度的詞語之間的差異，例如，「有所反應」與「較大反響」「反應強烈」，「有所變化」與「很大變化」等。還要注意含義相近的概念之間的區別，例如，「發展」與「增長」，「加強」與「增加」，「翻番」與「倍數」，「效率」與「效益」等。

第三，簡明。無論是敘述事實、說明內容，還是發表議論，都要力求語言精練，以較少文字清楚地表達較多內容，杜絕一切不必要的重複和客套話之類的空話、廢話。

第四，莊重。研究報告主要用於指導現實，文體以說明為主，兼及敘述、議論，這就決定了其語言表達要嚴肅、沉穩，防止花哨、輕佻的傾向，而且儘量使用書面語言，減少口語。

第五，修辭。研究報告的語言表達雖然以樸實、莊重為基調，但並不意味著不需文采。和其他類型的文章一樣，研究報告也必須避免冷冰冰說教的所謂「零度風格」，應透過一定的修辭方法，使之鮮活、生動。例如，應適當選用文言或成語，起點睛之妙用；調節句式的長短、繁簡變化，使之靈動；調節字句的語音，使之和諧；等等。

三、瞭解行文要則

1.重點應放在介紹研究方法和研究結果方面

科學研究報告的價值是以方法的科學性和結果的可靠性為條件的，而這兩者又有內在的聯繫，因為只有研究方法是科學的，才能保證研究結果是可靠的。人們閱讀或審查科學研究報告，主要關心的是如何開展研究，在研究中發現了什麼問題，這些問題解決了沒有，是如何解決的，研究結果在現階段達到什麼程度，還有什麼問題需要繼續解決等。因此，撰寫科學研究報告，主要精力應花在方法和結果部分，把研究方法交代清楚，使人感到該項研究在方法上無懈可擊，從而不得不承認結果的可靠性。

2.理論觀點的闡述要與材料相結合

在科學研究報告中，怎樣使自己的論點清晰有力地得到論證，這是應關注的核心問題。正如前文所述，論點的證實除了必須依靠邏輯的力量外，還

需要依靠科學事實的支撐，做到論點與事實相結合。科學研究報告一定要有具體材料，尊重事實，從事實中提煉出觀點。

首先，在論述過程中要處理好論點與事實的關係，要求研究者選好事實。除了要注意事實的典型性、科學性以外，還要善於用正反兩方面的事實來說明問題，揭示出普遍規律。其次，要恰當地配置事實，用事實來論證，以幫助人們理解不熟悉的論點，支持新的論點和批駁舊的錯誤的論點，闡明蘊含豐富而深刻的論點。當然，並非所有的論點都要用大量的事實來論證。

3.引用與註釋要規範

研究報告中有時需要援引別人的論述、結果、資料或數據來支持、佐證或說明自己的某種觀點或結論。需要注意的是，研究報告中凡是引用別人的資料，一定要註明來源，而不能將別人的工作和成果不加註明地在自己的報告中使用。引用的具體方式主要有兩種：一是引用別人的原話、原文時，要用引號引起來，再用註釋註明；二是只借引別人的觀點、結論，但並非別人的原話、原文時，則不用引號，只需在其後用註釋註明即可。

對於報告中引用的別人的資料，以及一些不易理解的內容或概念，常常透過加註釋來進行說明。註釋的作用主要有：指出所引用資料的來源，供讀者參考查證；表示作者遵守學術道德，不把別人的成果掠為己有；既可以幫助讀者解釋報告中的疑難，又不使報告中斷和過於冗長。

註釋的形式主要有三種，即夾註、腳註和尾註。夾註即直接在所引資料之後，用括號將其來源或有關說明括起來，對引文進行註釋或提示。腳註是指附在文章頁面最底端，對某些資料加以說明，印在書頁下端的注文。尾註即一種對文本的補充說明，一般位於文檔的末尾，列出引文的出處等。

四、強調調查事實

研究報告在分析討論時，要不誇大，不縮小；敢於堅持真理，不為權威或輿論所左右；在下結論時要注意前提和條件，不要絕對化，更不要以偏概全，把局部經驗說成普遍規律；處理好「新」與「真」的關係。求「新」本

身並不是目的，求「新」的目的是在於求「真」。對於求「新」，撰寫者要注意以下幾點：

其一，問題新。在撰寫調查報告之前，要認真地查閱有關的研究資料，在確定主題時不斷尋找新的突破口。

其二，角度新。對於相似主題，要注意避免搞重複研究，力求從其他角度、不同側面來論述問題，達到推陳出新的目的。

其三，資料新。撰寫研究報告時要儘可能地使用最新的調查結果。

對於求「真」，撰寫研究報告時要貫徹實事求是的原則，反映事物的真實面貌，不得故意曲解與刪除資料、隱瞞真實情況，而應有一是一，有二是二，力求準確無誤，這是反覆強調的重要的原則。

五、調整寫作狀態

在研究報告撰寫過程中，由於研究者的寫作水平、個性不同，或者資料準備程度的不同等，會出現寫作的不順利，這時，應該及時調整自己的寫作狀態。一般說來，寫作時應按事先擬訂好的提綱順序進行，但有時由於種種原因，如資料不夠或發現新問題等，會中途卡殼，寫不下去。

這時也可以先寫下一部分，回過頭來再寫上一部分。但這樣寫成的論文，務必在完成之後，認真閱讀修改，以避免結構、思路的不連貫，產生邏輯上的失誤。有時，論文寫到一半時，會發現思路發生變化，而原來的提綱也確實存在著某些問題，這就應該對提綱重新考慮，根據情況，或做一些增刪，或改變部分內容的結構，有時甚至要推倒重來，擬訂新的寫作提綱。初寫研究報告者，經常會碰到這種情況。

出現這種情況並非壞事，它說明研究者對問題有了新的認識。因此，應該毫不氣餒，重新擬訂提綱進行寫作，切忌勉力而為，硬寫下去，反而會使研究報告質量下降。寫作時，儘管有一份好的提綱，擁有豐富的材料，但由於環境或者研究者個人心理、生理等因素的變化，有時文思暢通，下筆順利；有時則思路閉塞，難以落筆，這種狀況即使在經常從事研究報告寫作的人身上也會出現。當出現思路閉塞遲鈍時，可以檢查一下提綱和構思，如果沒有

什麼問題，不妨暫時擱筆做些其他事情，以消除疲勞，調整一下情緒和精神狀態，然後再重新提筆寫作，就會順利些。

研究報告的撰寫是一項艱苦的勞動，我們這裡僅僅就撰寫過程中帶有共性的一些問題做一些闡述。即便是這些問題，也只有透過不斷的寫作實踐來解決，從而提高自己的寫作水平。同時，還有必要強調，一篇研究報告的完成，並不意味著研究的結束，實際上，往往標誌著新一輪研究的開始，在原有的基礎上，做新的探索、新的起步、新的飛躍。

本章小結

本章包括三方面內容，即研究報告的內涵、分類、特點與作用，寫作的結構與步驟及撰寫報告應注意的問題。研究報告的撰寫是研究總結階段最重要的工作，研究報告的完成是社會研究結束的主要標誌。它是實現研究目標、體現勞動價值的重要部分，並能積極地發展、豐富科學理論，對於社會實踐具有重要的指導作用。當我們完成了資料的收集和分析工作，最後的任務就是要把我們研究的結果以某種恰當的形式傳達給他人，同他人進行交流。

而研究報告撰寫得好壞，將直接影響到社會研究成果的交流和這一成果對社會的作用。因此，研究者必須高度重視研究報告的撰寫，要根據不同的目標和要求，規範使用其結構與寫作步驟，並重視其注意事項，以便於將研究結果以合適的形式表達出來。

關鍵術語

研究報告性質

研究報告類型

基礎結構

寫作步驟

確立主題

討論題

1. 簡述研究報告的定義、特點及作用？

2. 研究報告有哪幾種形式？它們各有什麼特點？

3. 學術性研究報告在結構上通常包括哪幾部分？

4. 為什麼說方法部分是學術性研究報告區別於普通研究報告的一個突出標誌？

5. 從社會科學刊物上找幾篇調查研究報告，看看它們的結構是怎樣的。再找幾篇通俗刊物或報紙上的調查報告，看看它們與學術刊物上的調查報告有何不同。

案例分析

《啟動小學數學生命課堂教學行為的研究》實踐研究報告

沈　俊

一、課題的界定

1. 本課題的名稱為《啟動小學數學生命課堂教學行為的研究》

2. 關鍵詞：生命課堂、啟動、教學行為

生命課堂是指在課堂教學中，教師能以關愛生命、培養學生的生存能力和提升學生的生命價值為教育目標，順應生命的整體性、現實性、體驗性、自主性、創造性、生成性、多樣性、獨特性等特性，以教育應促進學生生命多方面發展、課堂教學具有生成性等生命教育的理念為指導，選擇學習內容，組織和設計教學過程，創設課堂氛圍，進行教學評價。啟動是指在課堂教學中所採用的方式方法及策略。本課題只針對小學數學課堂教學進行教學行為的研究。

二、課題研究需要解決的問題

隨著數學新課程改革的不斷深入,人們雖然比以往任何時候都更加重視數學課堂本身的研究,然而,只關注知識本身傳遞的價值,單純地注重成績、名次,一味追求質量、榮譽的現象仍屢見不鮮。

這嚴重壓抑了師生原本就因生命存在而鮮活靈動的教育本性,湮滅了師生內在的主動精神和探索慾望。然則,這些都不是一朝一夕、一蹴而就的,實在是啟動師生對於生命課堂探索的羈絆。

生命課堂自然提倡在教與學的過程中,既習得知識、發展能力,又提高智慧、提升師生的生命價值。但對於教學策略的把握還是與教師個體的素養和智慧緊緊相關的。同時,構建一個充滿朝氣、靈動的生命課堂的模式,以及如何構建,也是本課題日後亟待拓展研究的領域。

三、課題研究的理論依據

1.教育人本論思想

教育人本論的基本思想在於強調尊重、關心、理解與信任每一個人,其內涵可概括為三點:

(1)發現人的價值。每一個人都有價值,教育的責任就在於引導人們充分認識自己的價值,從而儘可能把各自的主動性、積極性和創造性激發出來。

(2)發揮人的潛能。每一個人都具有優秀的潛能,教育必須突出地注重開發人的潛能,使人具有的可能性的潛能向現實性的轉化。

(3)發展人的個性。教育應當使每一個人在共同心理的背景上顯現出五彩繽紛的獨特色彩,從而使每一個人成為活生生的主體。但是,個性的發展不是自發的,它必須成為教育的目的和內容。

2.生命教育觀

葉瀾教授的生命的層次論和動態生成的觀念,重新全面地認識課堂教學,構建了新的課堂教學觀。課堂教學應被看作師生人生中一段重要的生命經歷,是他們生命的有意義的構成部分。對於學生而言,課堂教學是其學校生活的

最基本構成部分，它的質量直接影響學生當前及今後的多方面發展和成長；對於教師而言，課堂教學是其職業生活的最基本的構成部分，它的質量直接影響教師對職業的感受、態度和專業水平的發展、生命價值的體現。

四、課題研究的過程及方法

2007年9月、10月，是該課題研究的準備階段，我不僅在學校圖書室借閱相關書籍，還自行購買了很多教育教學方面的書籍和報紙雜誌，同時在網路上也汲取了不少營養，關注、瞭解教育學、心理學，以及和生命課堂相關的文獻和科學研究成果，這使我在理論上對「啟動」和「生命課堂」等關鍵詞有了進一步的認識。這一階段的研究主要採用文獻法。

2007年11月，我參加了「張興華和他的弟子們」——一個名師團隊的展示及其構建成因專題教研活動。這次活動我領略了大師和他的特級教師弟子們的風範，與我個體成長和本課題的研究都很有啟發，使我在對「生命課堂」的研究上更加充滿了信心。

2007年11月至2008年5月，是本課題研究的實施階段。在課題研究的過程中，主要採用行動研究法。在初期，主要進行調查研究工作。我製作設計了學生調查問卷和師生訪談記錄（詳見課題研究的過程性資料），進一步瞭解本校五年級5班學生的整體學習氛圍和學習熱情，同時從中瞭解該班學生學習方式和對任教教師的認可度，發現了存在的問題，並認真進行了問卷分析。在此基礎上，我明確了在課堂教學中要調整教師的教學行為和教學方向，要轉變學生某些陳舊的學習方式，提倡閱讀和自學的學習方式。

教師應從生命的高度，用動態生成的觀點看待課堂教學；強調課堂的創生和開發過程，重視師生生命活動的多樣性和教學環境的複雜性，把每節課都視作不可重複的激情與智慧綜合生成的過程。在課堂中，教師不能機械地按原先確定的一種思路教學，而應及時捕捉那些無法預見的教學因素、教學情景等訊息，利用可生成的資源開展教學，使課堂處在動態和不斷生成的過程中。「動態生成」既體現了學生的主體性，又展現了課堂的真實性，追求教學的真實、自然和「原汁原味」，從而構建起開放的洋溢著生命光彩的數學課堂。

2008年3月和4月，我在對課題研究有了一定認識和積累後，在本校公開教學兩次，分別是「認識三角形」和「混合運算」。在課堂教學中，我汲取課題研究的營養，採用積極、平等的對話模式教學，讓學生在較輕鬆的環境下獲得知識，發展能力，提高智慧，體驗生命的價值，受到聽課教師的好評。在研究的過程中，我得到了本校數學特級教師王東敏老師的指導和關懷，這使我對於生命課堂的意義有了更深入的瞭解和更深刻的認識。課堂教學不應當是一個封閉的系統，也不應拘泥於預先設定的固定不變的程式。預設的目標在實施過程中需要開放地納入直接經驗、彈性靈活的成分以及始料未及的體驗，要鼓勵師生互動中的即興創造，超越目標預定的要求。

　　2008年5月初，我參加了特級教師詹明道數學教育思想、「數學生態課堂」教學研討會，受益匪淺。我以為，「生態課堂」和「生命課堂」關注的起點都是孩子內心最真誠的需求，「尊重」「人文」是他們共同的關鍵詞，其根本都是要以人為本，課堂教學中教師在引領學生習得知識、發展能力的同時，也要使師生的生命價值得以體現，心靈得到豐富和提高。透過這次研討會，我對啟動數學生命課堂的課題研究有了更深的認識，從而為反思和總結研究成果奠定了堅實的基礎。

　　對於課題研究成果的收集整理，我主要採用經驗總結法。我不僅注重平時的積累，如調查問卷、問卷分析、訪談記錄、教學設計，而且在結題階段，積極總結、分析，撰寫研究報告和相關案例、論文等，做到井然有序、反思審視、去偽存真。

五、課題研究的成果

　　參評的論文、案例和研究報告：

　　1.案例：《數學課上也「造句」》。

　　2.論文：《試用「對話」引領學生體驗生命課堂》。

　　3.研究報告：《〈啟動小學數學生命課堂教學行為的研究〉實踐研究報告》。

六、課題研究的反思

透過對本課題的實踐研究，我有三點體會：

第一，所謂的「啟動」，其對象並不一定就是呆板的或是遲滯的，抑或是不符合新課程標準的，也許它本身就是「活」的，那我們何來「激」呢？關鍵還是在於教師的引領問題，教師的教學智慧、教師的文化素養、教師的教學觀念決定著數學課堂的走向。把「生命課堂」看作教師放手不管或是不聞不問的課堂都是錯誤的。同時，我也覺得，小學生，年齡和心理都「還小」，教師也不能總做「好好先生」，對什麼都不置可否，教師有導向性的意見和建議還是很有必要的。只有真正地尊重、信任孩子們，平等、真誠地和他們對話，選擇恰當的時機退居後台，學生才能真正得以「啟動」，教師才能真正獲得發展。

第二，教育是基於孩子相對幼稚、經驗缺乏、視界狹窄，而教師相對成熟、經驗豐富、眼界寬廣之上的一個概念。隨著訊息技術的普及和網路技術的發展，學生獲取知識的渠道越來越寬泛，教師之於學生的文化優勢也在一點點被縮小。教師若不與時俱進地更新自己的知識結構，豐富自己的文化內涵，是無從談論「啟動生命課堂」的，從這個角度講，教師才是實施「生命課堂」之關鍵因素。

第三，生命課堂也要關注觸及數學本質的課堂教學。數學是一種有效的手段和普遍適用的技術，能直接創造社會價值。教師的教學行為和學生的學習行為都不能脫離數學學習的本質，否則，數學課堂環境就不可能有真正的生命意義。我們還是應以數學的思考方法、數學的思維模式作為數學課堂教學和開展數學活動的靈魂。過於頻繁地開展探究式學習而流於形式，是沒有裨益的，它只會讓教學表面化，走過場，缺乏實效。片面強調探究式學習，忽視甚至摒棄授受式學習這一主要學習方式，無疑要矯正。一味使用現代教育技術，而忽視了課堂教學中柔軟、細膩的生命細節，自然不可取。

討論：

1. 試根據本章知識評價這份研究報告。

2·在介紹自己的研究課題時,我們應注意哪些方面?

第九章 社會科學研究報告的撰寫

後記

　　社會科學研究方法是人們瞭解社會、分析社會問題和社會現象、解釋與預測社會發展變化的重要手段。隨著訊息社會的迅速發展,科學技術的不斷進步,科學的社會調查方法受到了人們的日益重視和廣泛運用,社會科學研究方法的水平也在不斷提高。

　　同時,在社會理論研究和實踐領域,學習和掌握現代的社會科學研究方法不僅是社會科學發展的需要,也是一些科學研究、教學或實際工作部門的迫切需求。社會科學研究方法是一門重要的理論和實踐相結合的專業基礎課。學好這門課無論是對在校大學生,還是已經在工作崗位上的實際工作者,都具有非常重要的意義。

　　本書分為三大部分:基礎篇、方法篇和應用篇。基礎篇主要介紹了社會科學研究方法的基本概念以及需要掌握的相關理論;方法篇旨在詳細介紹在社會科學調查中常用的四種方法,包括它們的特點、原理、步驟、優點與缺點;應用篇則主要介紹了資料的整理與分析以及社會科學研究報告的撰寫。

　　本書的特點在於:

　　(1) 注重基本理論與實際調查研究方法的相互關係,強調理論研究與經驗研究、社會調查與統計分析、定性分析與定量分析相結合的必要性。

　　(2) 注重借鑑和吸收國外近年來在社會科學研究方法領域的先進成果,對一些新的理論、概念進行了介紹。

　　(3) 注重以小案例的形式來說明社會科學研究的原理、方法與過程,形式靈活,可讀性強,便於學生理解並進行深一步的學習。

　　(4) 注重先進性、系統性和規範化。本書反映了具有廣泛價值與意義的社會科學研究方法,並將各種科學方法與社會調查研究的具體實踐結合起來。

　　本書既可作為大專院校社會學院和商學院學生的論文寫作教學用書,也可作為有關人員系統學習社會科學研究方法理論,掌握其基本實踐操作的基

社會科學研究方法
後記

本讀物。本書諸彥含副教授擔任主編，楊宇霞博士、顏立博士擔任副主編，負責大綱的擬訂和全書的統稿。本書各章的編寫分工如下：

第一章	社會科學研究方法概論	諸彥含
第二章	選題與研究設計	諸彥含　李地婉
第三章	測量與操作化	楊宇霞
第四章	調查研究法	康曉卿　顏　立
第五章	實驗研究法	諸彥含　王　靜
第六章	定性的實地研究	諸彥含　鄧　娜　盧　亮
第七章	非介入性研究	顏　立　周雪敏
第八章	資料的整理與分析	顏　立
第九章	社會科學研究報告的撰寫	康曉卿

出版社對本書的編寫給予了大力支持。此外，本書在編寫過程中借鑑和引用了大量外學者的研究成果，在此向所有相關研究成果的支持者表示真摯的感謝。

由於編者水平有限，書中不足與疏漏甚至謬誤之處在所難免，懇請同行學者和讀者惠予批評指正。

本書編寫組

第九章 社會科學研究報告的撰寫

國家圖書館出版品預行編目（CIP）資料

社會科學研究方法 / 諸彥含 主編. -- 第一版.
-- 臺北市：崧燁文化, 2019.07
　　面；　公分
POD 版

ISBN 978-957-681-872-1（平裝）

1.社會科學 2.研究方法

501.2　　　　　　　　　　　　　　108010019

書　　名：社會科學研究方法
作　　者：諸彥含 主編
發 行 人：黃振庭
出 版 者：崧燁文化事業有限公司
發 行 者：崧燁文化事業有限公司
E - m a i l：sonbookservice@gmail.com
粉 絲 頁：　　　　　　網　址：
地　　址：台北市中正區重慶南路一段六十一號八樓 815 室
8F.-815, No.61, Sec. 1, Chongqing S. Rd., Zhongzheng Dist., Taipei City 100, Taiwan (R.O.C.)
電　　話：(02)2370-3310　傳　真：(02) 2370-3210
總 經 銷：紅螞蟻圖書有限公司
地　　址：台北市內湖區舊宗路二段 121 巷 19 號
電　　話：02-2795-3656　傳真：02-2795-4100　　網址：
印　　刷：京峯彩色印刷有限公司（京峰數位）

　　本書版權為西南師範大學出版社所有授權崧博出版事業股份有限公司獨家發行電子書及繁體書繁體字版。若有其他相關權利及授權需求請與本公司聯繫。

定　　價：550 元
發行日期：2019 年 07 月第一版
◎ 本書以 POD 印製發行